《尔雅·释宫》云：『一达谓之道路，二达谓之歧旁，三达谓之剧旁，四达谓之衢，五达谓之康，六达谓之庄……』五向通达叫康，六向通达叫庄，『康庄』就是通达各方的道路。

康庄往事

赵杰兵 ● 著

一位北京知青的记忆

人民出版社

康庄往事

目录

康庄往事

┃续 篇┃

┃附 录┃

康庄往事

离　家

1968 年 12 月 22 日，《人民日报》刊登了毛泽东主席的最新指示："知识青年到农村去，接受贫下中农再教育，很有必要。"这一天是我 20 岁的生日。两天后，我将和同学一起到山西省雁北地区山阴县插队落户当农民。实际上，66、67、68 届的"老三届"初中、高中学生的上山下乡运动已经开展有半年了。我的同学、朋友到山西、内蒙古、黑龙江生产建设兵团的都有，妹妹洁英也先于我到山西五台县插队。

我到农村插队落户，是出于自愿。和我思想相近的知青应该有相当数量。

记得上高中（1964 年）前后，报纸上报道了邢燕子、董家耕、侯隽、赵耘等一批下乡当农民的知识青年的事迹，对我产生了极大的影响。我甚至向父母提出，不上学了，要去当农民，走和工农结合的道路。

为了表明决心，高中一年级的暑假，我和二班的同学王大凯一起到天津郊区军粮城公社农村劳动了一个月。那里有一个全国著名的知识青年——赵耘。回来后，我和大凯都写了总结汇报，交给了父母和学校。我还正式提出了到农村插队落户的要求。

但父母和学校都不支持我的"革命行动"，千方百计地说服我放弃在他们看来"荒唐"的念头。我据理力争，搬出毛主席语录和《人民日报》来支持我的观点。父亲赵凡，当时任中共北京市委书记处书记、北京市副市长，分管农村工作。我对他居然不同意我当农民很不理解。父亲被我纠缠得不耐烦了，把住在附近的市教育局局长孙国梁叔叔找来，说："我这个孩子高中不肯读了，非要去当农民。你做做他的工作，让他好好上学。"孙叔叔满口答应，说"我找他谈谈"。

果然，孙叔叔厉害，和我辩论没几个回合就辩得我无以对答。他比我更熟悉毛主席语录，他把我不肯读书斥之为"怕苦"，是吃不了学习的苦而"厌学"，说我不过是拿和工农相结合作借口，逃避艰苦的学习。他还大大地挖苦我就这点初中文化还敢妄称"知识青年"，断言我凭这点文化连合格的农民都当不成！结论是：赶快回校好好念书，有了真知识，将来再和农民结合或者和什么人结合都行！

我没能成功，但我知道有几个同龄人走出了这一步。一个是和我同一小学（育英学校）同一年级但不同班的胡锦州同学。他爸爸胡绳是党内著名的理论家，是老革命。他就是没念完高二，就受到纪录片《军垦赞歌》的感召，到新疆生产建设兵团当了兵团战士。还有陈伯达的儿子和他的同学张木生，也是高中没上完就到内蒙古农村当了农民。此时"文化大革命"还没开始。后来张木生写了一篇《中国农民问题》，以手抄本在知青中流传。

1966年"文化大革命"开始后不久，父亲被打倒，不知被关在什么地方，音讯全无，是死是活都不清楚。母亲葛纯时任北京市农机局副局长，也被打倒。他们当时的称呼有两个："走资派"（党内走资本主义道路当权派）和"黑帮"。而我们，也就有了一个新的称呼——"黑帮子弟"。此时，国家和社会的正常秩序也乱了套。到1968年，掀起了一场持续十几年的"知识青年上山下乡"运动。我也如愿以偿地到农村插队。

出发日期确定后，我去了一趟北郊的农机学院，告诉妈妈我走的事。当时妈妈在农机学院"关牛棚"。妈妈详细问了我的准备情况，她向造反派请假未获批准。我让妈妈放心，说到了山西后会写信给她。她也说了些鼓励的话。我以为这就算告别了。没想到23日傍晚时，妈妈居然回家了。

她有点高兴地对我说："我和他们大吵了一顿。儿子响应毛主席号召到农村去，可他连身合适的棉袄都没有。我得回去帮他准备。毛主席要求我们家长要支持孩子到农村。你们凭什么不让我们响应毛主席的最新指示!?"她这样上纲上线地据理力争，终于请准了一天的假。她边说边动手，将早有准备的布和棉花拿出，比着我的身材铰出了样子，铺在床上开始絮棉花，然后就紧张地飞针走线地缝起来。我劝妈妈，说我有棉袄，别熬夜赶着做了。

她根本不听我的，手也越来越快。上次妹妹洁英走前，她也是赶着做了一件小棉袄。我只好陪着她说话。

这天晚上，我们说了很多的话。说的什么，现在多已不记得了，但记得那些话中没有忧愁，没有伤感，有的是母亲对出远门的孩子的叮嘱和鼓励。其中有几句话，几十年过去了，我仍记得。妈妈说："你到农村去好，可能生活苦一点。但农村一点也不可怕。我们都是从农村出来的。记住，不论到了哪里，都要好好革命。当地老百姓能

1968 年秋，和母亲在北京首都照相社合影

活咱就能活。只要你有当一个农民也好好为人民做贡献的信念，就什么困难都打不垮你。"妈妈就这样一边缝一边聊，有几次针扎在手上渗出血来。"慈母手中线，游子身上衣。临行密密缝，意恐迟迟归。谁言寸草心，报得三春晖。"当时的情景，我至今想起仍心绪难平。到后半夜，一件贴身穿的对襟中式小棉袄做好了，妈妈看着我穿在身上很合适，欣慰地笑了。我看着妈妈慈祥疲惫的面容，心里很不是滋味，赶紧劝她休息。她笑了笑说："这下可以睡个安稳觉了。"抓紧上床打了个盹。

第二天早晨，我背着行李和妈妈告别。"还有什么要嘱咐的吗？""该说的都说了，好好去吧，妈妈相信你能做好。"妈妈平静自然的语调、亲切期待的目光，给我的恰是信心和力量。处于逆境中的家庭,母子不带一丝伤感的方式分手告别,可能是个特例,也是我多年来对一些影视作品描写知青下乡那种哭天抹泪的凄惨场景不以为然的原因。我们当年不是这样。列车开动时,我胸中涌出的是一股豪情:

二十年前冬至寒,①
血雨腥风伴我生;
婴儿三日遭劫难,
大军百万急围城。
阳光雨露党哺育,
广阔天地炼心红;
告别慈母泪不流,
雁门关外壮士行。

---

① 我生于 1948 年 12 月 22 日。那一天是二十四节气中的"冬至"。出生第三天,北平国民党侦缉队的特工冲进我家,抓走了我父亲,并留下特工看守母亲、姐姐和我。此后一个月,北平解放。

初到康庄

康庄村支书的坚持 / 谁肯到康庄 /
越是困难的地方越要去 /
八九十个光棍和两个女青年 /
第一口咸水 / 以为是吃"忆苦饭" /
又来了三个女生 / 队伍不断壮大

　　1968 年 12 月 24 日上午,北京站开出的一列往大同去的列车上,有 400 多名来自北京四中和北京师大女附中的学生,踏上了他(她)们独立走上社会的第一步——上山下乡,到农村插队落户当农民。他们经大同转火车向南不到 100 公里,来到了山西省雁北地区山阴县①。我是其中的一员。那一天,我 20 岁的生日刚过两天。

　　我是"黑帮子弟",却怀着满腔"革命热情"来到农村。

　　虽然家里遭了大难,但我对自己的未来充满信心。这是因为,从小在党和毛泽东思想的教育下,我坚信只要自己选择革命的道路,一定会得到党和人民的信任,一定会有前途。选择革命的道路,就

———————————

　　①　山阴县现辖属山西省朔州市。

必须按照毛主席的教导，走和工农相结合的道路。因为毛主席明确说过，看一个青年是不是革命的唯一的标准，就是看他愿意不愿意并且实行不实行和工农群众相结合。

毛主席在延安的讲话《青年运动的方向》中说：

> 看一个青年是不是革命的，拿什么做标准呢？拿什么去辨别他呢？只有一个标准，这就是看他愿意不愿意、并且实行不实行和广大的工农群众结合在一块。愿意并且实行和工农结合的，是革命的，否则就是不革命的，或者是反革命的。

插队落户当农民，是走一条毛主席指引的革命道路，我当然豪情满怀！

记得到达山阴的当天，受到了县领导和群众敲锣打鼓的欢迎。我们分别被安排到县招待所和县委党校住下，等待第二天上午有接收知青任务的村子来人将知青们接到村去。我们北京四中高二（1）班共有 13 名同学来山阴插队：姜斯栋、杜长庚、安红胜、陈安临、刘群群、区兆丞、杜绍礼、颜昕、文道明、卞志璋、向守安、傅秋元和我。县知识青年安置办公室将我们分在了合盛堡公社的常新村（姜、杜、安、陈、赵）、大虫堡村（刘、区）以及薛圐圙公社沙岭村（杜、颜、文、卞、向、傅）。同村的还有师大女附中的学生以及四中其他班级的学生。

要不是一个意外的变化和一个人的坚持，我和姜斯栋、杜长庚、安红胜、陈安临五人后来的命运会是另一个样子，我的人生道路中也不会有康庄。

当天晚上，县知青办的张茂主任找到被分配到合盛堡公社的知青，征询有没有同学愿意去康庄插队。他们介绍了一些情况，说原来的分配方案中有去康庄的知青,后来县领导考虑到康庄是个穷村,产量低,条件差,就把康庄从接收知青的名单中取消了。但康庄村的支部书记武文应一听到这个消息,不干了,找到县革委会的领导和知青办,软磨硬缠地非要给他们分配知识青年。县领导考虑到知识青年的分配方案已经公布,再变动担心引起同学们思想波动,请知青办征询一下同学们的意见,看有没有同学自愿到康庄落户,如有,再把他们调整到康庄去。

我听到张茂的介绍后,脑子里最先蹦出的念头就是"我去!"毛主席的那段语录同时出现在脑海中:"什么叫工作,工作就是斗争。那些地方有困难、有问题,需要我们去解决。我们是为着解决困难去工作、去斗争的。越是困难的地方越是要去,这才是好同志。"于是我就和杜长庚、姜斯栋等人交换意见,很快就达成了一致:我们班分到常新村的五位同学同意去康庄。我们把这个意见告诉了县知青办。

那时各村分配的知青数量按所去村的大小略有差距,都是有男生有女生且数量大体相近。第二天早晨我们得到消息,只有我们五人表示了愿意到康庄的意向。县知青办再次询问我们是否还愿去康庄,如我们决定去,上午就可动身,过几天还有少数晚来的知青到后,再争取给康庄补充一些人。我们表示去康庄的意见不变,县知青办的同志介绍我们认识了康庄村的党支部书记武文应。

一位45岁左右的瘦瘦的汉子出现在我们面前。"我叫武文应,是康庄大队的支部书记,欢迎你们到康庄插队落户。"他一边自我介绍,一边与我们一一握手。接着便张罗着将我们的行李装车。一挂大车赶了过来,车倌叫武文生,小小的个子,穿着一件"光板"老羊皮大衣,原本应该是白色的皮面已变得又黑又脏,有的部位磨得锃亮。他忙着帮我们搬行李、装车。我注意到他的那双手,大大的、黑黑的,和他的小个子不成比例,给我的印象如鹰爪、如铁钩。我有意

1971年康庄大队干部欢送社员丰强参军，在大队部院子里合影。那时候，年轻人参军，是村里的大事。右起：党支部副书记李申金、党支部书记武文应、丰强、民兵连长田富贵、革委会副主任赵子忠、革委会副主任赵杰兵

识地和他握了握手，感到就像握在了锉刀上。

随着武文生一声清脆的鞭子声，满载我们行李的马车上路了。我们踏上了通往康庄的路。我们未来的命运将和这个村子联系在一起。

康庄村位于山阴县东北部的边缘。往东，是应县，往北，是怀仁县。历史上"走西口"中唱的"一过黄花梁，两眼泪汪汪"的黄花梁，就横亘在村北八九里处。我是极少数几个将自行车带下乡的知青。我推着车子，跟在马车旁一路走一路向武文应和武文生询问有关康庄的情况。四十多年后的今天，我搜肠刮肚地回忆当时谈话的细节，但已非常模糊，只有两个印象清晰。

一是武文应很气愤地说："你们不要听有的人给康庄'把灰'（方言：说坏话），他那是别有用心地说'灰话'。康庄地板子宽，条件

不错，这些年粮食打得少，主要是缺劳力。他们说康庄不打粮食，是'米皮'糠的糠庄。你们可千万不要相信。"他这个话，是针对在县里征求知青们的意见知道我们5人愿去康庄后，一个当地好心人劝我们说"你们千万别去康庄，那地方不打粮食，是'米皮'庄"。当时碰巧让武文应听到。但一路上，我们大体上还是粗略地了解了康庄的情况，一千一百多口人，六七千亩地，分八个生产队，多数队能自给，个别队还要吃国家供应的返销粮，说自给也只是说一口人能分三百几十斤粮，吃返销粮的，国家只给补助到每人260斤。工分值好的队出一个工能分三四毛钱，差的只有一毛多……我暗暗盘算着这些数字，感到"康庄"这么好的名字居然穷困如此！

再一个深印象是一路上少言寡语的车倌武文生。当我问到他家里都有什么人，有几个孩子时，他伸出了一个手指，尴尬地笑了："我现在是光棍一条。村里像我这样的大后生有八九十个，这还不算打了一辈子光棍的老汉们，而同年龄的女儿家只有两个。""村里女孩子怎么这么少？"我问。"都嫁出去了，村子穷，没办法……"武文生说完这几句便不再作声。

20里的乡村土路很快就走完了。过了黄巍村，武文应指着远处依稀可见的一个村子说："那就是咱们康庄村！"越走越近了，寒风中模糊的村庄越来越清晰了。到村口了，最先迎出来的是几位担任村干部的中年、青年汉子，武文应介绍他们和我们认识。路两侧先是排着队、挥舞着小纸旗的小学生们。队前有一条写着"欢迎北京知识青年到康庄插队落户"内容的标语。他们在老师带领下，喊着"文化大革命"中那些常见的口号。再往后就是乡亲们——男女老少足有几百人，估计能动的都来了。他们好奇地注视着我们这5个北京来的知识青年。

我们从村西南角的村口，向东横穿了几乎整个村子，到了村东头的一户人家门口停了下来。"这是马文忠家，晌午饭就在他家吃。"

武文应指着我们刚刚认识的大队革委会主任兼民兵连长说。马文忠也热情地招呼着我们进屋、上炕、喝水……小小的一间屋子顿时热气腾腾。我端起一碗水,喝下了康庄的第一口水,淡淡的略带点咸味。武文应看出了我的感觉,说道:"这是专门为你们担的甜水井里的水。全村只有村东一口甜水井,其他井里的水更咸。趁热再喝口。"

很快,饭端上来了,那是一瓦盆(这种呈红色的底小、口大、倒锥形的瓦盆,我印象中只有在雁北见过)炸得焦黄的糕,菜是每人一碗炖羊肉,还有一瓦盆凉拌的土豆丝、胡萝卜丝,再有一小盆渍酸菜(洋白菜和胡萝卜)。武文应和马文忠热情地招呼我们吃,并告诉我们,炸油糕是用黄米面蒸熟后,里面包上豆馅儿等,再用胡麻油炸过,是当地人过年、娶媳妇、盖房上梁等重要日子或招待贵客才吃的。你们响应毛主席的号召,从北京来到康庄插队落户,今后就是一家人了……

这是我印象中第一次吃雁北的油糕,也是第一次知道了还有一种叫做"黍子"的农作物。这种比谷子颗粒略大,脱去糠皮后被称作黄米的粮食作物,在后来我们的插队生活的伙食中占有很重要的地位。尽管第一顿饭我们吃得并不觉得可口,胡麻油特有的香味我们开始还不习惯,羊肉虽说不像北京的羊肉那样膻可还是有点膻,但我们还是被大队干部的热情招待所感动。

吃饭时,有一些人出出进进,来的基本是村里的干部。他们和我们不停地打招呼、问好。我直到今天仍能记得的是一个年轻人,一进屋就表现得格外热情,他扬起手眉飞色舞的第一句问候是:"一路辛苦了!"然后就"圪就"(方言:蹲着)上炕和我们一见如故地聊了起来。他叫郭凡,时任大队会计。矮矮的个子,腿有点罗圈,比我们略大几岁,也就是小学毕业的文化。以这个年龄能成为经管康庄大队财权的会计,是很不容易的。

饭后,我们被领到了住处,位于村东南部的一排五间北房。这是一处当年地主家的旧房子，土改后被充了"公"，成了大队的房产。眼下没人住。这处房子比周边的房子明显高出一截，而且房子的顶部和四周墙角是用砖包着的，和那些全是土坯盖起的房子相比，的确"鹤立鸡群"，显示出房主的尊贵地位。五间房子中间的三间一明两暗，东西两间各有一盘炕。东西各有一间耳房，但房间的尺寸大小相同。房间已经打扫过，但由于长久没有住人，加上是冬天，一进去就有一种阴冷的感觉。我们卸了车，将行李搬到屋里，铺开了炕，从马文忠家灌了几暖壶开水……，下午的时间一晃就过去了。

晚饭还是在马文忠家吃。我们上炕坐好，主人端上了一盆黑糊糊的像和好的面样的东西，冒着热气，又给每人盛了一碗菜——羊肉炖土豆，肉比中饭明显的少了，菜汤明显多了。我暗自想："看来'再教育'要开始了，可能是给我们吃'忆苦饭'了。"主人似乎觉察到我们的疑惑，便解释说：这叫'毛糕'，也叫'黍子糕'，是我们这里当家的好饭，蘸着肉盐水好吃着呐。中午吃的油糕和黄糕，就是黍子去了皮做的，连皮一起磨成面再蒸成糕，就叫'毛糕'，快吃吧。"

"果然真是要给我们吃糠了，但中午剩的肉菜也端上来，又不像是忆苦饭。""难道是怕我们不好下口，特意准备了肉菜汤？""管他什么饭，反正得吃！"我用炒铲切下一块毛糕，拿在手里张嘴咬了一口，略带苦味，而且麻麻沙沙地有点刺嗓子。

"不是这么个吃法，要蘸着吃。"马文忠边说边示范。只见他切了一块糕，泡在菜里，又用筷子把糕夹成若干个小块，在菜汤里蘸满了汤，再放入嘴里，香喷喷嚼得啧啧有声。"庄稼人舍不得吃黄糕，能吃上毛糕就是好饭了。""那比玉米窝头哪个好？"我问道。"当然是毛糕好！"马文忠不容置疑地说道。可是我吃在嘴里的感觉怎么也觉得不如玉米窝头，而且在后来几年的康庄生活中，从未感到过这带糠的毛糕比玉米窝头好吃过。

晚饭后，我们回到住处，收拾一下行李，简单洗漱后便上炕休息了。那时康庄没有电，屋子里只点了一盏煤油灯，豆大的一点亮光，使你无心干事。我们吹灭了灯，五个小伙子并排躺在炕上，谁也不说话。窗外，北风在呼呼地刮。康庄生活的第一天就这样过去了。我躺在最靠边的位置，听着伙伴们错落的呼吸声，我知道他们也没睡着，和我一样在想着什么。

"明天等着你的是什么？今后等着你的又会是什么？"

"不管什么情况，老百姓能活，咱就能活。只要你有当一个农民也好好为人民为国家做贡献的精神，就什么困难也打不倒你。"临行前母亲送我的这段嘱咐，在脑海里已重复了无数遍，我又一次默默地告诫自己："一定要坚强，路是靠自己走出来的。睡吧，从今以后，我就是康庄人了。"

第二天清晨，我们都起得很早，早饭怎么吃的已记不得了，只约略记得第一次去井边担水的情景。水桶是用木板条箍成的，多数井口不算深，熟练的担水人只需用扁担钩钩住一只桶，靠近水面时灵巧地一摆，桶就斜着沉入水中，将盛满水的桶拉上来后，再换另一只桶。熟练的人不到 10 秒即可完成全部打水过程。但此时我们只能采用另一种办法，用水斗子（多数是有圆锥底的小铁桶）从井中提三斗水可装满一木桶，多提几次就行。我们来到村东约 300 米处的全村仅有的一口甜水井，几个人轮着体验深入井里摆桶打水和用斗子提水的滋味。水打上来，扁担上肩往回走。担水的姿势那个难看！引得路上的人纷纷驻足。脚底下绊蒜，腰拧麻花，肩膀压得生疼，五个 20 岁的小伙子竟没有人能一口气将水挑回家，而且挑回家时只剩了多半桶水。连农村十几岁的孩子都不如。

仅仅一个挑水，就清楚地看出在农村我们的起点有多低。我们需要从挑水、做饭等一件件小事做起，过好劳动关和生活关。绝不能让贫下中农看不起！

约 3 天后，我们接到县知青办的通知：给康庄分配 3 名女知青，

1971年，康庄全体知青在场上的玉米堆前合影（缺南昌伟）。前排左起：姜斯栋、赵归、张小彭、刘征、郑晓武、安红胜；后排左起：杜长庚、陈安临、刘燕、曹小惠、姚文、方虹、赵杰兵

请大队派人来接。大队派出了一辆马车，我随车去了县城岱岳。见到了3位准备到康庄来的女生：曹小惠、姚文和方虹。经介绍，曹、姚是师大女附中高中二年级的学生，方虹是女二中的高二生，因与曹小惠是小学同学，故结伴随女附中来山阴插队。那个年代，男女生之间很少接触，更何况男校和女校的同学间更不习惯接触。一路上，我们之间都说话不多，好像戒备着什么。

　　大约又过了个把月，刘燕、刘征姐弟又分配到了康庄，方虹将他的表弟南昌伟也转来了康庄。1970年春，张小彭从他分配的代县转到了康庄。至此，康庄知青小组的12人队伍基本形成。经和大队商量，曹小惠、姚文到一队；南昌伟、刘征到二队；陈安临到三队；方虹、刘燕到四队；姜斯栋到五队；杜长庚到七队；安红胜到八队；我到九队（张小彭后来也到九队）。

　　一年多后，又有赵归（从晋南农村转来）、郑晓武（从北京来）、杨颐明和杨剑明姐弟（从黑龙江生产建设兵团转来）、姜斯健（姜斯栋弟弟，从内蒙古生产建设兵团转来）加入我们的集体。后来姚文的妹妹姚垦从黑龙江生产建设兵团转来。黄梅1972年我离村上学后也从合盛堡转来康庄，没几个月就到县一中当了老师。期间还有因特殊原因暂短落脚康庄的女知青韩军、王莉莉、张克宏。最后是雁北本地的中学生王利君、姚悦、郭栓德、刘秀萍、李淑青，在康庄度过了他们的插队生活。

以上共27人，在康庄村度过了人生中的一段青春岁月，构成了康庄插队知识青年的历史。不论后来命运如何，我们在康庄都受到了磨炼。

大娘^①:康庄人物一

最后一代没有姓名的女人 /

像疼爱亲生儿子一样 /

家世 / "皇帝的金銮宝殿都去过了"

昨天收到山阴电报:"大娘病故。"

虽知道这一天终究要来,(春节汇款后大娘的回信已说:"大娘的身体倒是不行了,我看过年不会再让你负担了。"当时我就有几分不祥的感觉。)但接到电报时心里还是一紧,好一阵子发愣,无心再看文件,大娘的往事、音容笑貌也一幕幕浮现在眼前。

我甚至说不出大娘的姓名!每次汇款给她,都是"郭忠妈"收。记得我曾问过她老人家,她也似乎和我说过。但我终究没记住,只有一个朦胧的印象——她不愿意提起,而且似乎说:"你问这个有什么用?"因为已很久没人叫她的名字。于是我们所有插队知青,甚至全村人也就只知道她叫"郭忠妈"、叫"大娘",而不知道她的真名实姓。我想,中国农村妇女这种命运,她们可能算最后一代吧。今后还会有这种"没有"自身姓名的人吗? (后来问知大娘原籍是陈家

_____

① 我的一篇日记。写于 1994 年 3 月 18 日,星期五。

1977 年，姜斯栋回康庄时给大娘拍了这张照片。大娘专门换上过年才穿的"新衣服"和极少戴的最体面的"新帽子"。这反倒让我觉得不像大娘了——已经习惯了大娘用一块旧头巾包头、穿带着补丁的旧衣服的样子了

岭村，有个乳名叫陈大女。）

　　大娘是在我们知青自己开火做饭已一年多时来给我们做饭的。我们自己轮流做饭时，都是刚出家门的学生娃娃，饭做得乱七八糟、一塌糊涂，瞎凑合。县里为此出了个政策，可由大队派一人给这些插队学生做饭，按整劳力记工分。另外知青们每月再给大娘点补助。我记得我们是给大娘每月 3 元（开始时是 2 元），还允许大娘不带口

1976年6月，我从科学院近代史所调回山阴县合盛堡公社当了公社干部。这是我回到村里和大娘的合影

粮来（这可是不小的事），就和我们一同吃，自己的口粮省在家里。

自从大娘来了以后，康庄知青伙食的面貌就"为之一新"。大娘的卫生习惯在农村那种条件下是出奇的好。她极勤劳、极精打细算。很快，我们院子里多了一群鸡，我们时不时地能吃上鸡蛋了！这件小事对我们的身体健康究竟有多大作用，现在也很难说清。那时队里一年也只分得三四回肉，大家穷得叮当响，一个鸡蛋已很了不起！我们能吃上可口的热饭菜了，哪怕是我出夜工浇地半夜回来，我的那份饭菜准在锅里热着。能在那样繁重的体力劳动和工作负担下，以那样差的伙食坚持不倒下、不闹大病，没有大娘是不可想象的。

日子稍一处长了，大家就有了感情。而大娘对我们，尽管摆得很平（饭菜每份均等，绝不厚此薄彼），但对我似乎更亲一些。我那时是知青中的小核心，较早地当了生产队长（和大娘同在九队），后来又当大队革委会副主任，是村里的"人物"之一。但大娘并不是为了巴结我这个"权贵"，以保住这份每天挣"十分"工加一角钱并可以省下自己口粮的"美差"。（这个工作在当时十分工只值1、2角钱，基本口粮每人每年300来斤的康庄是不简单的。一年30多元钱的

大娘给知青杨剑明补衣服。这虽然是 1973 年雁北报社记者采访时安排的特写照片，但的确是当时生活的真实写照

补贴，可买回全家一年用的煤来！）我越来越感到一种仿佛母子间的亲情联系着我和大娘。我母亲和姐姐都到过村里，她们都说大娘"像疼亲生儿子一样"疼我和我的知青伙伴。在那个特殊的年代，大娘用她那种农村妇女最朴素的言行表现出了最真挚的同情心和母亲般的爱。我这个异乡游子感受到的温暖甚至不是"雪中送炭"所能表达的。这种温暖不是别人送来的、施舍来的，它就与我"同在"，就是我自己"家"里的温暖。

大娘享年83岁，寿不短，但命很苦。说大娘命苦，那是实实在在、沉甸甸的命苦。她20多岁时，丈夫被日本人抓了"劳工"，一去不返，也不知死在何方。家里穷，又是小户，大娘硬是挣扎着撑起这个家，把儿子拉扯大，还给儿子娶了媳妇。那时康庄很多光棍娶不起媳妇！此后便有了两个孙子、两个孙女。我们到村后，郭忠为了给儿子娶媳妇，又盖了三间房。大娘守寡几十年，含辛茹苦，极要强（虽然看上去极弱小），而且用旧道德来看真是名声极佳。此时应该是"功德圆满"了！

但命运总是不济。儿子虽孝顺，却属那种胆小怕事、身不强力不壮的人，可能从小没少受欺负，在村里不是个立得住的汉子，遇事还靠大娘拿主意、支撑。媳妇对大娘也不太好——总是家贫所致，而且又染上肺结核，花钱治病终未见效，早早又过世了。大孙女香枝是四个晚辈中最健康、体面的，我们到村里时，她大约十三四岁，已下地薅苗子，挣得大半个人的工分了。听说她后来嫁到外村，日子过得不错。大孙子香颗身体很差，一头病态的黄发，总也长不高的个子，大娘最担心他说不下媳妇。听说最终也娶了个有残疾的媳妇，日子极难。二孙子"二孥"身体强于哥哥，当时已比哥哥高了半头，是大娘为郭家留下后人的希望所在。但我当时就觉得他有些愣头愣脑，不太清楚，后来听说是死于车祸。我不知大娘临终时的心境（中国农村的贫苦妇女这般命运的并不少见），她一生中可曾感到过生活的乐趣和人间的温暖吗？

记得大娘除了劳动、负重以外，曾有的唯一"业余"爱好，就是和几位女人"摸纸牌"（一种纸做的如麻将牌样的赌具）。每年要上几次，而且赌资是极小的一分、二分的输赢。听说她的牌技不错，算得很精、很细。我那时是村干部，各种事情都抓，当然也包括"禁赌"。我曾找大娘谈过，她一是死不肯说出那些"同伙"的名字，二是答应我往后"再不耍纸牌了"。这是我与大娘唯一的一次"冲突"。

我在北京大学上学期间，记得是 1975 年，我提出请大娘来北京逛一趟。趁知青回家探亲之际，同伴将大娘送到了我家——天坛东里 22 楼。那些天，我们每个知青都分派了"任务"，分别陪大娘玩儿。大娘拐着一双小脚，看了故宫、北海、颐和园、天坛和一些商业街——王府井、前门之类。那时，大家虽都很穷，但又都想"孝敬"一下大娘，给大娘买一两样小东西。后来大娘上街就死死抓住我们的手，不让进商店，生怕我们为她花钱。我特意买了两张民族文化宫的票，带大娘去看歌舞表演，这在那个年代是相当稀罕的。大娘仰头看着天花板的装饰、摸着柔软的皮座椅赞不绝口。节目开始后，大娘看着

1975 年，大娘在北京
天安门前留影。大娘
最喜欢这张照片

那些女演员跳舞，自己倒是先羞得低下头不敢看，嘴里还唠叨着："这
些女女！大姑娘家，赤腿腿蹦跶，不嫌丢人现眼……"硬是让我带她
走，不看了。

十几天过去了，大娘住不住了，又惦记起家里的鸡啊、羊啊的。
我实在想留大娘多住一段，哪怕只是歇着，不上街，也不玩。但大娘
执意要走，说她住不惯这"鸽子笼"式的房子，憋得慌，放不下家里
的娃娃和鸡。僵持了几天，我只好依她。临走时，我按她的要求把
她在北京所去的地方都写在纸上，密麻麻地写了一片。她说是怕记
不住，到时让识字的人一看可以提个醒儿。

后来听说，她像个"英雄"般回到村里，引起了全村的轰动。一
连十几天家里的炕上、地下，坐满了、站满了村里的乡亲——特别是
那些女人们。大娘端坐炕上，让孙女给她看着那张我写字的纸，逐
一给大家描绘着"壮丽"的"北京之行"，临了还加一句"皇帝的金
銮宝殿都去过了，这辈子死了也不屈了！"惹得那些女人们羡慕不
已。那些女人们有一句话，大娘听着最受用——"您老人家真是修

下福了，您待娃们好，娃们也待您好，两好成了一好，您才有福分去逛京城。"后来大娘给我学说这几句话时，我真切地感到大娘内心流出的满足与自豪。能给大娘一点安慰与欢乐，我也从内心高兴，觉得是尽了点"孝心"。

后来我挣钱了，离开了村子。我所做的只是每年春节前给大娘寄点钱，开始是 20 元，后来票子越来越不值钱，我就逐年加一点，后几年是 100 元。我想接大娘来，可开始因和父母同住，没房子；后来到了湖南，天气太热，大娘肯定吃不消。但更主要的是大娘不肯拖累我，所以这个想法终没实现。我也知道寄这几个钱帮不了大娘什么大忙。但哪怕只是送去一点温暖，让大娘知道我们在惦着她老人家，也会有点儿安慰呀！我刚到大庸那个春节，因组建新市忙昏了头，过了春节才想起"钱还没寄"！心里很难过。大娘心

1985 年夏，我带儿子赵雁培回康庄，与大娘、马锡栋、郭凡、丰深义、丰强等留影

事很重，她并不在意这几个钱，但我突然不寄钱了，她会怎么想?!虽然后来我补寄了，但内心总也放不下——"该不会让大娘伤心吧?"

大娘去了。在"插队"这一特殊的经历中结识了这位母亲般的农村大娘，我感到很幸运。她使我更深入、更真实地认识了中国社会的底层(比如她给我讲了不少58年"大跃进"她在农村食堂当炊事员时的真实故事，那时庐山会议并没平反，彭黄张周仍是"反党分子")，也更增加了我对人民的感情与责任感。这些年来，正是这个东西在支撑着我，使我不昧着良心干事。

仅写这一篇日记以凭吊大娘并寄托哀思。

附一：

大娘的信

杰兵你好：

好长时间未有与你通信，近想你们全家大小人身体健康、工作顺利、生活愉快，一切都好吧。

你又给我寄来的钱已收到。就这样每年让你担负大娘，大娘不知怎样感谢你，终身不能忘记你的大恩大德。大娘身体倒是不行了，我看过年不会再让你负担了。不过我就是死了以后也不忘你的恩义。望以后你不要再寄了，因你们在那里各方面费钱，孩子念书还花钱，你们也不富余。我这样不死拖累你啥时呢?

另问你孩子念几年级、学习成绩如何? 好好培养孩子，长大也能成为你这样的人，大娘就放心了。

另你现在身体如何? 千万注意你的身体。大娘就是不放心你的身体健康。

再就是我们这里一切都好，庄稼受点旱、减些产，倒也可以，能生活下去。

因家里人写信困难，没有及时与你去信，望你们原谅吧。

祝春节愉快吧。

大娘　94、元、25号

附二：

大娘谈"大跃进"

大娘当年是村里大办食堂时的炊事员，她曾详细给我讲过当时的情景。

刚开始是敞开了肚皮随便吃，大家就连吃带拿地"疯叼"（雁北方言），粮食糟蹋的无数，"机溜"的多吃，老实的少吃。没过多久，村里的仓里就没多少粮了，食堂的饭菜越来越差，村里的大小干部想尽办法搞粮食，搞到了就饱一顿，搞不到就饥一顿。开始干部们还不怕，说什么"共产党还能叫老百姓饿死?"后来越来越不行，我这个当大师傅的，做的哪儿叫"饭"呀，稀饭稀得捞不见个米，糊糊稀得挂不住个碗。哪里有什么菜呀，一大锅水煮上点点菜，再放上盐就对付过去了。就这么连上了三年困难时期，男人饿得走不动路，更别说干活了；女人饿得连月经都没了，那几年村里哪有生孩子的人家。遭的那个罪呀，旧社会也没这样过（这是我第一次听到贫下中农这样对比新旧中国，当时很震惊，还表示疑问且刨根问底地追问了许多）。村里硬是有些人饿死，有我能说的上名字的，也有我说不上名字的。(当我问到大娘是怎么熬过来时)我也说不上是怎么熬过来的，庄户人家总会有点存粮的，再加上亲戚朋友、吃糠咽菜、逃荒讨饭……总得想办法活呀！那会儿办食堂，家家户户不准起火，各家偷偷靠点存粮填补，要做顿饭又不敢多点火，怕人家知道你家有粮，还敢开伙，就那么半生不熟地吃下去。你问我食堂有什么好处，半点好处也没有！搞得村里家家户户断了烟火，像"绝户"人家。我那时就想，共产党怎么想起让我们庄户人家都吃食堂，我这个当厨子的什么时候才能给大家做顿"饱饭"呀！

附三：

鸡七份：大娘分菜

文中说到大娘对知识青年一视同仁、不厚此薄彼，分菜数量均等。这在平常还好办，要是吃鸡时怎么分才算均匀呢？大娘自有她的高招。用她的话说，叫做"鸡七份"。

康庄人那时难得吃鸡，更不要说敞开肚子吃鸡了。遇到年节或红白喜事或有重要客人要办酒席时，杀几只鸡往往是通常的做法。但分菜给各个人时，既体面又均等的分法就是将一只鸡分成七份。

我曾仔细观察过大娘的分法。只见她将两个鸡大腿分别算两份，两个翅膀加鸡翅根分别算两份，将鸡胸脯一分为二算两份，鸡头和鸡爪合起来算一份。这样刚好分成七份，每个人不论拿到哪一份，都不觉得亏，也都算得上扎实地吃了一顿鸡。为此，大娘绝不在人数超过七人时只杀一只鸡。除非保证每人都得到"鸡七份"中的一份，否则宁可不吃。所以我们常常一次杀两只鸡。那年头还不讲究吃"凤爪"、鸡脖子之类，大娘便每次都将鸡头、鸡爪留给自己，然后把孙子叫来享用她的那一份鸡肉。

附四：

侄孙女郭树玲谈"大娘"

郭树玲的父亲与郭忠是叔伯兄弟。《康庄往事》出版后，她最先告诉我"大娘是自己喝药走的"。我抑制着震惊与心痛，向大娘的孙女郭香枝及熟悉情况的乡亲做了进一步核实。当听到大娘嘱咐家人不要告诉我她"是喝药死的"时，泪水一下子夺眶而出。苦苦挣扎了一辈子，竟是以这种方式离去，太残酷了！我纠结很久，是否将这件事在《康庄往事》重印时披露。最终决定增补这个附篇，因为这毕竟是她人生的真实结局，也是中国妇女生活的一个侧影。

"大娘"1911年出生在康庄村，家里取名"武大女"。她父亲因抽大烟或者赌博欠下了债，把"大娘"和她母亲一同卖到了10多里外的陈家岭村。"武大女"改姓唤作"陈大女"。然而，"大娘"就是康庄村的命。1929年，18岁的"陈大女"嫁回了康庄村。丈夫叫郭日增，家境甚好。1931年，"大娘"生下儿子郭忠。1942年，村里抓"劳工"，丈夫郭日增被抓走后无了音讯。后来公婆相继去世，留下他们孤儿寡母，村里人对"大娘"的称呼也逐渐变成了"郭忠妈"。同时，说她"扫把星，克夫命"的言论也在村中流传开来。"大娘"做人本分、勤俭持家，顽强地支撑着这个家。家族里的人对她保持着尊敬。因为丈夫在家族中同辈中排行老大，郭忠妈被家族人称呼为"大嫂"、"大娘"，我们这一辈称呼她"大奶奶"。1957年，郭忠妈为儿子郭忠娶了媳妇。儿媳妇生了四个孩子。

1968 年，村里来了一批知识青年。郭忠妈干净利索，虽然是寡妇，名声一直很好，村委会就指定她为知识青年做饭。郭忠妈做事很用心，关系处的也很好，知青们都尊称她"大娘"。其实"大娘"也有小私心，她担心性格懦弱的儿子会受村里人欺负，所以她对知青中一位叫"赵杰兵"的小伙子特别待见。她常和本家弟妹说：咱好好地对人家，希望人家也照顾咱郭忠。时间一长，"大娘"对赵杰兵真的跟自己儿子似的。有件事让"大娘"特别高兴，她去过北京，见过天安门。我小时候就听父母们说过，"大娘"从北京回来兴奋地在村里炫耀了好几天，村里人都羡慕坏了。再后来让她高兴的事儿就是每年收到赵杰兵寄来的钱，她会家里家外地说"杰兵又给我寄回钱了"。

对于"大娘"而言，开心的背后是更多的磨难。儿媳妇撇下四个孩子因病早逝；本是家中希望的二孙子在 18 岁时车祸身亡；大孙子郭树山常年疾病缠身，邻村没有女孩愿意嫁给他。1987 年，"大娘"托人从四川给大孙子说来了媳妇。但孙媳妇精神上有些问题，生了两个孩子以后，脾气更是大的难以控制，成天与"大娘"吵吵闹闹，"大娘"只能处处忍让。1993 年大孙子病情加重，"大娘"四处求医问卜。一天，有位算命的跟她说，她命硬，家中不顺都跟她有关系，儿子、孙子将来都要走在她的前面。听完这话"大娘"崩溃了。这回她也信了村里人说她"克夫命"。 大娘先后跟侄儿侄媳妇、孙女说起此事，说"自己不想活了"，孩子们都是好言安慰相劝。但是，几个月后大娘还是走了……

1994 年农历二月初六，那天早上大娘又跟孙媳妇吵了。然后大娘带了些碎银器去找侄儿媳妇，说没什么值钱的东西，只有这些碎银可以留个念想，让侄儿媳妇去找银匠打个戒指、耳环戴。中午吃完饭，侄儿媳妇、二孙女几个人正在打扑克，孙媳妇慌张地跑来喊："那老人吃上药了。"大伙儿一听扔下扑克就往家跑。"大娘"躺在炕上，穿戴整齐，头上包着干干净净的灰布头巾，上身蓝色粗布衣，小脚上套着绣花鞋。二孙女哭着喊"奶奶，奶奶……"这时大娘的意识还是清醒的，说："别哭二女，奶奶都这么大岁数了，早就该走了。"侄儿媳妇问："您喝的啥药？""大娘"说："安眠药，我攒了好长时间。"侄儿问郭忠是叫大夫啊还是直接去医院？郭忠摆了摆手说："去啥了去，都这么大岁数了！"在场的每个人都不再说话了。过了一会儿，"大娘"又睁开眼睛，对郭忠说："我死后不要让杰兵回来，他也挺忙的，以后也不要告诉他我是喝药死的。"说完轻轻抿了抿嘴。侄儿媳妇问难受不，"大娘"说不难受，就是乏的，想睡觉。就这样，在二孙女的哭声和大孙子无奈的叹气声中，大家静静地守候着。过了一阵儿，大孙女哭喊着"奶奶"跑了回来，可是老人再也没醒来……

做个"受苦人"

挑水 / 砍冻粪 / 打坷垃 /
拉砘轱辘 / 锄田 / 收秋 /
女人的活儿：推碾、薅苗 / 赶大车 /
虱子多了不痒

雁北方言中，管劳动叫"受苦"，或者更简练地叫"受"。"今儿个去哪里受呵？"是早晨出工碰面时最通常的问话。"将将儿受回来呀？"是下午或傍晚收工回村碰面时最常听到的问候。每一个插队知识青年都有的一个共同经历，就是经受劳动磨炼的过程，过劳动关的过程。

我们到康庄的第一堂课是从给自己挑水开始的。我们5个大小伙子到村的次日天一亮就去挑水，才知道自己连村里半大的娃娃都不如，竟然没有一个能把一担水一口气从井边挑回家，腰拧麻花，脚下拌蒜，狼狈不堪。陆续到来的女生们也是同样。2011年曹小惠看了康庄打井成功的文章后，对我讲了她和姚文第一次到井台挑水的经过。虽远在万里之外的美国，但我能清晰地感到电话另一端她的不平静。40多年过去了，她依然清楚地记得第一次挑水时心惊肉跳的感觉。

我和姚文来到井边一看，井台上结满了厚厚的冰，滑得要命，让人根本就不敢往井口站。而老乡们的鞋好像就不滑，若无其事地走到井口，一摆桶就提上一桶水，容易得很。（我在电话这边替她打圆场："你们穿的是塑料底的棉鞋，冻得梆硬，无比的滑；老乡们的棉鞋是纳的布底子，比较不滑。"）我一步一步地往井口边蹭，姚文在后面拽着我的衣服，随时准备滑倒时拽住我，以免掉到井里。好不容易到了井口，又不会直接摆桶舀水，幸亏有个老乡带着个提水的小斗子来帮助，我们才打上来这第一担水。

实际上，挑水对我们来说，是很容易过的"关"。没多久，我们就能和老乡们一样轻松自如地挑上一担水，任扁担在肩头有节奏地上下颤动却不洒一滴，甚至将手插在袖筒里，悠哉游哉地从井口遛达到家。杜长庚还自创了一种被称作"大雁式"的挑法——将扁担横压在后脖颈和两肩上，两手从后面绕到扁担上搭在扁担两头儿，人就像一个张开翅膀的大雁。多年后姚文说起杜长庚的"大雁式"挑水姿势，还忍不住笑。

在康庄干的第一件农活，是砍冻粪、送粪。雁北的冬天很冷，有"猫冬"的习惯，农活不多。我们到村里后，很着急地要求队里给我们派活。可大队、小队的干部都不急，说大多数的社员也没活干，你们先歇歇。我们那时积极性很高，想尽快参加劳动，就磨着队长要活干。队长没法子，只好让我们砍粪、送粪了。

"庄稼一枝花，全靠粪当家。"积肥是庄稼人最基本的多打粮食的手段。那时的康庄，粮食生产完全是靠农家肥。每年秋收后，就开始往耕翻过的土地送粪，一直延续到第二年的春耕播种。粪的来源主要是老乡家里的茅厕、队里的牲口圈等等。雁北的冬天很冷，粪冻了，于是就有了"砍冻粪"的农活。先用十字镐把粪砍开，再用铁锹撮上牛车或皮车，运到地里卸下来。到下年春耕前，把粪撒开，用犁翻入土壤中。

这是硬碰硬的力气活，而且还有相当的技巧。雁北的寒冬，粪冻得铁一样硬，一镐下去，往往只留下一个白点儿，崩起一些粪渣碎末，砍不下多少粪块。带我砍粪的是当时九队队长武德山。他大约年长我 10 岁左右。他不紧不慢地一镐一镐地砍着，几镐就能砍下不小的一块，不一会儿就够装满一车了。而我的力气不比他小，费的劲儿比他还大，砍出的粪却连他的一半都不到。他看到了我的疑惑，便给我边讲解边示范："你选一个合适的点，然后一镐一镐地连续砍在这个点上，用不了几镐，就会震裂开一块，比你这样一镐一个地方的效果好。"按照他的方法我试着砍了几下，果然有奇效。只是因手头没准，不能像队长那样每次将镐头都砍在同一个点上。不到半个小时，我就腰酸背疼，尤其是两臂酸疼无力，有点举不动镐了。再看武德山，仍如开始时那样一镐一镐地有力砍下去。我清楚地看到了差距：我的耐力远不如他。我 1.79 米的个子比他高、力气也不比他小，但缺的是耐力！这种持久的耐力，只有通过持久的劳动才能磨炼出来。第一天砍粪收工时，两臂酸疼得几乎抬不起来，手掌中磨出的血泡挤破了还在不停地出水。我知道，这些都是插队生活的必修课，只能咬牙挺住。坚持了个把礼拜，我的手上磨出了茧子，臂膀的肌肉度过了酸疼的阶段，耐力大大增强了。原来觉得挺沉的镐头，在手中越来越听话有准头了。我心里明白，这项农活我已掌握，不会输给谁了。

那时的康庄还不大懂得用化肥，用的都是农家肥。人粪尿、猪粪、羊粪、牛粪、马粪、鸡粪、狗粪……都是庄稼人稀罕的宝贝。村里有一些整天粪筐不离身、粪铲不离手的拾粪人，给我印象最深的是一位叫马巨的老汉。他是马文忠的二大爷。我们到村时他已年近80岁。我和他没说过几句话，对他的印象就是永远驼着背、永远背着个粪筐、永远注视着地面、缓慢地挪动着步子……出现在早晨、前晌、午间、后晌、傍晚各个时段。拾粪是他唯一能干的劳动。他家的茅厕有一个比其他人家大许多的粪堆，那是他辛苦拾粪的积累，他凭这点积起来的肥料和队长经过一番计较折合成工分，然后凭工分参加队里的分配，分回自己的口粮及其他收获过日子。我不记得他一年能积多少车肥、折合多少工分，但我知道他的日子一定很苦。至少是没见过有儿女照顾他。我能记住他可能和一件事有关。

一天我从知青院出来往大队部走，正遇上马巨老汉在我前面不远处剧烈地咳着，此时他的粪筐就在他身旁地上放着，他一手拄着粪叉，一手在捶自己的胸口，头弯得很低，几乎靠近地面，身子有些晃得站不稳。我赶忙走上前，想扶扶他并帮他捶捶背。突然，随着一阵剧烈的咳嗽，一团东西从他的嘴里咳掉到地上，我定睛一看，惊得我目瞪口呆：一团蛔虫样的东西！只见他长出了几口气，将那团肉糊糊的东西铲进他的粪筐，若无其事地又继续拾他的粪去了。而我却一时愣在那里，缓不过神儿来。

后来回想此事时，我多次怀疑我是否看错了。蛔虫之类的肠道寄生虫有可能通过满是胃酸的胃而从食道、口腔出来吗？我不具备这方面的知识。但那一幕可怕的情景确实让我无法忘记。

春天来了，随着大地的解冻复苏，"耕牛遍地走"了。我们在大田里干的第一件农活是"打坷垃"，将地里的大点的土坷垃打碎，以便于下种。这是一件最简单的劳动。出工的人们一字排开，手持一柄长把儿的木槌，见坷垃就打，大家有说有笑地玩似的就把活儿干了。这是我干过的最轻松的农活。但这种"轻松"只延续了几天。

播种开始了。又有一项农活儿几乎每个知青都干过,那就是拉砘轱辘。2008年山阴县举办了一个反映知青插队生活摄影展,当年的老照片中,有一张在洪济屯插队的女生刘景竹坐在门框边、脚边是砘轱辘、手上还拿着拉砘轱辘的绳子,她笑得很从容、自然。

砘轱辘,就是一根木轴穿过三个石头轱辘。轱辘间的距离和雁北农村用来下种谷子、黍子、麦子、胡麻等作物的耧的腿的间距相等。播种时耧在前面豁开土将种子播在土里,砘轱辘随即跟上碾压,使种子和土壤紧密结合,起到保墒的作用。通常前面摇耧下种的是有经验的老把式,驴拉着耧走多快、漏籽的籽眼定多大,一亩地下几斤

山阴县洪济屯北京知青
刘景竹和她的砘轱辘

籽、耧脚的铧犁多深、耧摇得稳不稳、籽下得匀不匀……就看摇耧人的本事了。而苗子出得好不好，不仅看摇耧下种人的技术，砘轱辘拉得好坏也关系重大。

拉砘轱辘讲究步子要均匀、稳重。不能太快，太快则容易飘、压不实；也不能太慢，太慢不出活儿，也容易压得过死。别看砘轱辘的石磙子不大，但要拉着它在刚刚翻过的松软的土地上连续走几十里，绝不是件轻松事。现在隐约记得每天都要拉着砘轱辘走上二三十里，下工时腿已累得几乎抬不动，肩膀也磨得有些疼。再就是趟了一天的土，整个人搞得灰头土脸的，和汗搅在一起，又没有条件洗澡，浑身不是滋味。在沙岭村插队的同学文道明后来跟我说，他曾拉着砘轱辘一天跑过四五十里，一个人干过两人的活。就这样十几二十天下来，至少从形象上说，我们和贫下中农一个样了，或者说是一样的脏、一样的糙了。

拉砘轱辘的磨炼，过得较容易。稍感意外的是，我们知青因这项劳动普遍得了个"干活儿实在"的名声。我一了解，曾有个别社员干这活儿时偷工减料，只拉一头一尾，或中间一部分，哄骗工分。而每一个知青拉砘轱辘都一丝不苟地从头拉到尾，极其认真负责，所以得到好评。

随着地里的庄稼破土出芽，真正的考验到了。锄田，我把它称之为北方农活的大考，就如南方稻田的"双抢"（抢收割、抢插秧）是大考。这一关过不了，就算不上合格的农民。我们插队时，锄田是各种农活中持续时间最长的——从小苗出土到开镰收割，几个月的时间，不停地、一遍一遍地锄。锄田，是公认的多打粮食的主要手段，它的作用不仅在于锄去杂草、不荒田，而且松土透气，抗旱保墒，防涝防板结，增加肥力。一片小小的锄板的作用在老乡们的嘴里简直神了。"锄头自带三分雨"是说它的保墒防旱功能；"锄头自带三分

锄田。左起：张小彭、赵杰兵、南昌伟、安红胜

火"则说的是它的排涝功能。在我国古诗词中的名句："锄禾日当午，汗滴禾下土；谁知盘中餐，粒粒皆辛苦。"一个"锄禾"，已道尽农民的辛苦。对农民"面朝黄土背朝天"的形容，恰恰是农民锄田的真实写照。可以说，锄田在当地农业生产的链条中有着很特殊的地位。

从拉砘轱辘开始，就有部分劳力出早工了。锄田的大忙季节到了，便开始了全体劳力都无例外地出早工。天蒙蒙亮即起身下地，早饭是专人送到地里。中饭回村吃，略略歇个晌就赶忙出工，直到太阳落山收工。时间大约从早5点到晚上8点，除去中午吃饭、歇晌的2个小时，每天在地里劳动的时间达12个小时左右。而且这12个小时中，都要弯着腰，舞动着手臂不停地锄。可以说，第一天还没干完，我们几乎都受不了了。尤其是腰疼得几乎直不起来。我们谁都没有连续12个多小时弯着腰干活的经历，加上锄头在手里又不听使唤，从锄田的第一天起，所有知识青年全都是一副惨状、苦相。都被远远地落在后面，不时地直起身子捶腰，到地头就赶快找个圪塄（方言：田埂）从背后硌在腰处仰面朝天地躺在地上，试图以这种自创的"反躬法"来缓解腰的困乏疼痛。但一切办法都不起作用，只能咬牙挺住。我记得那时一想起还要这样熬几个月，真想号啕大哭一场。幸亏有好心的贫下中农（苏国龙、丰岐、武德山等）看到我的惨状，不时地帮我锄上几段，才稍稍缓解了我的处境。

最难受的第一周在咬牙坚持中熬过去了。渐渐地，浑身上下不再那么疼了，手也快多了，能跟上大队伍了。第二周又熬过去了，手的准头儿也越来越高，速度越来越快，以至于能进入锄在最前面的"第一梯队"，而且锄的质量一点都不含糊。各种巧妙的招法也掌握得日渐成熟。在我干过的各种农活中，数锄田的招法最多：什么"老虎弹牙"、"猴抹纱帽"、"鸭儿抿嘴"、"老鸹子旋窝"、"刨窝跌蛋"、"老和尚剃眉毛"等等，就如后来看金庸的武侠小说中丐帮洪七公老帮主的降龙十八掌招法"亢龙有悔"、"潜龙在天"、"神龙摆尾"那样神奇迷人。我一招一式地学、一招一式地练，不到一个月便自觉学有所成，可以和高手们比肩了。

一把锄头，到了一流高手的手中，能被舞得神出鬼没、匪夷所思：两株谷苗左右并排长得挨在一起，只见一招"老虎弹牙"，其中的一株被连根拔出弹出，另一株毫发不损、临风玉立；两株苗前后挨着长，只见一招"猴抹纱帽"，前面一株被拔出随锄板从后面一株的头上掠过，再看后株，毫发不损，力道拿捏得分毫不差……我一度甚至迷上了锄田招法，像杂技演员苦练基本功那样，反反复复地练这些招数。

集体劳动中一个普遍存在的问题，就是总有人偷懒耍滑。锄田中的惯用手段是"大草不砍，小草不管；一推一拉，死活由它"。表面从远看，他也是在锄田，实际上他是在偷奸耍滑，在糊弄事。在一点上，可以自豪的是，我们所有知识青年锄田的质量都属最好之列。渐渐地，我们干农活的本领与农民的差距越来越小，越来越得到村里贫下中农的信任和好评。

锄田到最后阶段，叫作"搂田"，主要是松土保墒，锄得飞快。此时的锄板子已磨得锃亮，磨得小了一些，虽不是以除草为主，但很讲究锄的深度。村里有个地主马来虎，最有名的就是他搂田时，锄板要挖到犁床上，干活非常吃苦，所以他的庄稼长得总比别人强，以致发了家，土改时定成了地主。那时我们受的教育都是讲地主靠剥削穷人发家，但村里一致的说法是马来虎发家靠苦干。我曾向大娘问过此事，大娘一口咬定说"他硬是干出来的"。我们到村时，马来虎还挺结实，能下地干活，走起路来步子很重，一摇一晃地，从没听见他说话。他的儿子马三娃（马景山），岁数略大于我，结实精干的一把好手，什么活都拿得起。只是成份不好，被压得有些抬不起头。

秋收开始了，手中的锄头换成了镰刀。此时手上已磨出老茧，腰也经过"长期磨炼"弯得下去了，适应起来比较容易。再往后，庄稼都上了"场面"，打场、脱粒、晾晒、过秤、入库。一年的农活儿算是忙完了。当然，还有一项为来年打基础的秋耕地——从收割开始到土地上冻，要把所有的茬子地都耕过，以便来年的春耕下种。

说起场面的活儿，既有最简单的手工掰玉米棒子、脱玉米粒，也有使用专用工具脱粒的技术活。农民们为了颗粒归仓，用杈、耙、木锨、扫帚、筛子、筐箩、簸箕等等场面特有的工具精心地拾掇每一粒粮食。要把场面上的"18般兵器"都掌握好，就算是多年的老把式也并不容易。1969年康庄还没有电，把粮食和土、碎草分离的工序要靠人力用木锨扬场、靠风力吹开、扫帚扫拂综合实施才能奏效。谷子、黍子、胡麻、麦子等作物，要先用碌碡在场面轧碾，然后用耙子搂去草梗，然后撮成堆，然后根据风向、风力，选好扬出去的粮食的落地，几个人并排站开，用木锨铲满一铲粮食，高高扬撒在天空后，落在选好的地点。一位手持一把大扫帚的经验丰富的老农在扬撒过来的粮食上轻扫快掠，做最后的分离处理，然后把成堆成垛的粮食在场面经过晾晒后入库归仓。这些活儿，对我们知青来说，都是新鲜的。每干一样都得学习。比如打莜麦、打胡麻用的连枷，是一种由一根长木杆和用三根荆条并排扎成一片的条板组成的奇特的工具。每次都要高高在头顶举起、再重重地打在铺在地上的莜麦或胡麻上。看起来好像很简单，真做起来并不容易。还有扬场，扬得好与扬得不好差别极大。前者扬出的是均匀的一条线，准确地落在选好的地点；后者抛出的是一个团，落地也不准，往往给扫粮食的人带来很多麻烦。总之，对场面的技术活，我都试着干过，虽不敢说样样精通，却也多数能凑合得过去。

还有一些农活，如赶大车、放羊、耕地、耱田、薅苗子、挖渠、饲养牲畜、出圈、浇地、打土坯、盖房子、开拖拉机（跑运输、耕地）……凡是与农村生产、生活有关的劳动，我基本上都干过或体验过，有的干得多些（如赶大车、开拖拉机），有的仅仅比划着试了几下（如耱田）。在诸多的农活中，最让我头疼的是推碾子。

推碾子，千百年来中国农村用来加工粮食以做成食品的必不可少的一道工序。一个几百斤重的大石碌碡（石滚子）在一个直径 3 米左右的圆碾盘上一圈一圈地转着，一点一点地将玉米碾成玉米面、小麦碾成白面、谷子碾成小米、黍子碾成黄米……这一圈一圈无休止转圈的动力，来源于人推着碾杆绕着一个小圈子一圈一圈无休止地竞走。

刚到康庄时，插队知青自己开伙，米面都得自己加工，要么推碾子，要么骑车驮上粮食到十里外有电的高山疃村去加工成米面。轮到我做饭了，没有玉米面了，我只得提上半袋子玉米去碾坊。想不到还没转上几圈，就头晕眼花、直冒虚汗。咬牙坚持了一会儿，头越来越晕，以致恶心起来，想吐又吐不出的干呕了几下，真是难受到极点。而此时，玉米粒才破成玉米茬子，离碾成面差得远呢！我停下来，屋里屋外地张望,希望能碰到个好人帮我一把。可是一个人都没有。我没办法,只得继续推着碾子一圈圈地转,直到我终于恶心地吐了。出了碾坊,我暗暗下了个决心:以后绝不再干这个活!宁可跑上十几里花上钱去有电的村加工粮食。

还有一项劳动也让我打怵,那就是"薅苗子"。这是一项比"蹲功"的活儿,手中拿一把炒菜铲大小的有个木把的薅铲,在小苗刚刚出土时,间苗、除草、松土。作用和锄田中的锄小苗相同。通常这是女人、老汉和小孩干的活儿。干活儿时绝大多数时间要一直蹲着,雁北话也叫"圪就"着。不习惯的人,蹲一会儿,膝盖就疼得受不了。因此,有的知青宁可锄田,不愿薅苗。一队的曹小惠、姚文就是宁可和男劳力一起锄田,也不愿和女人们一起薅苗。几十年过去了,姚文甚至能描述出杜长庚当年薅苗子时的狼狈相:"只见他一会儿蹲着、一会儿坐着、一会儿跪着、一会儿站起、最后趴在地上,也不怕压伤了苗……样子可笑极了。"

赶大车,是当时最让村里的后生们向往的农活儿了。这个活儿工分给得最高,能挣补助粮和补助款(出车时1天可补1到2斤粮、8毛到1块钱),还能走南闯北见世面。掌鞭子的车倌,在村里相当有地位。那时有一部电影《青松岭》,就是专写农村中围绕争夺"鞭子"而展开的激烈的"阶级斗争"。电影的主题歌《沿着社会主义大道奔前方》被蒋大为唱得高亢嘹亮、荡气回肠。剧中的主人翁万山大叔被李仁堂演得正气凛然,还有那个反面角色钱广也演得入木三分。

我们刚进村时,全大队只有4辆胶皮轱辘大车,雁北话简称"皮车"。记得当时似乎是一、七队共有1辆,二、三队共有1辆,四、五队共有1辆,八队单独1辆,九队没有。每挂(方言,辆)大车定员2人,一个叫赶车的,一个叫跟车的。他们要么是村里公认的能干后生，要么是与村里领导关系特殊的关系户。总之，只要一当上车倌，立即就吃香的喝辣的（尤其是给各家各户拉煤时），成为村里的一个人物。

知青中第一个跟车的是杜长庚。本来这种事轮不到知青。七队和一队共用的皮车的赶车人是一队刘应中，跟车的是七队的二白（武文才的小名）。要出车了，不巧二白病了，二白和杜长庚在七队相处成好朋友，他便请杜长庚给他顶工，还把自己的光板老羊皮大衣借给了杜长庚。于是杜长庚就跟着出车了。那是一趟去寺峰山吴家窑矿给大队部拉炭（雁北方言将煤叫炭）的活。所谓跟车，一个职责是负责皮车的刹车。在车尾部有一条用来刹车的绳子，通过它牵动着一根粗木棒摩擦皮车轮胎的内轮毂，以将车刹住。道理和现今的汽车刹车相同。跟车人虽不像赶车人那样神气，但责任重大，尤其当重车下坡时，如果跟车人拉不住刹车绳，车一跑坡，就可能导致车毁人亡的惨剧。从某种意义上说，重车下坡时，赶车人的生命就握在跟车人的手中。此外，跟车人还得在途中与赶车人一同切草喂牲口、装车、卸车……

记得那次杜长庚走了3天。当他们回村时，引起了不小的轰动。刘应中持鞭在车前赶着牲口，杜长庚在车后握着刹车绳，将车停在大队部院子里。很多人在围观他们卸煤。我看着杜长庚风尘仆仆的样子，凑到跟前问他"怎么样？"他说"活儿倒不算太累，干得了。就是住大车店不习惯。身上肯定有虱子了，痒得厉害……"

杜长庚这次出车，似乎是一个标志性的信号：康庄的知青们从此可以胜任所有的农活了，甚至像赶大车这样的工作。

因为只有九队没有皮车，且那几个合用一挂皮车的队也觉得不方便，所以后来大队和小队共同努力，村里又增加了4挂皮车，一个队一挂。8个车倌我至今还叫得出名字的有：一队刘应中（柱子）、二队丰强（换书）、四队丰子贵（虎倌）、五队王宝祥、郭兆兴（雨来）、七队武文生、八队武文官、九队周锦春（高善）。8 挂皮车是当时村里价值最高的固定资产。一副榆木或水曲柳的大车车身 500 至 800 元，一套皮车车轴 500 元左右，两个胶皮轱辘 700 元左右，牲口身上用的套引子、缰绳、套绳、驾辕的鞍子、长鞭、短鞭……各种绳线也要儿百元。当然，最贵的还是驾辕和拉套的 4 匹大牲口马或骡子，好马好骡的价格要高达数千元一匹。这样，一挂大车的总价值往往在七八千元甚至上万元。九队当时最穷，所以买不起好马好骡，只能买几百元一匹的老马和骡子，凑合着勉强拴起一挂皮车，既解决本队各家各户的拉炭问题，也搞点运输副业挣点钱。

我跟皮车出工，是几个月后的事。我听说队里的皮车要外出拉石头挣钱，需要增加一个跟车装卸石头的人，便找队长武德山要求派我去。经过一番软磨硬泡，队长同意了。我和高善（周锦春的小名）、崇喜（丰深厚的小名）赶着九队的那挂新拼凑起的皮车来到县城岱岳西边的王家涧村，租了间民房住下，开始了从村后的娘娘山上的采石场往十里开外的七里沟运送石头的工作。

那是 1969 年的冬天，我刚满 21 周岁。碰巧高善、崇喜和我同岁，农村习惯说虚岁，3 个 22 岁的年轻人加起来 66 岁，66 大顺吉利呀！但也有人挖苦说："3 个老鼠（我们都属鼠）赶一挂车，怕没那么吉利吧？"高善赶车时间不很长，平常和我来往不多，对我跟车很不放心，一路上嘀嘀咕咕。我装听不见，大大咧咧地摆出满不在乎的样子。头一天我们在村里住下，联系好装车和卸车的地点，早早喂好牲口，吃了晚饭就休息了。

第二天还没亮，我们就套好车，一路爬坡往娘娘山的采石场赶去。那一天的经历 40 多年过去了，我依然记得。

好陡的山，好险的路！左侧是陡峭的岩壁，右侧是同样陡峭的深沟，路很窄，多数地方只容得下一辆车通过，只有少数地方勉强两辆车错车交会。路面坑洼不平，且有多处陡坡。这种只是为拉石头修的路,与国家修的正规公路完全是两回事,可以说是我见过的最简陋的路。40 多年后高善回忆起那次拉石头的山路时说:"那路灰的,朝里一步跌到沟里了,朝外一步撞到岩壁上了。"

大约不到一小时,我们来到了采石场,天已大亮了。有四五辆皮车在我们前后来到石场。大家一拥而上,抱起散落的石头往各自的车上装。

装车的学问有许多,首先,要装得前后均衡,均衡的标志是车辕桥搭在辕马背上的重量要适当,既不能过重,也不能轻飘。过重,会让辕马受不了,特别是下陡坡时会压垮辕马。太轻,则易导致辕桥上飘脱离马背,导致车辆方向失控,尤其在上坡时容易出事。高善在整个装车过程中,不停地把手伸进辕桥掂量着辕桥的轻重,并指示我和崇喜"前面再装一块大点的……"、"后面再装一块半大的……"。直到装满时还要最后再掂量一下辕桥的分量,并做适当的调整。

装石料还有一个技巧是要"多出数"——由于卸车时收石料的公路技术员是按立方米计量付款,而不是按重量吨数计量付款,并且有时就直接用米尺在车上量(多数是卸在地上码放好再量),所以选什么样的石料能使收料人用尺量时数量多些,对我们的收入影响很大。我们尽可能地挑那些大块的片石、而且是边角支棱开的,使石头之间既互相支撑又留有大量空隙。这样车的分量可以轻些,但量出的立方米却不少。我们每次都要装一立方米多的石料,一般不超过一方半。重量在两三千斤。

车装满后,开始用粗绳子捆扎固定石料。这可是一项来不得半点马虎的活儿,稍有不慎,没捆结实,下坡时石头一垮,砸到驾辕的马,立刻就会车毁人亡!

开始下山了,我抢先拿到刹车拉的绳子和绞闸棒,并对高善说:"我来管刹车!"高善的脸色一下子变了,惊恐地说:"哪能行!? 交给崇喜！你先看上几次！"崇喜也过来劈手从我手中拿过刹车绳和绞闸棒说："到平路上再你来。"我不服气，不就是拉个刹车吗？但也只好听他们的。

满载石头的重车吱吱呀呀地沿着狭窄、颠簸的山路下陡坡了。那惊心动魄的险境让我们的神经极度紧张起来。车速陡地加快了，就在那一瞬间，吱——吱的刹车声叫起来了。只见崇喜紧跟在车的左后侧，不仅用左手将刹车绳拉到了顶点，而且右手的绞闸棒也插在车轮与车厢之间，增加刹车的摩擦力。高善则始终在车前左辕桥的旁边紧靠着辕马左侧，右手执鞭，口中念念有词地吆喝着牲口，不时在遇到险路时回头喊一句"拉紧点！"声音透着冷峻和严厉。一侧是山壁，一侧是峡谷悬崖，车左轮胎离崖边最窄处不足一米，崇喜有时只能踩在崖边的侧面，身子斜到半空里去，就像耍杂技的一样全靠拉着刹车绳跟着车速前行。稍有不慎一脚踩空，或刹车绳一断，那几千斤的重车就会"跑坡"，前面的高善和驾辕拉套的牲口就会遭灭顶之灾——人仰马翻、车毁人亡。难怪高善一看到我要拉刹车绳便吓成那样。

终于安全地到了平路，三只"老鼠"缓过气来，又开始有说有笑了。我们先回到住处吃早饭，支起车将牲口喂好。然后再套车将石料送到同太公路的收料处，卸车、量方、开条后，又赶车上山去拉第二趟。

那天我们拉了两趟，傍晚才卸车。待轧草、喂完牲口，已是掌灯时分。吃过饭就早早睡了。那时我们一天吃两顿饭，房东大婶每顿饭从我们带的粮食中称出 3 斤玉米面，蒸出一大盆窝窝头，烩出土豆、洋白菜（雁北称山药、苤子白），再熬点小米稀饭或玉米面糊糊。我们三个后生风卷残云地吃得净光。那时我们的饭量都大得惊人。一顿吃一斤玉米窝窝还算是"省着吃"。我们是按每天每人 2 斤半的饭量安排伙食，其中玉米面 2 斤多，再用 2、3 两小米熬些稀饭。

九队是吃国家供应的队,队里打的粮食每人只能分到 200 斤多一点,国家只补到每人每年 260 斤粮食的标准。这样每人每天的口粮也就是 8 两还欠一点,根本不够吃。高善的父亲是县城的国家职工,家境好些,至少不缺吃的。崇喜家兄弟姐妹多,吃糠咽菜还常饿肚子。我们知青第一年国家按每人每年 528 斤粮食标准供应,平均每月 44 斤粮食,每天约 1 斤半。我们每天超出口粮标准这样多,靠的是每出一天车,队里给我们每人补助 2 斤粮食,记一个半工,外加补助款。高善是赶车的把式,一天挣 1 元,我和崇喜各挣 8 角钱。这可是当时队里最肥的活。一天干下来,去掉人工和牲口的草料,队里能挣 20 多元。

我们 3 人相处得很融洽。我特别注意"少吃多干",从装卸车到切草喂牲口、平路时拉刹车绳……都抢着干。渐渐地,高善对我有了信任。当我第一次在重车下坡前主动将刹车绳和绞闸棒拿在手里,说"我来吧"时,高善犹豫了一下,盯着我说了一句"操心的!"就赶着车上路了。

踩在悬崖边拉刹车绳的惊险情景,后来几十年曾多次在我梦中再现。更让我后怕的是,18 年后我才知道我居然有"恐高症"。我当时强烈的惊心动魄的感觉是我身体特有的生理症状的反应。而我却把它当成"胆小"的弱点,努力地压制内心的恐惧,全力以赴地控制重车下坡的速度。万一我当时症状反应再大一点,身体失控了,会是什么后果?!那高善和队里的 4 匹大牲畜将不死也得重伤。所幸的是,我的病症还刚刚承受得起那种环境,没发作到收拾不住的地步。

就这样,我们干了近一个月,我基本上胜任了各种营生活儿,包括有时在平路上从高善手中接过鞭子,冒充一把车倌。我还下了相当的功夫练习甩鞭子,终于能将那一长一短的两杆鞭子抽得和老把式同样的响亮清脆。

不久，我还有一次赶大车拉炭的经历。现今我已记不清是上哪个矿，只记得炭场里乱哄哄地挤满了前来装炭的车辆，有汽车、拖拉机和马车，大家蜂拥而上，争抢大块的好炭，互相叫骂吵嚷着。来回的路程远，我们得住店吃饭喂牲口。当我们赶到一家大车店时，天已擦黑了。

一进院子，先忙着卸车喂牲口，接着进了一间掏空大房（两三个自然间合为一大间的房子，当地称掏空大房）。屋子里南北两排大炕相对展开，炕的两头都有灶台，灶火烧得很旺，灶台的大锅里的水正烧开，翻滚着冒着腾腾的热气。炕上已堆满了人，只是靠门处还有四五个铺位。伙计把我们引进门指了一下，说"就这儿啦。"便离开了。高善赶忙舀出玉米面给店里的伙计，张罗着做饭。我则愣在那里一时回不过神来——我一进屋就被大炕上的情景惊得头都大了！先来的人中的多数居然在干着同一件事，"脱得红红的"在皮袄或"腰子"（坎肩）上捉虱子！还有的抽着水烟或纸烟，聊着大天，坐着的、趴着的、横躺竖卧的……"这可怎么睡呀?!"我暗自琢磨着。

果然，到了夜里，我因自己要求睡在把门的铺位，身下是滚烫的热炕头，不断有起夜的人进出开门窜入的冷风，被子盖也不是、不盖也不是，加上浑身上下总觉得有小动物在爬，痒得无法入睡。就这样也不知道睡着了没有，终于熬到了天亮。在回来的路上，我很长时间躺在车厢的煤块上呼呼大睡，身子下圪几圪蛋车的颠簸都影响不了我。那个大车店，给我留下了深刻的印象，最难过的是第一次，后来我又有两次住大车店的经历，就适应得多了。

"生活关、劳动关、思想关"是当时常说的知青插队要过的三关。劳动关上面叙述得较详细。思想关后文叙述。这里说几句过"生活关"。在我们看来，这是较好过的一关。我们从小受的艰苦朴素的教育和当时整个社会崇尚节俭的好风气，使得我们面对农村生活时，不那么娇气。适应起来有个过程的是和水有关的事情。一个是喝苦咸水虽总不适应，但不喝就会渴死，只能硬着头皮逆来顺受地喝。久而久之也就习惯了。再一件就是因缺水，洗澡、洗衣服都不方便，没过多久，身上就痒起来，身上出现了被称作"革命虫"的小动物——虱子。

谁最先有的虱子，现已无从考证。我只记得我最初浑身上下奇痒难耐的滋味。我不停地用手挠痒痒，结果越挠越痒，直到把皮肤挠破才算罢休。于是我开始与虱子做斗争了。最主要的方法是用开水煮内衣。为了斩草除根，我们对虱子的卵（叫虮子）也绝不放过，用手指甲盖挤、用水煮的方法都用过，但终究没有彻底解决问题。而且，比我们卫生讲究得多的女生身上也出现了虱子。我就亲眼看到一位女同学，坐在炕沿用手挠头发，结果掉下来的不是头皮屑，而是虱子。那位女生当时自己就惊呆了，说了句："怪不得头上这么痒！"便跑回自己屋子洗头去了。

我和虱子的斗争持续了一段时间，用指甲盖挤，用牙顺着衬衣衬裤的缝咬——伴随着噼噼啪啪的响声，衣服缝渗出了鲜红的血色，用水煮……我甚至用一个空药瓶装我抓到的虱子，装进一个就在瓶的标签纸上画一道，想看看到底能画出多少个"正"字。结果是抓到140多个时我也懒得再捉，连瓶子一起丢进火里让它们见了阎王。我之所以放弃对虱子的"围剿"，是因为身上居然不痒痒了。"虱子多了不痒，债多了不愁"原来真是实践经验的总结，祖先们创造这样生动的话语的智慧令我大为钦佩，想必先哲也一定身上虱子多多。

有位朋友1970年冬来康庄看我。当时我们睡炕。我把我的铺位让给了他，我到场面看场的屋子睡去了。第二天清晨我回来吃早饭，见到院子里晾衣服的绳上搭着我的被褥。我推门进屋，只见那位朋友和衣蜷缩在炕上打盹。我问他为啥把我的被褥搭在院里，他气急败坏地叫起来："你那被褥能睡人吗？虱子多得跟放羊似的！

我把被褥搭在院里是要冻死它们!"这是我身上养虱子最多的时期。以后虽不懈地与虱子斗,但在插队期间没有彻底将它们消灭光,直到我离村上大学,才最终结束与虱子为伴的生活。

关于劳动,关于我干过的农活,还有几项:一项是挖渠,也称"挑渠";一项是"浇地";一项是开拖拉机耕地。这些在后文叙述。总之,我们在康庄村的第一年,最重要的就是过了"劳动关",也就是说"受得了苦"、算得上合格的受苦人了!我们所有知青在各队都挣的是整劳力的最高工分,女生也不例外。乡亲们说起我们来都称赞我们"好骨头"。我们自己心里越来越有信心,知道在村里站住脚了。

关于那时生产队的集体劳动生产方式,我还想再说几句。中国农民几千年来是以家庭为单位的"个体"劳动方式。而在人民公社(合作社)的集体经济组织中参加集体劳动,每天记工分,年终再根据工分从集体(我们插队时是从生产队)分粮分钱的生产分配方式只存在了不到30年。也就是说,从20世纪50年代中期的合作化运动到70年代末80年代初的联产承包责任制推行。而我们正好在这时插队落户到农村。

中国农村的合作化、人民公社化运动是按照以消灭私有制为目标的共产主义、社会主义革命的理论,在中国实践的大变革。目的是用公有制代替私有制,消灭两极分化,消灭剥削,走共同富裕的道路。农民们刚刚在共产党的领导下分得了土地,还没来得及种"热乎",就都被"集体"拿走了。中国共产党当时在中国人民中的威信太高了,广大的农民群众都认为,跟着共产党就能过上好日子,所以没有二话就将自己的土地入了社,确信好日子在前面不远处等着大家。而且,确实有办得很好的集体!毛泽东亲自提出"农业学大寨"的典型山西省昔阳县的大寨村,就办得很好。各地都有一批办得好的典型。我们这些插队知青都认为，集体是能够办好的，大寨之路就代表着中国农村的社会主义前途。关键要有个坚强的党支部，有个陈永贵式的好带头人。

第一年艰苦的劳动中，也有不少快乐的感受。特别当劳动结出果实时，那种快乐真是由衷地发自内心。集体劳动有一种红火劲儿，天南地北地聊着就把活儿干完了，也是一种享受。特别是有苏国龙、六虎等等诙谐、生动的"宝贝"不时语出惊人地讲上几个段子，逗得你笑疼了肚子。我想，这些恐怕是各家各户单干中所没有的吧。

插队的第一年，在艰苦的劳动磨炼中度过去了。脸黑了、手糙了、筋骨硬了，从外表看，和本地的年轻后生已是一个模样。多年后拿出我和村里的青年丰深义的照片，让不认得我的人猜，哪个是知识青年，多数人猜错了。出乎我们预料的是，我们会在后来的康庄日子里起到更大的作用。

1970 年，与大队保管丰深义在地头。那时候，我刚被九队社员推选为生产队副队长

附：

王斯成[1] 的信

大虫堡村的北京知青王斯成看了《康庄往事》书稿部分文字后，给我来信讲述了他的一段劳动感受。看来，知青中的好汉真多。下面是来信摘要：

杰兵：你好！

《康庄往事》看过了，文字很朴实，一件件的小事都记述得很细致，使这几个人都活生生地跃然纸上。

《往事》里好多当地的语言，读着读着恍惚间时空都在倒转，带回到40年前。

……

你的记述大部分是在农村层面，即使是知青层面的东西也与农村紧密相融，这就是你"与贫下中农深相结合"的结果。

那次我们大寨之行之后，你这句话也深深印在我的心里，在农村的6年始终是我生活的宗旨。我最后几年也深深融入了农村生活，生产队副队长、正队长、入团、入党、团支部书记、劳动模范……不想融入都不可能，几乎完全变成了农民。

我知道如何度过只有很少"冬汇地"而完成春种的难关，如何整戳"灰塌了"的"春汇地"；在菜园拔撑杆别人要5、6把才能把柳条制成的水斗子戳到水面，然后把水拔上来浇地，我是一把就能把水斗子戳到水面，而且拔撑杆（提水）的速度极

---

[1] 王斯成：北京四中67届初二（5）班学生，1968年到山阴县插队，后被推荐到厦门大学学习，毕业后到原国家计委（现国家发改委）工作。长期致力于可再生能源的研究推广工作，是我国光伏产业领域的著名专家。

快，最快的时候一上午曾经拔干了三口井，这在大虫堡是史无前例的。记得一次我在拔撑杆，一队的社员在对面几百米远的地方锄田，全都停下来，转过脸看我拔撑杆，他们没见过这么厉害的拔撑杆的，后来一队队长赵世才说"斯（发二声）成（轻声）就是李元霸①！"。耕（发京的音）地、耙田、打坷垃、耩田（高技术）、锄田我样样精通，200 步的地头子，我可以不直腰锄到头，"老鸹旋窝"、"猴儿抹纱帽"、"老虎弹牙"我都运用得自如；当过场头儿，扬场、碾场、打连枷（凤凰三点头）、铡麦头（也叫wà麦子），都可以称得上是把式，尤其是铡麦头，别的人必须 2人配合，一个人"入"，另一个人"铡"，我却可以手脚并用，一个人既完成"入"，又完成"铡"，不到半天就能一个人把一座山似的麦堆铡完。记得一次二队队长"曹八猴"看我铡麦头，眼睛都笑没了，破天荒主动帮我清理扎下来的麦秆儿和麦头（一般队长到场（发二声）面都只是巡视，并不干活，场面有场头儿呢）。

你看，我也没"记日记什么的"，居然可以清晰地把40 多年前的情景复原到纸上，可见对于你、对于我、对于所有插过队的人来说，那段经历都是刻骨铭心的。

王斯成

2012.9.27

---

① 古典小说《说唐》中，将天下战将按武功高低排好汉顺序。李元霸为李渊第四子，但武功盖世，被称为天下第一好汉。

"老光棍"苏国龙：康庄人物二

抽水烟与"再教育"/"主席老汉说"/

斗地主/东方红谷子/

田间地头的互助/"宴请"/

从毛主席著作中找答案/

老牛破车搞创收/"满苗！满苗！"/

老光棍率"娘子军"

　　每当想起康庄那段日子，苏国龙常会浮现在眼前，又在对着我诡秘地笑着，并"日粗"出一番豪言壮语或是英雄往事（日粗，山阴方言，吹牛的意思），眼睛亮花花地闪着光，浑身上下充满着活力，似乎永不知疲倦。

　　我们到康庄插队那年（1968年），苏国龙52岁，属龙。他们兄弟三人，老大苏国瑞、老二苏国泰，他排行老三。他们是九队社员，都是贫农成份。正巧我插队也在九队。兄弟中只有老大娶妻生子成了家，老二老三都是打了一辈子光棍。苏姓在康庄是小姓，不过五六户人家。

　　到康庄的最初几个月，我同苏国龙没有什么接触。一次队里死了牛，分牛肉时，见到他早早守在跟前，一心想抓阄抓到个头蹄、下水之类的便宜。除此对他没有更多印象。雁北农村有"猫冬"的习惯，冬天没什么农活儿，除了各队的马车、牛车往地里送点粪，或是搞点运输、拉点儿炭，基本上是"耍"、歇着。整日看到乡亲们在村里无所事事。而我们由于刚到农村，热情很高，一心想多参加劳动，主动地找队长要求派给我们活儿干。于是，砍冻粪等活儿就落到了我们身上。整整一冬天，苏国龙则是没和我们一同出过一次工，我对他几乎没有多少印象。

春天到了，春耕大忙开始了。社员们和我们都忙碌起来。我们大多数人都干过拉砘轱辘的活，跟在前面下种的摇耧把式后面，拉着由三个圆形、铁饼大小的石头轱辘并排组成的奇特农具，压在耧犁划开的垄沟上，使土壤将种子压实裹紧。摇耧是个不简单的技术活，干得了的人一个队里也没几个。苏国龙就是能摇耧的把式之一。耕、耩、锄、割，是北方农活的四大基本程序：耕（雁北话读 jing，音京）——翻土；耩（jiang，音讲）——下种；锄——除草；割——收割。我第一次跟苏国龙的合作，就是跟在他的后面拉砘轱辘。

现在已记不清那天他是耩胡麻还是耩谷子、黍子了。他和我，组成了一个小组，他在前面吆喝着驴子并均匀地摇着耧下种子，我在后面隔几步距离，将绳子挽了个套，挎过胸前，拉着那个砘轱辘，紧紧地"断"着（雁北方言称"跟"作"断"）。他一边干着一边嘴里骂个不停："看这狗日的谁耕的地，坷垃'爆强'的，这能捉住个苗子？"……耩了几个来回，他停下来对我说："缓会儿。"就往地头一"圪就"（蹲），从怀里掏出个羊腿骨安个子弹壳屁股做成的水烟枪，点燃一只秋秸秆，从一个黑黑的羊皮缝制的钱包大小的口袋里，捻出一缕水烟安在烟枪上，香喷喷地抽了起来。

抽了几口，他从流着口水的嘴里拔出烟枪，又用刚擤过鼻涕的手使劲擦了擦烟嘴，便把那根羊骨头烟枪和一应水烟家什递到了我面前，"来抽上口，解解乏"。我一下子僵住了，支支吾吾地推辞着："我不会抽水烟，还是您抽吧！"此时下乡已几个月，而且，我已经开始抽起烟来了！但心里一直不接受这种极不卫生的抽水烟的方式。更何况把这个还带着脏兮兮老头哈喇子（口水）的烟枪径直放进我的嘴里！

苏国龙见我不抽，便自顾自地紧抽了几口，又用手抹去流出来的哈喇子，"他的口水怎么这样多？总在流？"我突然发现，他的牙很奇怪，上下牙各缺了一半，一侧是上边有牙，一侧是下边有牙，正好咬不到一起，所以口水也遮挡不住，哗哗地流出这张撒气漏风的嘴。

突然，他停下了吸烟，眼睛一闪一闪地注视着我，说："家兵（他一直这样叫我），我问问你，你们跑到康庄干什么来了？"伴随的是诡秘的一笑。"是响应毛主席的号召，和贫下中农相结合，接受贫下中农再教育来了。"我答道。"那你为什么不按照主席老汉的教导，不和我这个贫农老哥哥结合，也不接受我这个贫农老哥哥的教育呢？"话说得抑扬顿挫，颇有得意之色。

"我没有……"我一时语塞。

"啥没有？主席老汉让你们学生娃娃和我们结合，就是叫你们和我们同吃同住同劳动，滚在一起，不分你我，你吃我的，我吃你的。将将我请你吃水烟你咋不吃？这就是不肯和我这个贫农老哥哥结合嘛！"我吓了一跳。"文化大革命"中给人上纲上线，扣政治帽子司空见惯，没想到这个老农民也会这一套！没等我反驳，他又滔滔不绝地说起来：

"再说了，你说你不会抽水烟，不会可以学嘛！主席老汉说了，要学习、学习、再学习，要活到老、学到老，我这个贫农老哥哥可以再教育你嘛，你跟我学吃水烟，就是接受贫下中农的再教育……"他越说越神气起来。

我被他弄得哭笑不得，也觉得他古里古怪地挺讨人喜欢。看来这个水烟是非吃不可了！我寻思着。不就是一袋烟吗？不就是有他的哈喇子吗？他不是活得挺结实的吗！中国人死都不怕，还怕哈喇子吗？！"拿来！"我心一横，劈手夺过羊骨头，捻出一撮儿烟丝，放在铜子弹壳屁股做的烟锅里，再用还着着的秫秸秆按住烟丝，嘴含住羊骨头另一端，就着苏国龙的哈喇子，用力一吸……

一股特殊的味道，顺着嗓子，在肺里打了个转，又似乎顺着后脖颈子直冲头顶，飘飘欲仙啊！和纸烟比，别有一番滋味！苏国龙看着我一口口地吸着，高兴地笑了。"这就对了！""我就知道娃们不会不听主席老汉的话的！"……

和苏国龙搭档没几天，他就不来出工了。听说是邻村有人家办丧事，他跑去凑热闹帮忙去了。别人告诉我，队里的工，他想来就来，不想来就不来，是谁也管不了的"大社员"。但我却有点喜欢上了他，开始向人们打听起他的往事来。

有关苏国龙的故事真是多得惊人，而且似乎每个人都能给你眉飞色舞地说上几段。乡里人很多都有外号，苏国龙也不例外。他的最通用的外号有两个："三毛嘎（音）"、"三毛人（音）"。三是因为他在苏家排行老三，"毛人"本是当地踩高跷中的特定丑角，与"毛嘎"在雁北土话中亦指男女性器官。人们在说起苏国龙时，最津津乐道的就是他和"××家"或"××妈"的风流轶事。好像人人都亲眼见过，好像村里很多女人都和他上过炕。因此，他才得了那个雅号。这些故事流传久了，版本也越变越多，苏国龙也就成了康庄村的第一"采花大盗"。

我曾掂量过这些关于苏国龙的传说，得出的结论并不像传说的那样不堪。他一米六五左右的个子，一双大而闪亮的眼睛，年轻时当是挺帅气的小伙子。他身体很棒，到老了都是一身的腱子肉。听说当年无论是给地主当长工还是打短工，他都是工钱挣得最多的人之一。他各种农活都拿得起来。到农忙时，地主给吃喝点好的加点工钱，他就拼命干，担当的是领头的角色。因家穷，娶不了媳妇，年轻人的精力总要发泄，于是就有了那些相好的女人。他把卖苦力挣的那点钱儿乎都给了那些女人。再有，就是喝酒、抽烟……听说还抽过大烟（鸦片）。

在人们议论的众多相好者中，有一个比较确定的叫"×××妈"的女人。记得是守寡在家的，年纪似比苏国龙略小。她的家收拾得极干净，可能大队丁部就是因此将女知青安排在她家。这位女人年轻时一定很漂亮，眼睛也是亮亮的而且不停地转。她能说会道，见生人绝不怯场。我在村时，几乎没见过她出工劳动，但她家的日子过得不坏，在村里算较富裕，还早早地给儿子娶了媳妇。不知苏国龙给了她多少帮助。

有关苏国龙那些打架斗狠、打了别人或被别人打了的故事，很多我记不清了（据说他缺的牙齿就是因打架造成）。但有两件事我至今印象较深。

一件发生在"文革"时期。村里开大会斗争地主×××。过去这位康庄最大的地主，曾雇佣苏国龙当过长工头，给过他点好处，苏对他有些好感。看到他被揪上台要被斗，便走上前对那个地主说："老哥哥，你做过些啥错事，就低头认个错吧，不要硬顶着，你不看今天这阵势，你不认错是过不去了……"他的话音未落，会场里就响起了"打倒狗腿子苏国龙！"的口号声。苏国龙一看形势不妙，一时慌了手脚，亏他反应迅速，当即一脚踹倒了那个地主，嘴里大喊着："你个日你妈的个狗地主，过去仗着你有钱有势，把我们贫雇农剥削、欺压的好苦呀！……"一边声泪俱下地控诉，一边又上去打了几个耳光。后来，我有一次问他是不是有这回事，他说："幸亏我'机溜'，要不然可要被打个'灰'，那阵势，真吓人。"我说："你是贫农，为什么同情地主?"他说:"主席老汉说过,地主富农里也有好人,贫下中农里也有坏人。""主席哪里说过这样的话?!"我紧追着问。"看你个学生娃咋就不说实话,连我都知道毛主席老汉家里成份是富农,主席老汉就是地富里的好人……"说着又挤出个鬼脸,得意地笑了起来。

还有一件事,是大约在1962或1963年时,那年苏国龙在生产队当了个小干部,种了一些上级推荐的谷子的新品种——东方红一号。那谷子长得"乌烟瘴气"的好,据苏国龙讲谷穗子有"尺把半"长,而且颗粒饱满。苏国龙对他采用了这个新品种异常骄傲,因为别的队没采用这个品种,对比之下更让他得意洋洋。他每天都要去那块地里看上一看他的心爱的"东方红"谷子,嘴里更是不离"东方红,东方亮"的走到哪说到哪。一天清晨,他像往常一样来到地里,发现他心爱的"东方红"被人偷割去了一片谷穗,约有几间房子占地大的一片。他心疼死了,当即就跳着脚大骂起来。他告到大队,告到公社,要求按反革命案件追查,但始终没有查出结果。他越想越气,终于有一天傍晚,他爬到村里最高的庙房顶,拿起那个老式的铁皮喊话筒,对着空气破口大骂起来。也不知他那个撒气漏风的嘴是否能喊清楚话,但的确流传下来一些段子。"你个日死你妈的反革命、坏分子,连东方红谷子也敢偷呀!看我们贫下中农抓住你怎样整戳你。""我日死你祖宗八辈的偷人贼!""可惜了我那'东方红'呀,多好的谷子呀!呜呜——,你个偷人贼你不得好死呀……"哭声夹杂着骂声在康庄的上空回荡,一直到他声嘶力竭地瘫倒在庙顶。此后,他的外号又多了一个:竟然叫"东方红"(也有称"东方亮")。

和苏国龙的更多接触,是1969年春夏之交锄田开始后。锄田,是雁北农村各种农活中延续时间最长的一项活计,要从庄稼出苗一两寸高就开始锄,一直锄到快收割时。而且谷子、黍子、胡麻、玉米、小麦、莜麦、黑豆、高粱……样样都离不了锄。雁北土地虽然贫瘠,盐碱化得厉害,但地广人稀,康庄人均有六七亩。到了锄田季节,各队的全体劳力一起上阵，是最叫劲儿的时候。苏国龙这时也不再四处游逛，参加到锄田的队伍中来。

苏国龙锄田也是好手，从一入地头开始，便箭一般地射在最前列。再看他锄过的田垄，杂草被清除得干干净净，而留下的苗子均匀地"等距离"（谷子是相隔3、4寸，玉米间隔7、8寸）地立在田垄中。活干得又快又好。我那时刚学锄田，虽费尽吃奶的力气，也跟不上大家。偏偏我又极要面子，横下心也要"断"住他们，那副样子一定狼狈之极。我还没锄到地头，他们已返回到另一头。等我锄了一个来回，他们已经锄了两个来回。我只有低着头苦干希望能够跟上队伍。

就在我对跟上大家就要绝望时，我眼前被杂草覆盖的田垄突然变成锄得干干净净了，被锄得松软的土地上留下了两行清晰的脚印。我抬眼一看，是国龙！他正在我的田垄上飞快地锄着，已经锄了好几十米的一大段。一股暖流一下子涌过胸膛，我的眼睛也有点湿了。我跑上前去，抓住了他的锄，愣愣地说："谢谢您老！但我的活儿我自己干！不用你帮助！"他直起身来，还是那副略带诡秘的笑容，不紧不慢地对我说："看你这个后生咋说话，主席老汉说，'一切革命队伍的人，都要互相关心，互相爱护，互相帮助'，老哥哥帮你锄个田算个啥！"说完又弯下腰，三下两下锄到了地头，招呼我缓缓，又拿出了抽水烟的羊骨头抽了起来。我则找了个合适的田埂硌在腰部，仰面朝天躺在地上，用自创的"反躬法"来舒缓弯了半上午的腰。

"你这个学生娃挺实在，我将将看了你锄过的苗子，虽是紧追紧赶的，却不糊弄，草锄得干干净净，苗子也留的可以，就是留得稍稠了一点，该砍的苗子要狠下心砍，太稠了就都长不好了。你刚学锄田，架功都摆不正，明明断不住还死追硬断，这样要落下病的。你不要急，断不住就不断，稳住劲慢慢来，有这股狠劲，不愁学不会个庄户人。"这番话，说得我心里热乎乎的。因跟不上大家而觉得很丢脸的感觉也一扫而空。

忽然，他把水烟递给了我，自己脱去了小褂子，又脱掉了贴身的棉坎肩（雁北话叫腰子），用两只大拇指的指甲盖对着衣缝儿使劲儿地挤着什么，随着细细的啪啪声，我看见衣缝中渗出了殷红的血。原来他在挤虱子！我凑过去，看到他壮实的脊背上有几个吃得鼓鼓的虱子在爬，我连忙抓在手里，也学着他用两个大拇指指甲盖一挤，啪啪几声，随着歼灭的虱子，指甲盖也被鲜血染红。虽说此时我们身上也有虱子，但如他这样浑身养这么多虱子，我还是初次见到。"你给咱好好再瞭撒瞭撒，看还有没有，发现一个消灭狗儿的一个，'坚决打它不留情'。"他居然哼出了一句歌词来。接着，他当着众人宣布了一个决定，明天要请我吃饭，而且是吃最好的右玉（县名）的莜面推的窝窝。说完也不管到不到下工时间，扛起锄头扬长而去，说是要为明天请我做准备去了。

他一走，地里就炸了窝。人们你一言我一语地劝我千万别去吃他做的饭，把他说得如何如何的脏，饭做得如何如何的差，那些说词我今天已记不清了，只记得有位老乡说他的那个笼屉就能刮下一斤泥来，吃他做的饭不大病也得闹一个星期肚子……

第二天，他一早来到地里时，焕然一新的样子让我们都吃了一惊：新剃了头、刮了胡子，本来就生动的脸更光彩照人，衣服也是才换洗过。他告诉我都准备好了，就差到时候再到做豆腐的丰秉德那里捞块豆腐了。才锄了个把小时，他就和队长说："我要去给家兵准备饭了。"并嘱咐我下了工一定去他那儿吃饭，就扛上锄径自而去。

他自己没有家，整天在各处转着睡，有时在饲养房和饲养员挤着睡，有时在大队部的炕上睡，有时找哪个朋友借间房凑合几天……。我记得这次是他在借住的一间'耳房'（似是丰秉德家的耳房）。我进屋一看，打扫得干干净净，甚至超过我住的屋子。擦过的玻璃、擦过的炕席、擦过的炕台、扫过的墙壁、扫过的顶棚、扫过的地……处处都告诉我他是下了大功夫作了彻底的清扫。我进屋时，看到瓦盆里和好了莜面，调拌好了豆芽土豆丝凉菜，盛好了一碗渍好的苦菜，泡上了粉条，切好了准备做大烩菜的土豆块、洋白菜、干豆角和一大块还冒着热气的做出不久的豆腐，他正在对笼屉做最后的清洗。我看着那号称能刮下一斤泥的笼屉，此时已被他用热的碱水洗的发白了，露出了木头的本色。接着，他挖了一大勺羊油，放入炒锅，倒入大烩菜的土豆、洋白菜、豆角，又从暖壶里倒入水，招呼我帮助拉风箱，自己便开始推"窝窝"。

这种"窝窝"是莜面的一种独特的做法，今天在北京的"西贝莜面村"餐馆里，依然是这种也被称为"猫耳朵"的莜面卷作当家主食。只见他把莜面揪成一个个小剂子，用手在案板上一捻，一个小圆卷就推成了。他熟练地捻着，很快，这些小圆卷就整齐地、站立着排满了一笼屉。水开了，笼屉上了锅。不一会儿，灶台上两个锅的香味，伴随着苏国龙兴奋的天南地北的神侃弥漫开来。他的话就没停过。后来我和伙伴们复述他的精彩话语时，曾笑倒一片。

饭菜出锅了。国龙拿出两个酒盅倒满了酒，端起来对着我说："家兵，老哥哥今天交你这个小兄弟做朋友，高兴！主席老汉说了'天下穷人是一家，世界上吃饭的问题最大'，所以老哥哥今天请你吃饭。啥叫'是一家'？就是你我吃喝不分，有福同享，有难同当。为什么说'吃饭问题最大'？就是人生在世，吃喝第一。主席老汉还说'要吃一肚，穿一身'，来，喝酒……"我今天已经记不清他更多精辟的语录，但这顿饭却永远地留在我的记忆中。一个农民老光棍和一个知青小光棍，在康庄村的一间小破房子里开怀畅饮、高谈阔论、酒足饭饱、神采飞扬。

苏国龙为了准备这顿饭，真是下了功夫。那时，康庄基本不种莜麦或只种一点点，各家分不到莜麦，他是用高价从走乡串村的个体粮贩子手里买了3斤莜面。共花了1.65元，每斤0.55元。他告诉我，这是右玉出的最好的莜面，白面的价钱也就 0.50 元一斤。那时，国家粮店的白面价格是 0.185 元一斤，玉米面价格是 0.11 元一斤。那些粮贩子在当时是偷偷摸摸地非法的投机倒把分子，我们知青一般看不出来他们的身份。豆腐是他用 2 斤黑豆向丰秉德换的，所用的碗筷、菜肴、油盐酱醋等等都是他或买或借或讨，临时筹集来的。我今天写到此时，眼睛不禁湿了。他准备这顿饭真是太不容易了！

如何认识他这个人？那个岁月有个习惯，叫"带着问题学毛著"，从毛主席著作中找答案。我翻遍了毛选四卷，想从主席对农民阶级的论述中找到对苏国龙类型的分析，结果没找到。但我还是从毛著中找到两段话与苏国龙类型的人有关。一是在《中国社会各阶级的分析》中讲到"游民无产者"时说："他们是人类生活中最不安定者。……处置这一批人，是中国的困难的问题之一。这一批人很能勇敢奋斗，但有破坏性，如引导得法，可以变成一种革命力量。"再一是《中国革命和中国共产党》中讲到中国革命的动力时专有一段讲"游民"，说："中国农村中和城市中的广大的失业人群……中，有许多人被迫到没有任何谋生的正当途径，不得不找寻不正当的职业过活，这就是土匪、流氓、乞丐、娼妓和许多迷信职业家的来源。这个阶层是动摇的阶层；其中一部分容易被反动势力所收买，其另一部分则有参加革命的可能性。他们缺乏建设性，破坏有余而建设不足……因此，应该善于改造他们，注意防止他们的破坏性。"

我把毛主席的论述往苏国龙身上一扣，顿觉合适。特别是有了对他们的"革命性"的肯定，更使我打消了和他接触的顾虑。这以后，我和苏国龙的关系密切多了。

1969 年年底或 1970 年年初，我来康庄大约一年时，九队因粮食产量仅仅达到 3 万多斤，在全村倒数第一，成为康庄唯一吃国家供应粮的生产队。原来的队长武德山干不下去了。于是经全队社员开会推选并经大队革委会同意，丰岐和我担任了九队的正副队长。这里讲讲苏国龙在我当副队长后的故事。

第一件事是为了挣点钱，我专门去应县花红村的砖窑联系运输砖的生意。花红村离岱岳火车站30多里路，出窑的砖2.8分一块，拉到岱岳火车站就能卖到4分钱一块，每运一块砖可以挣1分2厘钱。我们把队里仅有的一挂胶皮轱辘马车专门用来运砖，起早贪黑一天跑两趟，每趟拉1200块砖，平均一天可挣二十七八元。我盘算这样搞到春耕时，可挣点钱买化肥。可算算总是还差些钱，于是我就决定把队里那辆还较好的木轱辘大车，套上个牛来驾辕，也来拉砖挣钱。

这个决定一出，立刻在村里引来一片哄笑。说九队真是穷急了眼，把个老牛破车也抬掇（方言，搬、摆）出来赚钱，挣那几个钱还不够草料和修车的钱，也不怕丢了康庄的人！当时的康庄皮车每个生产队仅一辆，而这种木轱辘的大车有几辆。这真是老祖宗留下来的古董，和我在历史博物馆看到的春秋战国时的兵车、战车的样子几乎相同。两个巨大的木轮子箍在一个硬木车轴上，上面放上车身，在车身和车轴的磨合处是滴上废机油或是榨油房里的油渣底子用来润滑。这种车轱辘是木头做的，只是沿车轮的外延包了一层铁边，增加了耐磨性，支撑轮子的辐条也是木头做的。大约一寸半宽的轮子压在地上，车上装的东西稍多，就沉重得很，走起来发出咯吱咯吱的声音。

派谁赶这挂牛车呢？找了几个年轻人，结果都不愿干。于是我便找苏国龙碰碰运气。

我把这项工作的意义吹得天大，好像明年生产用的化肥就靠这辆牛车了。他听后二话没说就答应了，并且立马去收拾车辆，挑选牲口。我记得第二天天还没亮，我到饲养房帮他套上牛，给他带上了我的水壶，还塞给他半包纸烟，另外给了他几毛钱和半斤粮票，告诉他到时候在岱岳街上买两个饼子吃。他拿出个布袋对我说："我带了干粮。"看着他赶着这辆古代的车消失在黑暗中,我心里充满了感激。

就是这辆老牛破车,每天拉着500块砖艰难地来回走70里路,每块砖挣1分2厘的运费,坚持了一个半月多。记得当时是给苏国龙每块砖1厘的补助费,这样他每天可得5毛钱,能在县城岱岳买几个饼子、喝口热汤。而队里每天能有5.5元收入。一个半月下来,也有200多元的收入,大约买得一吨多碳铵化肥。那些天,只要没有其他急事,傍晚我都守在村口,从他手里接过鞭子,卸下牲口,交给饲养员去喂。以便他早点弄口饭吃,早点休息。

这以后,我和丰岐商量建议增加苏国龙当副队长。大队领导对九队历来头疼,多几个副队长又不多发工钱,就同意了。这下苏国龙的劲头更足了,整天不拾闲地张罗队里的大小事情,往我这里跑得最勤。就连刚喂养不久的小狗欧立克都和他混熟了,他也时不时地带块窝窝给欧立克,甚至抱着欧立克玩耍一通。

很快,春耕播种开始了。由于上年秋耕地时没抓紧,留下了100多亩的茬子地没耕,这时必须抢时间耕过才能下种。所以九队的春耕播种进度从一开始就落在了后面。为了把600多亩地都种上,我们可说是连吃奶的劲儿都用上了。能耕地的牲口、会扶犁的人,通通上阵,总算是把该下种的都种下去了。等待种子出苗的日子真揪心呐!

康庄的地大多数是盐碱地,一块地能抓住70%的苗子就算好地了。这种缺苗断垄的地和我以前在北京农村下乡劳动时见过的地相差太大。当然,每个队也有那么一二百亩能抓全苗的地,被视为看家宝地。随着播种先后,一块块地里的小苗苗终于破土出芽了,我的心情也一步步坏起来!毫无疑问,九队的苗情是全大队最差的。很大的原因是去年秋耕地不仅少耕了100多亩,而且耕过的地也耕得质量很差，所以导致今年春耕播种时，土地的墒情、温度和松软度都差。这严重影响了出苗率。我一块块地反复查看苗情，和周围其他队的地比来比去，心情坏到了极点。知青伙伴们看到我整天"黑"着个脸，都知道是九队的苗子不好造成的。

苏国龙的举动又一次让我惊讶。他和我一起看苗子时，也没少摇头叹气。可一进村面对社员们特别是九队的社员时，竟然眉飞色舞地吹起来："我将将看了 ×× 地块，满苗！满苗！""苗子是给你们抓住了，干不干就看你们了……"

"你这不是瞪着眼说瞎话吗?!"我把他拉在一边对他说。

"就是瞎话也得这么说！要是大家都泄了气，下面的活儿还怎么干。要都没了信心，队也就垮了。再说了，苗稀有苗稀的好处，可结大穗儿、大棒棒，一个顶他俩！"依旧是信心满满的样子。

我这才缓过神来，下决心把能保住的苗都伺候好，在这个差基础上尽最大努力争取个较好的结果，尽人事以听天命吧！

薅苗子、锄田开始了。九队缺劳力的弱点一下子突出表现出来。经常能出勤锄田的男劳力也就20个左右，能薅苗子的女劳力也就5、6个。要赶农时地把谷子、黍子、胡麻、玉米、山药、小麦……都锄过，不荒田，真得拼命干。

康庄的土地虽说贫瘠，但长起杂草来却很日能，块块地的杂草长得乌烟瘴气，转瞬间就铺满了一地，压得庄稼苗抬不起头来。薅苗，是最早的工序，小苗如针般地露了头，便开始作业，蹲在田垄间，用一把小薅铲，铲去苗子周围的杂草，间去多余的苗。这种活多数由女劳力们承担。康庄妇女下地干活的传统是不好的，特别是九队，由于一个工才1毛多钱，妇女们更是不愿出工。但今年我们几个当队长的下了狠心，要把能下地干活的妇女都动员出来。为此，我们定了每月最少出26个工的最低数，并规定了相应的奖惩办法。出不够数，少一天加扣一个工，出勤多一天奖励一个工；再有就是分配仓底粮时，凡出勤没达到要求的，一律取消分粮资格。今天看来，这些招子够蛮横的，都是些土政策，但是很管用。平日里常出工的只有姚果叶、武二女、郭香枝等三四位女劳力，这下子被"强迫动员"猛增到 20 多人。谁来带工？这可是个头疼事——女人堆里是非多。

"我去！"苏国龙自告奋勇去带工。"要不我去吧？"我支吾着，心想"老光棍掉进女人堆，有事无事说不清！""那些老娘们可难缠了，你个后生家对付不了。""薅苗子比的是'疙蹴'工，你做不过她们，能让她们笑死！"……最后还是决定苏国龙去担此重任。九队的薅苗"娘子军"就这样上阵了。

女人们凑到一起干活，就是热闹。从早晨在村口集中开始，到地里薅苗子，到收工回来，总是叽叽呱呱说个不停。还不停地拿苏国龙开心。我有点担心苏国龙那张满是"灰话"的嘴惹出麻烦，开始两天，总要找个茬儿去他们薅苗的地里转一转。出我预料的是，苏国龙把稳得很！那副"流氓本色"丝毫不见踪影，一副和颜悦色的老哥哥样，依然是打头的角色，而且随时检查大家的薅苗质量，督促进度，一丝不苟。

雁北春天的早晨是很冷的。苏国龙穿的棉袄已经破得有些地方露出棉花了。这件棉袄还是冬天他运砖时，我看他只穿个坎肩和一件破羊皮袄，怕冻坏了他，就把我母亲给我做的那件贴身的棉袄给了他。他穿了一冬。一天早晨，我又转到他们干活的地里。那天特别冷，薅苗子是人蹲在地上的细致活儿，挺累人却活动不开身子出不了汗，越干越冷。我走到他跟前，愣住了——他正在流鼻血！只见他从鼻子里揪出沾满血的棉花，丢在地上，又从棉袄的破洞里揪出一缕棉花塞进鼻孔去堵血。我连忙问他怎么了？他告我是昨晚"发'呼烂子'，已找人'刮'过了，现在已不热了，就是鼻血止不住。"

1971年秋，九队副队长苏国龙（左）、张小彭（右）与队长武殿贵（中）在九队玉米堆前。武殿贵原是七队队长。因七队大多数社员姓武，与武殿贵沾亲带故，很难管理，殿贵不想干了。同样，九队社员中姓丰的最多，队长丰岐也感工作为难。他们分别和马锡栋谈后，锡栋将二人对调交流，收到好效果。这才有了这张九队班子的照片

我劝他回家歇歇。他摇摇头说不能歇，一歇这"班仗"就散了，一散就很难再"扎住"，那就非荒几块田不可。这个节骨眼上他挺挺就过来了。我告他要真病得厉害了，别硬撑，该缓就缓。他对我一笑，说"老哥哥骨头硬，这点病扛得住。你就别操心这里了"。

　　一晃七八天过去了。女人们早出晚归地"泡"在地里，有点吃不消了。而男人这边也发出了不满的牢骚——干了一天，回家女人还没做好饭！都是那个"三毛嘎"整的这么晚了还不歇工！丰岐也主张让女人们早点歇工。但苏国龙心中有数，他盘算着要将"大田"那片谷子薅过了再改变。于是他宣布：只要把"大田"的苗子薅完，就可以早收工。咱们吃粥就指着它呐！于是女人们手底下加劲，猛

干了几天，活干完了，人也累惨了。

那天下工后，天已经黑了，我去找国龙说事。找过几处他常去的地方都没人。最后在碾房找到他，他正在碾房推碾子，旁边放着几个装粮食的斗、升和口袋。我一下子明白了，他在帮那些女人们磨面！他对我说："女人们苦重呀！回到家碾米磨面、喂猪喂鸡、烧火做饭、缝衣做鞋、洗洗涮涮……可怜见的。"在农村所有的活中，我最怕推碾子，能转得你昏天黑地、恶心呕吐。看着国龙这把年纪，累了一天还要受这份罪，才晓得他是怎么带这支"娘子军"的！我想："洪常青当年在娘子军连也不过如此吧?!"

薅苗期终于过完了，女人们也被整垮了。国龙宣布歇工两天时，有个女人说："连笑的力气都没了。"这的确是开了个好头，九队的妇女们在后来的日子里，为九队翻身、脱贫起了大作用。

关于苏国龙的故事，还有许多。因时间久了，大多已记不很清了，只是模模糊糊地有点印象。他当九队副队长一直当到我又从大学返回村里时。我们在九队同当副队长半年后，我被公社任命为大队革委会副主任。在九队时间少了，和国龙的来往也少了。但我们之间的友谊始终如一。在我所有的印象中，自从他当了副队长后，没有干一件是属于"流氓"类的事，所作所为都是为集体为大家的堂堂正正的好事。

1975 年大学毕业后，我挣钱了，便时不时地接济他一点。1976 年我回公社又到康庄包点下乡，每个月有 40 多块钱工资的我，便成了国龙吃大户的对象。再后来我调到地委、调回北京，便改为每年春节前，给他和大娘分别寄点钱。听村里人后来告诉我，那时他身体越来越差，副队长不当了，整天待在大队部的炕上，帮助接个电话、收个报纸信件、喊个人、干点杂活儿，依然忙个不停。每次收到我的汇款，他都要拿着那张汇款单到处招摇："家兵又给我寄钱来了,这后生仁义呀,是怕我过年吃喝不上……"然后就取钱、打酒、割肉、捞豆腐、买香烟……然后就和朋友们喝得昏天黑地、酩酊大醉。

大约是1985年,我接到康庄发来的电报:"苏国龙去世。"这一年,按阴历算,他整70岁。人生七十古来稀,他赤条条地走了,没有任何的牵连挂碍。

九队翻身记

　　1969 年秋,粮食收上场,入了库。九队的社员们心里沉甸甸的,粮食产量排在全村 8 个队的最后,只有 3 万 7 千斤。工分值也是各队最后,仅 1 毛 3 分钱。扣除籽种、饲料以后("饿死老娘,不吃种墒"是中国庄稼人的老传统,再没有粮食,也要留出来年的籽种和饲料),全队 130 多人每人平均分到的口粮也就 200 斤出头。又得靠吃国家供应的返销粮了。

　　那时的农村人民公社经过 3 年困难时期的调整,已经不再是最

1970 年的我

初的"一大二公"的大锅饭体制，而是"三级所有、队为基础"——
生产和分配体制是以生产队为单位进行的。也就是说，农民的日子
过得如何，就看你所在的生产队搞得如何了。如果队里搞得不好，
粮食打得不够吃，国家给补助，但只补助到每人每年 260 斤毛粮（也
叫原粮，如玉米，不是玉米面，是玉米粒），约合每人每天 8 两。这
个标准根本填不饱肚子，恐怕只能勉强维持不饿死人。而且返销的
供应粮还得自己掏钱买。所以九队有不少人家在秋天草籽熟了的时
候，专门在集体收工后到地里捋草籽。然后将晒干的草籽和玉米等
一起磨成面，再蒸成窝窝吃。我吃过这种窝窝，拿在手里一咬就碎了，
只能捧着吃，否则就会撒得到处都是。

大家辛苦了一年，眼看别的队都从队里分粮，而且是 400 多斤
的口粮标准，自己只有 260 斤，还得自己掏钱买几十斤，心里别提多
"阑兴"（雁北方言，泄气）了。不满的情绪在队里一下子蔓延开来，
矛头指向的是队长武德山，认为他领导不力，才使九队落得如此局
面。于是，要求换队长的舆论越来越强烈。大队支书武文应原来一

直支持武德山，这时也不得不考虑大家的情绪。于是，问题集中到选谁当队长。

九队130多口人中，壮年和青年庄稼汉也就30来个，据说这些年都试着当过队长或副队长，但都干上一年半载就换掉了。甚至全村公认的硬队长，外号"大喇嘛"的武文银也当过一年，他的结论是"这个灰讨吃摊子，谁也干不成"。大家议论了一圈，多数人倾向丰岐当队长。丰岐，近40岁的一条精壮汉子，少言寡语，各项农活响当当的一把好手。丰姓是康庄第二大姓，他的辈分高，晚辈都叫他八叔。我也认为非他莫属。哪想到他说啥也不肯当这个队长。于是，解散九队的意见提了出来。此前几年，康庄已经解散过一个六队。但这事牵扯到"体制"变动——生产队的规模，必须报公社甚至县里审批。而当时的方针就是"稳定"农村政策，不批准解散九队。于是球又踢了回来，还得九队自己解决。

记不得是谁说了一句："没了让赵杰兵干干试试？"于是引发了一场热烈的讨论。有的说行，有的说不行。说行的人中有真的认为行的，也有认为反正找不出别人，就让那娃试上一把，死马当作活马医吧。说不行的人中，有的认为他连苗子和草还分不清，咋能当队长？也有的认为：听说他大大是个"黑圪蛋"被打倒了，这种出身咋能当队长？两种意见争执不下了一段时间，渐渐地赞成的意见占了多数。但大队领导，特别是支部书记武文应是个很谨慎的人，他知道用人要讲阶级路线，黑圪蛋（山阴话中对"黑帮""走资派"的称呼）的儿子当队长是政治问题，闹不好会犯大错误。这件事一时僵在那里。

我那时非常着急，觉得越拖越不利。我就一次次地找丰岐磨，动员他无论如何，要为全队130多人的利益着想，同意出任队长。表示我们大家一定听从他的领导好好干。终于，这个厚道的庄稼汉松口了，他提出了一个条件："必须让赵杰兵给我当副队长，我才当

合盛堡公社到康庄下乡的干部徐守中。记得他在公社分管文教工作。自行车是当年这些下乡干部的代步工具，从照片中能看得出，他的自行车维护得很好

队长。"但武文应仍不放心，就请示当时在村里下乡的公社干部徐守中，徐守中来了一句："副队长就是个'受头儿'(受苦的头儿)，也算个官？什么黑圪蛋红圪蛋。我看那后生能行。"就这样终于有了解决的方案，接着便召开了九队社员会，选举丰岐和我为九队的正、副队长。这是1969年年底的事，我来康庄插队正好一年。

芝麻大点儿的"官"带给我的兴奋和鼓舞是巨大的。中国传统中把县长称为"七品芝麻官"，生产队副队长比县长又小了七八级，连"芝麻官"都够不上。后来的几十年中，我的职务多次变动，"官"越做越大，但带来的兴奋感都无法与当九队副队长这次相比。这个小官是九队社员们选出来的，反映了经过一年的磨炼乡亲们认可了我，信任了我。从"文化大革命"开始以来，我和我的家庭一直备受打击，全家四分五裂、天各一方，父亲被抓走几年杳无音信。我这个"黑帮子弟"突然间在康庄九队被乡亲们信任，选为生产队副队长，

我感受的是极大的温暖和振奋。我下定决心，一定要好好干并且干好，不辜负乡亲们的信任。

丰岐和我一开始就明确了分工：他管安排农业生产、分派活计、带着干活儿；我管记工分、副业生产、分粮分钱分东西等队内的杂事，以及需要和大队、公社外界打交道的各种事务、生产队的账目往来（全大队只有一个会计，管着大队的账目同时分别管着 8 个生产队的账目。各生产队没有会计，一般是队长去和大队会计沟通掌握本队的各项收支）等等。丰岐的文化不高，勉强识得几个字，对各种费脑筋的杂事很是头疼，特别是分粮分物（如队里杀牛分牛肉等）容易引起矛盾纠纷时，更不愿"为冤惹人"，所以把这些事一股脑交给我。我正处在热情高涨的状态，对村里的各种事物都兴趣十足，便满口答应下来。

当家难，尤其是穷家更难当。上任的第一天傍晚，队里的饲养员武文魁老汉提着一盏奄奄一息的马灯找我说："饲养房煤油用完了，夜里喂牲口离不了马灯，要去代销点打点儿煤油。"我说："您去会计那里取点钱，先少打点儿。"他说："去了，会计说：'九队没钱了，已经赊了不少账，不能再支款了。'"我一下子愣住了。春耕还没有开始，队里竟然连打一斤煤油的钱都拿不出，以后的日子可怎么过呀!? 下一步买籽种、买化肥、买农药……哪样不得要钱呀?! 我赶紧从身上摸出 5 毛钱给文魁老汉，让他马上去代销点买上半斤煤油，先对付几天。

这是我当副队长后处理的第一件花钱的公务，是用自己的钱充当公款垫上的。我送走文魁老汉后即直奔丰岐家，把队里的财务状况告诉他，并和他商量下步当务之急是想办法挣点钱。我们想来想去，只想到一条路：跑运输，给外村拉砖去。于是便有了苏国龙老牛破车挣了 200 多块钱的故事。那几天我一有机会就往丰岐家跑，和他商量队里当前的工作和明年的打算。当时的困难真大，不仅穷得一文不名，而且秋天撂荒了 100 多亩茬子地没耕过，开春要抢耕抢种再不及时，就又会减产"吃供应"。我们用了大量时间研究各个地块明年种什么作物，主要是丰岐边想边说，我记在小本上。六七百亩耕地，一般来说都要"倒茬口"——如今年种玉米的地，明年改种谷子；今年种土豆的地明年改种玉米等等。对这件事我基本没有多少发言权，我缺乏这方面的知识和经验。但我能记在本子上，并综合汇总出种植各类作物的全貌，方便了丰岐的思考和调整。

当我们把当前和明年的工作初步梳理出眉目后，我们感到需要再增加一两个副队长，只靠我们两人力量，单薄了些。我们物色的人是苏国龙和张万银（刘虎）。报大队同意后，我们决定召开一次全队社员大会，把我们的打算和大家说说，鼓鼓劲儿。

九队社员大会在饲养房召开了。记得是在大队部院子的西南角的一间房子，当时村西统一盖的饲养房还没完工，各队的饲养房分散在各处。来的社员们情绪都不高。丰岐讲了增补副队长和明年的种植打算，讲了队长们的分工。我讲了九队人一定要有志气，明年一定要打个翻身仗，要摘掉"吃供应"的帽子。我们不比人家缺胳膊短腿，别的队能做到的我们也能做到……我讲得慷慨激昂，但听的人近乎毫无反应。只是刚刚被任命的苏国龙和我一样地慷慨激昂起来："主席老汉说了，要'愚公移山'、'改换人间'，要'雄赳赳、气昂昂，跨过鸭绿江'，大家泼开了干，不信就摘不了个'吃供应'的帽子。……"他眉飞色舞地说着，引来的却是一片哄笑。我听得出来，大家对我们缺乏信任，没把我们的话当回事。

果然，九队的这个会立即就成了村里的笑柄。有人称九队的班子是个"讨吃班仗"："除了丰岐是个正眼儿庄户人，看看那几个副队长，两个讨吃猴加一个分不清草和苗的学生娃，九队可要灰塌了……"

一天，我到大队办事，赶上四队在院子里分炭，院子里有不少人。四队长"大喇嘛"武文银叫住了我:"听说九队开会了,你说明年要摘掉吃供应的帽子。可有此事?"抑扬顿挫的声调使这句略显文绉绉的问话变得尖利刺耳。我一愣:"是我说的,怎么了?""怎么了?种庄稼不是靠瞎'日粗'(吹牛、说大话),你知道九队哪块地打得几斤粮食?要打多少粮食才能不吃'供应'?今天对上这么多人我和你打个赌:到秋天你们九队能摘了吃供应的帽子,割下我头来给你当夜壶!"他伸出两个并拢的食指、中指——据说是京剧中的"剑指",边说边"督哒"(注:督哒,山阴方言,轻蔑性地指戳别人)着我。

如此盛气凌人的架势,如此粗俗而又断然的赌咒,在我真是前所未闻。虽然我没有应对这突如其来的打赌的经验,但本能的不甘屈辱的反应是迅速的:"那咱们就秋天见!到时如果我们输了,是我们无能,多向您老请教就是。万一您输了,我们也不敢要您老的头,只要您再对上这么多乡亲们说上句'武文银输了'的话就可以了。"说罢我双手抱拳打了个拱,在众目睽睽下转身而去。

我当时是强作镇静说了那几句硬话,表面看若无其事,但说实话,差点乱了方寸,真是受了很大刺激,而且这个刺激一直延续到秋后在场面称完最后一袋粮食。我后来多次想过:"莫非是'大喇嘛'用的激将法?!"

春耕开始了。上年秋天摺荒的100多亩茬子地真压头呵!

九队几位扶犁的把式丰万厚、丰瑞忠、张天泰(刘虎大大)、苏国兴,加上赶皮车的周景春(高善)等都套起牲口抢耕茬子地。有时苏国龙、丰岐、丰深厚等也顶班上阵。这个春天,我们硬是比其他队多耕了100多亩地,总算是不误农时地将种子播在了地里。

种子是播下去了,但摺荒地的害处是明显的——出苗率低得很!每一块新耕过的摺荒地都明显地缺苗断垄。有经验的老农告诉我,摺荒的生地,墒情、地温都比秋耕过的熟地差很多,而盐碱化程度却高出很多,都对抓苗子不利。出苗那几天,我一有空就往地里跑,不时地用手刨开土壤看看下面的种子是否还能再出些苗子，和其他队的苗子对比着看……结果越看越伤心。盐碱地本来就出苗差，而九队的地除墙南、大田等少数几块地出苗尚可外，其余地块简直一塌糊涂。

看着那如同癞痢秃头般东缺一块西缺一块的苗情，我心急如焚，情绪异常低落。丰岐、苏国龙比我沉得住气。尤其苏国龙，依然神气十足，竟然对九队社员说："满苗、满苗！""苗子是给你们抓住了，就看你们干不干了。"这件事给了我极大的教育和启发。此后我不论遇到多少困难，都能硬着头皮先扛住，再静下心从积极方面找办法应对。低落的情绪只能使你一筹莫展，只会带来失败，一定要尽量避免。

苗子一天天长大了。一场想不到的"化肥事件"把九队摆到全大队的对立面的位置，冲突异常激烈。开春时，公社分配下来化肥指标。全大队只有 2 吨。当时村里对化肥的认识接受程度较低，各队都不积极买，有的队是想等大队统一买回来再分给各队。大家手头都紧，都不想花钱。于是大队决定谁掏钱就归谁。正巧我们运砖挣了点钱，我就动员丰岐买化肥。丰岐答应后，我亲自出动到县里农资公司买回了这 2 吨化肥。

其他队一看九队单独把化肥买回来了，都急了眼。原本不重视化肥的各队队长们，突然间变得对化肥热衷起来。他们不顾当初自己表态不要的承诺，居然提出要平分九队买回的化肥。我把车赶回大队部院里的九队库房前，将 2 吨碳酸氢铵卸进库房，锁好门，正准备回家。支书武文应叫住了我："杰兵，有个事和你们商量一下。咱们进屋说。"边说边往上房的大队部走。我感觉出味道有点不对，就停住脚步："啥事呀？就在这里说吧。我得回家吃饭，饿坏了。"我留意到不知不觉中，周围的人变得多起来，而且都是些村里的重要角色——各队队长、大队的会计、出纳等。

武文应接着说："你们今天买回来的化肥是上级拨给康庄全大队的，大家的意思是不能九队一家独吞了，要和其他 8 个队平均分配……"我一听，顿时火冒三丈，打断了他的话说："做梦去吧！门儿都没有！我事先请示过你们，同时也问过各个队长，他们都说不要。你们都答应得好好的。我们这才去买化肥。现在你们看到我们真把化肥买回来了，就想说过的话不算数，分我们的化肥，哪有这个道理！"

我的话音还没落，七嘴八舌的声音便一哄而起：

"全大队的指标，凭什么你九队一家独吞！？"

"你个知识青年才当了几天副队长，就了不起了，想当康庄的家？！你才做梦去吧！今天的化肥说什么也得分！这可由不得你！"

"和他啰嗦什么？！叫丰岐来，看他们敢不分！？"

……

这时，丰岐、苏国龙和九队的一些社员也先后闻讯赶来，还有几个知青也来了。场面开始有些乱。丰岐、苏国龙立即加入了"战斗"。我们三人并肩而站，都扯开了嗓门大吵。我从没见过丰岐如此愤怒地大声吼叫："你们想干啥？！想叼人（山阴方言，意抢劫）呀！？有本事你们自己买去！想抢我们的化肥，门儿都没有……"苏国龙更是逮着谁就和谁嚷，还夹杂着一些"人不犯我，我不犯人"之类的毛主席语录。

人越聚越多，局面僵住了，对立的情绪也越来越大。武文应看到如此下去很难收场，便大声说道："大家都悄悄些儿，咱们是有组织有领导的！不能这样吵成一锅粥。咱们进屋开会，会上解决问题。"

我知道开会又会是 8 比 1 甚至 10 比 1，不会有其他结果。于是把心一横："就为化肥的事开会，九队不参加！"我看了一眼丰岐。"对！九队不参加！"丰岐马上接了一句。我接着说："我今天把话放在这儿，'要化肥没有，要命有一条'。库房钥匙就在我身上，你们要

左起：武殿贵（曾任七、九队队长）、郭吉（一队队长）和赵子忠（曾任二队队长、大队革委会副主任）。摄于 1971 年

是硬抢，咱们就试试！"说完我顺手抄起一把铁锨，横在仓库门口，摆出了拼命的架势。

又僵持了片刻。只见一队队长郭吉晃着身子走出来，淡淡地说了一句："算了，会就不要开了。2 吨化肥 4000 斤，一个队也就 500 斤。为这点儿事情打架拚命的不值得。九队不容易，这点肥就别分了。"说完便径自走了。郭吉，康庄人称"鬼郭吉"，以鬼点子多著称，在康庄算得上是个人物。我从没见过他和人耍蛮力，斗狠劲儿，常听说他很智慧地化解了什么纠纷、矛盾。像这次他第一个撤火，我从内心感谢他。

人终于散了。我离开大队院子前，到饲养员住的房间（院西南角）放鞭子等，推开门一看，见方虹等几位知青都在屋里，她们女生平常是不来这里的。她们紧张的心情还挂在脸上没有褪去。我不好意思地说了一句："让你们担心了。现在没事了。"

　　"鬼郭吉"确有过人之处，他从我死守化肥中悟出点道理：看来化肥是个好东西，要不九队穷成那样子，还把仅有的钱去买化肥，得抓紧想点办法也买些回来。怎么买？他眉头一皱，计上心来。你九队有知识青年，我一队也有呀。于是他把曹小惠、姚文两位女知青找来说："他赵杰兵能买回化肥，你们也能。明天你们就去县里到农资公司去买，我给你们带上钱，派上车。他赵杰兵能在九队当副队长，你们就在一队也给咱当他个副队长。"曹小惠、姚文推说化肥得有分配指标才能买，去也买不来。但郭吉不听那一套，好说歹说硬是说得曹、姚二人上了路。

　　果然，到了县农资公司人家不卖给，说要凭公社的分配指标单。这可真难为二位女同学了。她们让大车停在农资公司院子里，自己坐在农资公司经理办公室里不走了。她俩一个劲儿地请求经理卖点化肥给她们，否则完不成任务没法和贫下中农交代……也不知经理是被磨得烦了还是被感动了，居然特批了2吨碳铵卖给她们。

　　那天她俩和满载化肥的大车回村时天已很晚了。但引起的轰动超过了我那次。郭吉神采飞扬地张罗人卸车入库。我也跑过去对胜利归来的曹小惠、姚文竖起了大拇指。

　　这次的"化肥事件"直接造成了两个好效果，一个是大大推进了康庄村农民们对化肥的认识。其他队看到一、九队买回了化肥，受到了刺激，也纷纷各显神通想办法去买化肥。从此，康庄再没有化肥指标分不出去的现象，而是为争指标常吵得一塌糊涂。第二个是每个队都配了一个知青当副队长。知青们在康庄的影响力明显加大了。

　　关于郭吉的后来，这里交代几句。他和知青们建立了良好的关系。他比我大十几岁，我们离开康庄后，听说他得了胃病。他凑了几千块钱来北京找到了学医的张小彭帮助看病。小彭帮他联系在肿瘤医院检查确诊是胃癌，并联系了住院开刀，但需先交3000元押金。

他一听要开刀，并要家属签字，出了问题自己负责，还要先交押金，便当机立断地来了个不辞而别，回康庄了。"一码儿是个死，还要花钱挨上刀再死，还不如把这点钱吃喝了呢！"就这样，他没过多久就去世了。这大约是上世纪80年代初的事情了。2006年张小彭和我回康庄，与郭吉的女儿存女谈到当年郭吉北京看病不辞而别的事，存女说："我大就是舍不得花钱，要是现在，别说3000块，就是30万也得治病呀！"说这话时，恰是存女的丈夫武日友的企业如日中天之时。武日友的父亲是康庄村的地主，叫武斗山。当年村里谈婚论嫁很讲成分，贫下中农郭吉能看好武日友，将自己女儿嫁给地主子弟，很说明他的眼光和灵活处事的为人。果然，武日友后来在县城办了几个企业，当时算得上是康庄最富的人之一。

那一年九队地里的草真大！从薅苗子、锄田一开始，就陷入了劳力不足的困境。眼看着有的地草长得盖住了苗，却没有人手去锄，心急如焚呐！丰岐、苏国龙和我盘算再三，决定动员所有"能动弹"的女劳力都下地薅苗子或锄田。由于康庄妇女下地劳动的习惯不好，工分不值钱，这项工作很不容易做，但为了不荒田，我们别无选择，定了极其严厉的奖惩措施（包括缺勤一日倒扣一个工等），以确保出勤。苏国龙负责带的"娘子军"，真是起到了半边天的作用。

"娘子军"出动了，可还是人手不够。情急之下，我想到了那些上小学的孩子们。学校每周日不上课，可把他们组织起来干一天，放暑假有一个多月，完全可以参加劳动。我数了一下，有20多人。丰岐、苏国龙对动员这些娃娃有些顾虑，一怕累着娃们；二怕他们贪玩，锄不好田还把苗毁了。我说，我来带工，保证毁不了苗，也不过于累着他们，特别定了不出早工。于是，我挨家挨户地动员，总算说通了家长和孩子们。

九队"儿童团"出动那天，除去武文清、武日明、丰深谋等几个年龄较大的上四五年级的孩子拿着锄头,多数都是拿着小薅铲。最小的有一二年级的孩子,个子小得让我看着心疼——营养不良造成发育不良。我带着这支个头高低不等、拿的工具不同的"儿童团"出工了。路上碰到武文银,惹得他一阵哈哈大笑:"九队真是急了眼了,圪督(拳头)大的娃娃都扎出来,那能做成个营生?!灰着去吧。"我硬着头皮就当没听见,带着娃们直奔干活的地块。

开始干了。这批娃娃活干得真出我预料。且不说大的如武文清这样简直就是个整劳力,活干得又快又好;那些小孩子没一个偷懒叫苦的,活也干得中规中矩。我事先反复告诉孩子们,干多干少不要紧,可是一定要干好。明年九队大家要吃饱肚子、不受饿,现在就要锄好苗……到底是农家的孩子,会干活,又懂事,我从心眼儿里喜欢他们。

我从小就当过孩子头,上中学后当过少先队辅导员,对和孩子们打交道有经验。我事先多烧了些开水,装满了能带到地里的所有行军壶,还特意让大娘再烧点开水晾着。我还特意到代销点买了20多块"糖蛋儿"(1分钱1块),揣在口袋里。这都是给那几个一二年级的娃们做的特殊准备。这些娃们活儿干得泼辣,水没过多久就被喝光了,糖蛋儿才掏出口袋就被一抢而光,亏得我扣住了几块,那几个最小的娃娃才有糖吃。我最厉害的一招是在中间休息时给他们讲故事。《西游记》、《三侠五义》、《水浒传》……都有不少好段子足以吸引娃们。我绘声绘色地讲得他们瞪大眼睛、屏住呼吸正听到要紧处,突然打住,来上一句:"欲知后事如何,且听下回分解!"便起身接着干活了。于是每次都有孩子追着我问"那后来呢?"那样子就和我小时候一样。

我相当小心地控制着劳动量,注意多休息几次,注意提早收工,给他们留出点打猪草、兔草的时间。我注意到了有几位孩子承担着给家养的猪、兔打草的任务。再有就是留出一点让他们自由自在地要的时间。每当我说:今儿个就干到这儿吧"时,孩子们便嗷的一声欢叫,像出笼的鸟儿一般四散飞去。有的挑草,有的玩耍。我注意到那个叫武文清的孩子好像总有使不完的劲儿,一天干下来也不见他累,要么去掏田鼠洞,要么跳进一些积水的"圪巴儿"(水坑)洗澡、游泳……一次他居然从水中摸出一条一寸多长的小鱼,他高叫着并将鱼扔向我,惹得我也跳入水中和他们一起摸起鱼来,结果没摸到鱼,倒是洗了个澡。

那年的武文清估计 11 岁的样子。几年后他长大成人,一身的好力气,又格外讲义气,好事歪事都干。干活打架都不要命,小小年纪还染上赌博的恶习。我大学毕业又回公社后,总想引他上正路,还让他当了一段大队革委会副主任,他也确实做了些好事。后来我离开了雁北,听说他跑到内蒙古的一家煤矿当了工人,娶了一个拖着两个娃娃的"老女人"为妻,又因矿井事故受了工伤……这些都是后话了。

不知不觉学校的暑假过完了。九队"儿童团"的使命完成了。结束那天,我对着娃们逐一宣布了他们所挣的工分数,记得对每个孩子我都奖励了几个工。我告诉他们,明年九队分给你们各家的粮食中,有你们的汗水。你们为九队作出了贡献,丰岐和我们全队社员感谢你们……我说得挺动感情,而娃们听时却不如听我讲故事时精力集中,那才叫瞪大眼睛、全神贯注呢。有的孩子追问我下个星期日还干不干了,看得出来他们中有人很愿意来参加这样的劳动,对散伙儿有些惋惜。

由于有了这支"儿童团",九队这一年没有荒一块地!我今天已回忆不起来究竟孩子们总共锄了多少亩地,只记得当时若没有他们参加,有的地必然会撂荒。九队的吃供应帽子就摘不了。这支"儿童团"在康庄真正是前无古人、后无来者。此后,再没听说哪个队采用这种把上小学的娃们单独组成队伍来从事和大人同样的劳动。

记得是这一年的 5 月间, 县知青办在县城召开了一次知青座谈会, 各个知青点都派人参加, 大家交流了插队一年多的体会和下一步打算。会议对振奋知青们的精神起了一定作用。多年后黄梅和我谈起, 她们合盛堡村参加会的是一位沉静的不容易被鼓动的女同学, 她回到村里, 很兴奋地讲到县里开会的情况, 的确是受到了鼓舞。我在那个会上发了言。那时候我刚刚当了副队长, 正是热情高涨, 而且有一脑子的计划打算付诸实践。那种摩拳擦掌、跃跃欲试, 要在广阔天地一展身手、大有作为的劲头肯定溢于言表, 展示得很充分。

我的发言引起了县知青办张茂、乔万峰同志的注意, 他们推荐我代表知青参加全县第三届活学活用毛泽东思想积极分子代表大会, 想不到大会指派我发言。有一些县里的干部也参加听会, 我注意到康庄村的马锡栋也坐在台下。那是我第一次对着麦克风在大会讲话。具体讲的什么, 现在已想不起来了。但我记得会场里很静, 大家听得很专心,讲话结束时掌声的友好和热烈让我有点不知所措。

1970 年 5 月, 代表知青参加山阴县第三届活学活用毛泽东思想积极分子代表大会并发言。那是我第一次对着麦克风在大会上讲话

大约在 6、7 月间，一件令我们喜出望外的事情突然降临：马锡栋被任命为合盛堡公社的革委会副主任，而且回到康庄蹲点包队。马锡栋是康庄人，是县计委的干部。他在村里的口碑极好，而且一年半来我们之间有过接触。他的到来，对康庄、对我们知青的命运，都产生了巨大影响。后来他告诉我，他这次"回乡"与我在知青会上的发言有一定的关系。

崇喜，大名丰深厚，九队社员，和我同岁。上文曾写过拉石头的"三个老鼠一挂车"中的三鼠之一。记得我们到康庄时他父亲已过世，他母亲身体也很差，他是孩子中的老大，三个弟弟妹妹都还小，家里日子过得很艰难。

想不到的一件事，引起了我和崇喜家的碰撞。

各队每到春天都要清理一下粮库。这时该分给社员的粮食基本上都分下去了，籽种和饲料粮也剩不多了。要做的事就是把剩下的仓库"底子"清扫出来并处理掉。九队的穷造成了社员们在分东西特别是分粮时格外地斤斤计较。有心的社员甚至对库里有多少粮食都一清二楚。粮库的锁是那种要用两把不同的钥匙才能打开特制的锁。两把钥匙分别由我和队里的贫协代表苏国泰各拿一把。那天我和苏国泰清理完仓库里的粮食，把底子粮扫在一起，我因有事先走，就告诉苏国泰锁好门后再将我那把钥匙给我。

第二天苏国泰还没还我钥匙。就有一个社员悄悄对我说，苏国泰将库里的粮食私自给了崇喜妈一口袋。我马上找到苏国泰核对。苏国泰告诉我说，哪有什么一口袋，就是那点仓底子，都沤得有些发霉了，不过二三十斤，连半口袋都不到。崇喜妈央求说她们家断顿了，想从队里借点粮。咱队里哪有粮呀。他想，这点仓底粮反正也没啥用处，就让她撮走了。实在是看着她可怜呀。

我板起面孔对苏国泰说：集体的东西就是一根草也不能私自给

人,你说就二三十斤仓底粮,别人看不出是仓底粮还是好粮食。你得把这点粮要回来。苏国泰一听就恼了:"我就是不当这个贫农代表也不去要!一家人都断粮了,缺德葬良心呀!你们谁想要谁去,反正我不去。"说罢扬长而去。

我想了又想,觉得这点粮食还得要回来。队里分东西的规矩不能坏。否则这家拿点这个,那家拿点那个,都能讲得出点道理,规矩一破,就会越搞越乱,领导的威信也没了,集体就会受损失。我边想边走,来到崇喜家,推门进到屋里。崇喜妈正在做饭,炕上是几个半大的娃,崇喜没在家。

"大娘,"我硬着头皮开口了,"听说苏国泰从仓库给你装了半口袋粮食,这件事队里没研究,我们几个队长都不知道。你得把这点粮食退回去。"正说着,崇喜回来了。

"这可叫人怎么活呀?!"老人家的眼泪刷地涌了出来。她一把揭开冒着气的锅盖,"你看看我们吃得啥?!"一锅黑糊糊的我叫不出名目的野菜出现在眼前,锅边是大半碗玉米面样但颜色不同的"杂和面"——估计是那点仓底粮磨成的。想来这顿饭就是在野菜里掺进这点发霉的杂和面粉了。缩在炕上的几个娃娃惶恐地看着我,有个女娃已经在抹眼泪。

"崇喜,"幸亏他回来了,可以让我不再面对大娘,"你把那点儿仓底粮拿来,我们退回去。咱们一码是一码,家里断粮的事另想办法解决。我把话说在这儿,只要我赵杰兵有饭吃,就绝不能叫你们饿着!"崇喜也帮着劝说,气氛缓和了下来。我拎起那个口袋出了崇喜家门,见已有些人聚在门外,丰岐也赶来了。

我把口袋当众打开,让大家看清楚里面是玉米、谷子、黑豆……混在一起的仓底粮,还有些土坷垃,潮得泛着霉味。我对丰岐说:这点仓底子就给饲养房喂牲口吧,您同意吗?"丰岐说:"也好,免得人吃出毛病来。"接着我就直奔饲养房把那点粮食倒出,又跑回我们知青住处，装了半口袋玉米面来到崇喜家。我对崇喜妈说："这点儿粮食你们先吃着，吃完了我们再想办法。"崇喜妈的眼睛本来有病，这下更是泪流满面。我不等她说话就推说有事赶紧离去了。

这件事对我刺激很大。群众中说我心狠、心好的都有。知青的困难再多，至少国家保证我们能一年有 528 斤原粮（每月 44 斤），不会饿肚子。而吃供应的农民，国家只补到一年 260 斤原粮（每月 21.6 斤）。说什么也得多打粮食！崇喜家锅里那黑糊糊的野菜和几个小孩子饥饿的目光一连多日在我眼前打晃。我决定帮他们家再多做点事情。

崇喜妈最挂心的事就是怕崇喜娶不上媳妇。要想娶媳妇就得有间像样点的房子。而崇喜家的房子又旧又小。所以那时崇喜几乎把全部精力都放在筹措盖新房上了。贫苦人家盖房真是难呀！我当时盘算了一下：我回知青点装粮食，一次两次应个急可以，多了肯定不行，因为粮食不是我一个人的。帮钱吧，我本身还是个穷光蛋，妈妈给的一点零花钱也所剩无几。所以，我能帮的只有出力气干活儿。当时崇喜盖房的木料和垒根基的砖石已备齐，最当紧的是盖房的土坯还差得多。那时康庄几乎没人盖得起砖瓦房，只能用少量砖石垒个墙基脚，剩下的墙就全是土坯或泥墩儿垒成。崇喜当时正在每天利用下工后的时间拼命地打土坯。我决定和他一起干。

真干起来才知道这活儿实在苦重！先是用队里的平车从村外选适合做砖坯的胶泥土拉回，接着是挑水和泥，接着是用脱砖坯的木模子脱土坯，最后待土坯干到一定程度便垒成垛用席子苫盖。因为是给自己盖房，每道工序都有讲究，一丝不苟。其中数和泥与脱坯两道工序最累人。

和泥要和得很匀很细而且软硬适度，一大堆泥和起后要用铁锨像切土豆片一样一锨一锨地劈倒在一侧后再和起。至少要连劈三遍。然后将和好的泥"闷"上一段时间（一夜即可），接着便是脱坯。我们用的是标准的烧砖用的一次可脱 3 块砖坯的"3 斗砖模具"。脱坯是完全的手工作业，先往模具里撒薄薄一层细沙，再用双手从和好的泥堆挖出略大于一块砖的泥装入"斗"中，连续 3 次，然后用泥抹从上面将多余的泥刮掉，再双手端起模具走到一块事先平好的地方，将模具中的砖坯小心地翻扣在地上。就这样循环往复一遍遍地反复地脱坯，直到脱出的土坯够盖房子才停下来。我印象中盖 3 间房子至少要准备 1 万多块砖。我和崇喜完全是在干完队里一天的活后，加班干这点活的。

说实话，当时真有点干不动了！他为娶媳妇而干，动力十足。我在队里干了一天，已经累得不想动了，全靠咬牙死撑才能坚持下来，我图什么？！当时也没想那么多，只觉得既然答应了帮他脱土坯，就是再累，也得说话算数。那几天，我们两人最怕下雨冲了晾晒中的土坯。就这样坚持了二三十天，终于熬出了头。在崇喜家的新房中，有几千块土坯是我帮他们脱的。

2011 年我回村打井，从村里过时，郭凡指着一处断垣残壁说："那不就是崇喜家，土坯还是你帮着打的。"如今他们已又盖起了砖瓦房。一晃 40 年了，仿佛就是昨天的事！

现在已记不得我们刚到康庄时的公社书记是谁，而 1969 年调来合盛堡公社任书记的马福，却永远留在我的记忆中。他，在我们的插队生活中，刻下了深深的痕迹。

康庄，距合盛堡村 8 华里。插队的第一年，我们通常是在生产队劳动，去公社的次数很少，和公社领导几乎没有接触。但马福的名字却如雷贯耳，经常听到。他毕竟是管着 16 个大队，一万多人的公社一把手。听说他经常下乡到各村转，对各村情况很熟，办起事干脆利索、点子多，在干部群众中挺有威信。

大约在 1970 年的 5、6 月间的一个下午，天正下着雨，我们没出工，正在宿舍里各自干自己的事，有的在看书，有的在洗衣服……

伴着欧立克的一阵叫声，院门打开了，进来一位身着雨衣、头戴黄军帽、脚上是已经湿了的解放鞋、个子不高、略显微胖的中年人。我赶忙喝住了欧立克，迎上前去。

"我叫马福，今天路过这里，特意来看看你们。"他边和我们握手，边自我介绍着。

"就您一个人？"我有些意外。

"怎么，一个人不能来吗？"他盯着我问。

"能来，能来。欢迎，欢迎。"我把他让到屋里，并招呼大家过来。顿时，屋子里挤满了人，热闹起来。显然，他这种孤身一人、推门而入的做法立即打消了相互间的拘束，大家一下子就熟悉起来。

"要不要请大队干部来？"我问。

"不要。咱们先谈。有事再请他们。"马福说。

那天下午，时间过得飞快，谈话的气氛一直是热烈的。具体谈了些什么已记不太清。只记得马福始终面带笑容，眯着眼睛，兴趣盎然地听着，时不时地问上几句。他对每个知青的事情都关心、都感兴趣。我们把我写词、杜长庚谱曲的《康庄知青歌》唱给他听，歌中反映出的青春热情令他连声叫好。他特别对我们知青中已有五六位在生产队当了副队长更是赞许有加，鼓励我们在实际工作中充分发挥作用，大胆干出成绩来。

那天，他和我们一道吃了一顿我们日常的晚饭，连一个鸡蛋都没打，就是玉米窝窝、小米汤和烂腌菜。这是按照他的指示："你们平常吃什么，今天就给我吃什么，一点不要走样"办的。

他临走时说的几句话我至今记得："你们来插队一年半了，能依然这样充满热情不容易，但更不容易的是把这种热情坚持下去。改变一个村子的面貌不容易，坚持下去才会有成效。青年人容易有热情，也容易忽冷忽热。要注意不能行百里者半九十。"

他执意要赶回公社。我们送他到村西北口，看着他深一脚浅一脚地在通往公社的泥泞的路上消失在夜幕中。

这是我与马福的第一次直接接触。两个多月后，大约在 1970 年 8 月 10 日左右，马锡栋告诉我，公社党委研究了，让我担任康庄大队革委会副主任。我完全没想到会得到组织上的如此信任，激动万分地表示一定竭尽全力奋斗，不辜负组织上的信任。我知道，公社做出这样的决定会有风险。果然没多久，就听说县里武装部的一位领导（当时主持县里工作）在一次会上点着马福的名严厉指责合盛堡公社"用一个旧北京市委黑帮分子的孩子当大队革委会副主任，屁股坐到哪里去了？"马福在压力下采取了拖的办法，没有免去我的职务。他后来说："只要决定权在公社，我们就不改变决定。除非县里直接决定免赵杰兵的职务，我们再执行。"就这样，居然拖过去了。

"老竿子"是张小彭的外号。

"老竿子"赶车未必是我们中间技术最好的，但却是唯一留下赶车照片的康庄知青。《雁北报》记者摄于 1973 年

　　1970年4月下旬，张小彭从他插队的代县转到了康庄。代县与山阴紧挨着，雁门关就处在两县的交界处。他原是随学校（北京24中）分配到代县的。他到那里没呆几天，就跑回北京，在家里晃了些日子。不知是北京日子过得没意思还是什么原因，他突然向我提出想到康庄来插队。我征得大队、公社、县知青办同意后，帮他办了转来的手续。他父亲张彭"文革"前担任过市委工业部副部长、彭真同志办公室主任，"文革"开始后被打倒。他小我3岁，一双大眼睛亮且有神，个子比我高，瘦瘦的，从小就有个外号叫"竿子"，也有叫他"老竿子"的。他还有个小一岁的弟弟幼彭，顺理成章地被叫作"二竿子"。他分到了九队。

　　我们刚进村时，三银鼠周玉金就把知青们的名字串起来编过顺口溜，其中一句是"大高个栏子赵杰兵"，这下又来了个比赵杰兵还高的"大高个栏子"张小彭，很引人注意。他天性乐观开朗，很快就和乡亲们混熟了，特别和一些年轻人不分你我，打得火热。他勤快、聪明，干起活来麻利，很快得到乡亲们的好评，成了我们的好帮手。

　　我当了大队革委会副主任后，虽然还管着九队的事，但马锡栋希望我多分担些全大队的工作。我建议九队增加张小彭为副队长。于是张小彭便走马上任，成了九队副队长。"老竿子"在康庄留下许多故事。有的下文会提到，有的我不知道。他1975年离村上大学，共在康庄度过5年多，是我们当中以知青身份在康庄生活时间最长的一位。

　　终于开镰收割了。一年辛苦下来，究竟能不能摘掉供应帽子很快就见分晓。丰岐、苏国龙和我把九队的地块逐一看过后一块块地估了一下产量，大约就在5万斤上下，很可能出点头，吃供应的帽子有望摘掉。对此我是又喜又怕，喜的是总算没白辛苦，明年九队乡亲们可以不用再吃国库里买回的陈粮而吃自己打的新粮了。怕的是

2006年回康庄，与武文银说起当年"打赌"往事，他笑弯了腰

万一估的不准，到不了5万斤，那就还是没摘掉吃供应的帽子，我们年初说了大话没做到，对不住乡亲们和领导的信任。还有，"大喇嘛"武文银和我是打了赌的……

我们转地块时，几次碰到武文银。显然，他还记得打赌的事。他也在逐一地查看九队的地块。他曾在九队当过队长，熟悉九队的每一块地。哪块地能打多少粮食他心里有数。终于，又在九队的一块地里碰面了，针锋相对的话在所难免磕碰起来。

"你们几个队长转了几日，看的咋样?! 今年能打多少粮呀?""大喇嘛"率先发问了。

苏国龙信心满满地说："5、6万斤不成问题，供应帽子是摘定了。"

丰岐接着说："多了不敢说，5万斤还是有把握。"声调不高，但语气坚定。

"你说呢?""大喇嘛"鹰一样的目光盯着我问,当初在大队院子打赌的是我们俩。

"我估不准,您也都转过看了,您给估个数吧。"我确实没把握,显得底气不足。

"论说你们九队今年搞成这个样子,已经很不容易了",他依然习惯性地伸出那两根京剧里称为剑指的手指,"督哒"着我们,先说了一句肯定的话,接着话锋一转:"可你们要想超5万斤、摘供应帽子,我看还是说了大话。这几天我在九队的地里转了一遍,哪块地打多少粮食我心中有数。今天我对着你们几个再说一遍。咱们场面上见。你九队要是能超过5万斤、哪怕是超过一斤,你们抠我的两眼。"虽没再说"割下头当夜壶"之类的话,但还是他惯有的斩钉截铁、不容置疑的口气。

我们没有和他再争,见分晓的时间反正不远了。

那些天,我撇下大队的事不管,全力投入九队的秋收。我的目标很明确:精收细打、颗粒归仓!记得那些天我除了自己挥着镰刀收割,而且反复检查社员们收割的质量,发现谁割的不干净便责令其返工。我再一次动员学生娃娃放学后组成拾荒队到割过的田里再过滤一遍,将能捡的粮食尽可能捡回来。甚至,在场面上脱粒扬场时,我恨不得把被碌碡碾入土中的粮食都抠出来归入大堆……

5万斤,这个数字好折磨人!从割黍子开始碾场、扬场、晾晒、过秤,数字每天都在向5万斤逼近。最后的大宗作物玉米脱粒到了收尾时刻。记得那是一天晚上,月亮很大很亮。我们20多人排成一行,将一筐筐玉米棒子接力传递倒进脱粒机,伴着柴油机突突的响声和社员们欢快的说笑声,金黄的玉米粒从出粒口哗哗地流出,顷刻间被归入大堆。

突然,柴油机的声音戛然而止,社员们响起了一片欢呼声。终于脱完了。我默默地注视着那堆玉米,金黄的玉米堆在月光下像是披上了一层薄薄的银纱，好大的一堆！我不由得在心里比较着去年的玉米堆。此时，我一直悬着的心终于放下了。"肯定超过 5 万斤！"我坚定地对丰岐、苏国龙和在场的社员们说。"抓中（抓中，山阴方言，保险、绝对、肯定的意思），明年还要好个样呐！""看他'大喇嘛'这回还咋说……"他们也你一句我一句地说着。

最后的粮食数字要等到晾晒之后、过秤结束。过秤又分两段，先是预分口粮，再就是入库。

九队社员多数家庭半饥半饱地过了一年，新粮下来后，当务之急是预分一部分口粮给各家。记得当时是按每一口人 100 斤预分的。预分那天，家家户户拿着口袋早早来到场面，大队会计郭凡也来帮忙，家在九队的大队保管高民和丰岐、苏国龙一起在另两个扛杠子的后生协助下掌着一杆大秤，我拿着事先做好的花名册，念到一户就分一户。苏国龙总是把秤打得高高的，勉强挂得住秤砣，嘴里不停地念叨着："秤高高的，看这好玉茭子……"

1 万 3 千多斤的预分口粮过秤分完后，开始过秤入库了。依然高高的秤，勉强挂得住秤砣。我心里动了一下：这样高的秤，每 100 斤会多出四五斤，3 万斤玉米就会少算 1 千几百斤的产量！这种变相的"瞒产私分"是上级坚决反对的。但这个念头只是一闪而过。"就算这样过秤最后粮食总产到不了 5 万斤，也必须这样秤！"当了近一年的"库里没粮、账上没钱"的穷队当家人，吃够了苦头，绝不想再过那种日子。手中有粮，才能心中不慌！

玉米堆越来越小，我手中的数字越来越逼近 5 万斤。"停！"我喊了一声，"到 5 万了！"我如释重负地舒了口气。大家也一起欢叫起来。我看了一眼剩下的玉米，估计至少还有 20 口袋（一口袋可装120 斤）。

最后一口袋过完秤了，我把所有数字加到一起，总计 52,342 斤。年初的目标终于实现了，我们不吃国家供应粮了，我们开始向国家上缴粮食了！

九队翻身，是我从学校走上社会后取得的第一个工作成绩。尽管我只是个副队长，尽管粮食产量从 3 万 7 千斤到 5 万 2 千斤仅仅只增加了 1 万 5 千斤，工分值仅仅从 0.13 元增加到 0.38 元，但这却是我一生中最有成就感的经历。对我的锻炼也是空前的。就像第一场胜仗对久经沙场的老军人最难以忘怀一样，九队翻身的日日夜夜常浮现在我脑海中。丰岐、苏国龙、武文银、马锡栋、马福……他们对我的教育、帮助、爱护，一幕幕铭刻我心。我知道自己付出的劳动和起的作用，更知道了我只是我们中的一员。当"我们"团结一心、奋勇向前时，再大再难的事情也能办成。

1970 年年底，我们又在一起研究 1971 年的工作安排时，一种抑制不住的兴奋之情油然而生。我们强烈地预感到一个更大的丰收年即将到来。"一年的庄稼二年种"，我们为来年生产做了充分的准备：不仅秋耕了全部土地、没留一块白茬地，而且乘雨后草大时在南滩荒土地"压青"（用犁翻耕有草的地，被翻起的草压在土里成为绿肥）100 多亩，精心选留了种子，预留了来年买肥料的资金……更重要的是，全队社员也感受到了就要到来的好光景，劳动积极性明显提高。

果然，1971 年九队打了 9 万 8 千多斤粮食，跃居全大队前列。这是后话。

"引媳妇"是山阴甚至雁北地区的老百姓常用的一个说法，是指男青年到外地找对象、相亲直到把媳妇领回家的过程。

近几年回村每次都匆匆忙忙，很多村民没见到，有的见到面也没来得及多说几句话。为打井回村，见到了武万山，他很动感情地说起了当年的两件事。一件是他和我去麻瞳水闸看水时，我给了他个鸡蛋。再一件是他当年到陕北"引媳妇"时，我借给了他一些"全国粮票"和路费。

这两件事他不提，我几乎忘得一干二净。他一提，遥远的记忆天空中，一小片稀薄迷茫的云彩才慢慢飘过来，聚集得渐渐清晰了。

那是1970年秋的一天，九队的武万山找到我，说他要请假出趟远门。我当时已在大队任职，九队的事不太管了，便告诉他只要队长同意，我没意见。

我问他去哪儿、干什么去？他说去陕北"引媳妇"。我一听就笑了，觉得简直如同神话。我知道村里的大小光棍想媳妇都快想疯了，但康庄目前这么个穷光景，凭什么条件娶外地的媳妇？

我问他是否有了具体对象？他说还没有，打算和怀仁县的几个熟人相跟上去陕北绥德、吴堡一带。我将信将疑地问，这能成吗？他说怀仁县已经有人"引"回了媳妇，价格比咱们这里便宜得多。我说你们这不是在搞买卖婚姻、倒卖人口吗？他说庄稼人只知道娶媳妇，管不了那么多。我劝他慎重点，别偷鸡不成蚀把米，贴上路费还娶不到媳妇。他说等不及了。

我又问他路费多少、吃饭怎么解决？他说带的有干粮，路费正在凑，还在粮站粜了点玉米换了些粮票。我说：你换的山西粮票到陕西不能用，我这里还有点全国粮票你先带上，钱我也可以先借给你一点……他很高兴，拿了20斤全国粮票、30元钱。

最后他说，还要大队开个介绍信说明他去陕西走亲戚，免得路上被当成"盲流"。那个时期，农民被钉在土地上不允许自由"流动"，又没有身份证制度，外出的农民往往被作为"社会盲流"抓起来。而大队开的介绍信又不能写他们是去"引媳妇"。他让我和大队会计郭凡说一下开介绍信给予方便……

我一一照办，并祝他好运，心里却一直在嘀咕：这能成吗？

没想到他居然把此事办成了！从陕北绥德县为自己、为康庄娶回了第一个陕北媳妇！而且"价格"便宜得出人意料。只花了200

2013 年回康庄，与武万山、刘兰英夫妇在他们院子中合影。陕北姑娘刘兰英 19 岁嫁到康庄，已过去 40 多年了

元彩礼钱给女方家长！原说的是给 300 元彩礼，但最终只给了 200 元不到的现金，不足部分用布票、粮票顶数。这样总算起来也就再加上百十块的路费和食宿费也不过 300 元。如果在本地娶媳妇一般彩礼就得花 1000 多元，足足贵了三四倍。他向女方家自我介绍时说自己家在山西太原，年龄 29 岁……话中有真有假。就这样，19 岁的绥德县刘家川公社刘家沟村的姑娘刘兰英便跟着武万山来到了康庄。她当时一路上也犯嘀咕："过了太原，怎么不到家，还越走越远？"

他们回到村里引起了轰动。大家都去围观，都说武万山引回了好媳妇。确实，新媳妇虽然一只眼睛有残疾，但长得挺漂亮，举止落落大方。他们办喜事时我去了，全家喜气洋洋的。

这下子在村里引起了连锁反应，大小光棍齐奔陕北"引媳妇"。这给我很大的震动——看来陕北农村比康庄还要苦啊！我在为康庄的后生们成家娶妻高兴的同时，也为陕北农村的男青年们忧虑——他们怎么办呀?!

我大学毕业返回康庄，明显地感觉村里的陕西女人多了。1977年5月5日我的日记中有这么一段：

> 村里迁来大量的陕西媳妇，已经48个之多。她们中有24、25的，有三十几的，也有十六七的。她们为了逃避饥饿，不惜离乡背井，只身一人远处异乡。……陕北是我们老一辈奋斗多年的地方……那里的土地浸透着先驱的热血。可是革命胜利近三十年了，那里的人民却要离乡背井，真是让人痛心。这几天村里来了一户人家（陕北的）要饭，男的35，女的29，带着三个小娃娃，已经把一个小女儿送给了我村的苏杰。他们为了能在这里下户，竟然要在这里认干爸爸，先后说了两家（武文举、丰仿），说的时候声泪俱下，实在可怜。这些都是活生生的严酷的社会现实，我们的领导者是有着重大的责任的。

这家人认干亲虽未成，但最终还是留在了康庄。他们借住人家，靠帮人打短工讨口饭吃，以没有户口的"黑户"状态熬了一二十年。直到上世纪90年代才将户口落在康庄。三个娃娃长大后，其中两个女女嫁在康庄，一个儿子又娶了个陕西媳妇。

2013年7月我因康庄打第二口井的事情回村，和村副书记兼会计樊鱼一同核对户口，共计61名陕西媳妇落户康庄。此外，还有13位四川女人成了康庄的媳妇。她们在康庄不只是嫁汉生娃，而且还为建设康庄做出了极大贡献，她们已经扎根在这里。

现年58岁的张宁桂，父亲当年参加刘志丹领导的陕北红军，作战负伤残废回了家。父亲过世后，22岁的张宁桂嫁给了康庄的周玉金（三银鼠）。她在陕北老家就已入党，来康庄后当过七年大队妇女主任,从 1994 年起当过七年村支部书记,在村里是个人物。15 岁嫁到康庄的绥德县土地岔公社高家岔村的高桂芳,自己没上过学,但四个儿子全部考上大学 (三个已工作),家庭美满幸福。当年家里收了 150 元彩礼钱,就被"引"到康庄的郝志英说起她来康庄后,老家的父母曾受到批判,说他们为了钱将女儿卖到外地。还有家里收了 200 元彩礼就被引到康庄的霍卫英……我问她们后悔不后悔,她们异口同声地说:"有啥可后悔的!"

2009 年,我曾去过延安一趟,印象最深的是绿化和石油。满山的红苹果和遍地的磕头机 (油井)。我知道这里已经富起来了。远嫁他乡不再是这里农家女子的出路。那一页历史,已经翻过去了。

"大喇嘛"武文银[①]：康庄人物三

    武文银，1924 年生，1947 年加入中国共产党，是康庄最老的党员之一。1968 年年底北京知识青年到康庄插队时任四队队长。

    武文银无疑是康庄村的重量级人物之一。其响当当的小名"大喇嘛"，便透着一股威风八面的气势。当年知青"小赵"（赵杰兵）曾考证过"大喇嘛"何以成为武文银的名头，但终不得而知。按他的猜想，康庄村民并不知"喇嘛"为何物，仅朦朦胧胧地觉得"喇嘛"是个厉害家伙，进而推演出"大喇嘛"定是厉害中之厉害角色。想必武文银当年必是有极厉害的表现，才得以被人冠以"大喇嘛"的名号，

[①]   这是本书中唯一一篇尝试用第三人称写的文字。这篇文字曾送给"大喇嘛"的家人听取意见，他们只更正了入党年份和小名的来历，其余都认可。"喇嘛"女人叹道："'喇嘛'做梦也想不到你会把他写进'古书'，他要是知道会好高兴。"

一叫就是几十年。①

"大喇嘛"着实厉害！小赵第一次领教是 1969 年冬天。刚刚当了九队副队长的小赵，热情高涨地说"要摘掉九队吃国家供应粮的帽子"时，大喇嘛放出一句狠话在大队院子里当众和小赵打赌。称九队若真摘了吃供应的帽子就割下头来给小赵当夜壶。"大喇嘛"话说得威风凛凛，小赵听得胆战心惊。

一言既出，驷马难追。"大喇嘛"果然坚持到底，到秋天庄稼都要上场面了，还死硬坚持说九队粮食总产若超过 5 万斤则抠他两眼。

秋后算账，九队打粮 5 万 2 千多斤，果然摘了吃供应的帽子。"大喇嘛"不仅不"割头抠眼"，连一句软话都没有。虽也承认打赌输了，却仍暗自嘀咕"看长势、论堆杖，都不出 5 万，咋就秤下个 5 万 2？莫非九队的粮食重些？"

所言正是！

春天九队虽缺苗断垄，苗情居各队之末，但后期精耕细作、科学施肥、精打细收、管理到位，苗虽稀却结出了大棒子、大穗子且颗粒饱满。农学中的词"千粒重"着实重过往年许多——看"堆杖"与往年差不多，秤分量却重很多。难怪"大喇嘛"走了眼。

不打不成交。当年的小赵虽然打赌赢了，却并没趾高气扬，心中对"大喇嘛"的敬意反倒增加了。遇到一些不好处理的事情，或哪

---

① 2012 年 8 月 6 日本文初稿刚写完，第二天就收到"喇嘛"女人梁翠叶的电话，称"喇嘛"已于昨日去世。我和张小彭于 8 月 8 日赶到康庄"大喇嘛"家的灵堂对着遗像三鞠躬。"喇嘛"女人说："喇嘛去世前还念叨说'看来再也见不到杰兵他们了……'"此时我又问道"大喇嘛"三字的来由，"喇嘛"女人说：'喇嘛'是小名，不是外号。当年他父亲早年曾丧子，武文银之前有一女儿小名叫'庙庙'，三十七八岁得此子，因庙里面有喇嘛雕像，故给武文银取小名'喇嘛'，以求孩子能活得久远些。后来叫着叫着叫成'大喇嘛'了。"她还说到当年知青方虹在四队，"喇嘛"常常夸奖方虹"是个好女女"，开玩笑说："咱们有'防洪'，不怕发大水。"一次"喇嘛"问方虹："你大大叫什么？"方虹便开玩笑地说："叫发大水"。

"大喇嘛"（右）虽年逾八旬，但目光依然鹰一般锐利。姜斯栋摄于 2005 年

块地该种什么、怎么倒茬口等,常见小赵去请教"大喇嘛"。"大喇嘛"看这个学生娃吃得苦、办事公、有主见,对小赵开始另眼相看、颇有几分器重。小赵若有所问,无不倾囊相授。两个人都个性很强,难免磕碰,一次会上因意见不同大吵起来。可毕竟已是互有敬意,吵过也就算了,没结下怨。

"大喇嘛"1.75 米略高的个头,在村里算高个子。瘦瘦的身材,并不强壮过人。只有那双鹰一般锐利的眼睛,流露出他性格中彪悍的本色。他为人倔强坚毅,认死理,入党后因和上级意见冲突,曾七八次被撤职、处分,甚至被开除过党籍、坐过班房。但事后都纠正了。而他也并不"吸取教训",依然我行我素,靠一身骨气硬干,不见消极。

他记忆力极好,看过的戏,听过的故事记得很死,并凭着自己的分析总结出一些道理。他识字不多,自称"中国文盲历史学家",极

2011年回康庄，与方虹（右二）看望武文银。右一是武文银老伴梁翠叶

爱与人谈古论今。一次他与小赵在田间谈古论今，小赵说当干部就要清廉，自古贪官没有好下场时。他一拍大腿大喝一声："这后生差矣！清官贪官谁下场好，要看他处的环境。"随即站起身先后指着南面的馒头山、草垛山和北面的黄花梁说："你看咱这地方，先人早有话留下'十山九无头，当川卧土牛；富贵无三代，清官不到头！'你想在此地作清官，只怕是做梦！"说罢扬长而去，口中依然念念："老牛必定刀尖死，自古忠良不到头……"

2006年，"老赵"（已58岁）离村21年后回村，见到82岁的"大喇嘛"身体尚好，目光依然鹰一般锐利。老赵谈起当年"割头抠眼"的打赌和清官贪官之论等往事，"大喇嘛"哈哈大笑道："我和你说过的话你通通记得！好！好！"

2010年老赵和方虹送来京看病的郭凡回村，2011年回村打井，老赵又看过"大喇嘛"两次。此时他已不出家门，很少下炕。他有些糊涂了，但还认得老赵。他拉着老赵的手说："你来看我，我心里好喜欢！"老赵说这是他所听到过的"大喇嘛"说的最富温情的一句话。

老赵与郭凡一次饭后纵论康庄村的英雄好汉，一致认为：历任村官若论清廉者，首推"大喇嘛"武文银。

欧立克的故事

　　凡在康庄插过队的知识青年，或者去过康庄知青点的人，都会对那条名叫"欧立克"的狗留下印象。它是我插队生涯中最忠诚、亲密的伙伴之一。时光过去 40 年了，许多故事已渐渐模糊，但它留在我心里的那份亲情却从未减弱。

　　欧立克是在我们插队第一年的末尾 1969 年年底或第二年开始时来到康庄的。

　　当时有一位北京知青，趁冬季农闲时，跑了不少地方的知青点。他说自己是在进行"社会调查"，看看大家在"广阔天地"是如何"大有作为"的。我想不起来他的名字了，只模糊记得他挎个大书包，书包里居然装了一只小狗崽子。他说他刚从内蒙古牧区来，碰上知青所在蒙古包牧民的狗刚下了一窝小崽儿，他就要了一只。

为了照料这只未满月的狗娃儿，他一路上费尽心机，到康庄时他和它都已精疲力竭。从书包里拎出的小狗无力地挣扎并发出"呜——呜"哼哼声，像是在哭。"赶快拿点米汤喂喂它，最好有奶粉！"他急着对我们说。"上哪儿给你找奶粉?!"我一边给狗儿找来点剩稀饭，一边回答着。一会儿，稀饭被吃得精光，狗儿抬起头看着我，嘴里又发出"呜呜"的哼唧声，像是说："我还要吃！"

两天后，那位知青要走了，说是还有几个地方要去，因实在带不了这只狗娃儿，就把它送给了我。"你可得把它养大了，它是只牧羊犬！"说罢他飘然离去。此后我再没见过他。

这只小得可怜的黄毛中杂有少量黑毛和棕色毛的狗崽子，就这样来到了康庄。当时多数知青回京探亲，只有少数几个人在村。我一下子就喜欢上了这小家伙，决心采取一切办法把它养大。

欧立克在康庄的最初日子是和我睡在一个被窝里。小东西实在让人疼。它毛茸茸地蜷缩在我怀里，不时拱拱脑袋，不时伸伸舌头舔一下，要拉屎撒尿了就爬起来往外拱，我就立刻"把"着它拉屎撒尿。在我的印象中，它从没有把屎尿拉在我的床上。

我给它的食物主要是小米粥或玉米糊糊。由于担心它营养不良，我甚至找老乡买了些鸡蛋打在它的粥中（我那时穷得自己都舍不得吃鸡蛋），偶而吃肉时也不忘舀点肉汤到它的粥里。每次当给它加了这些连我自己都馋得流口水的"硬菜"时，小家伙便呼噜呼噜地吃得格外起劲。我那时想，我吃什么就让它也吃什么；只要它爱吃，宁可我少吃也要喂饱它。于是，每顿饭它都拱到我身旁，仰着小脑袋看着我，我便把正嚼的食物吐在手中伸在它面前。它便毫不客气地吃个干净，然后又仰起小脸看着我。

由于我吃什么就喂它什么成了习惯，所以，这个小家伙居然爱上了吃糖。先是我偶尔得到一块水果糖，咬了一半分给它，看到它吃得欢天喜地的口水直流。后来又喂它吃过奶油糖，它更兴奋得活蹦乱跳。到后来它自己居然能区分得出奶油糖和水果糖来。

雁北那个地方，一般人家吆喝自家的狗都是用"欧、欧"的声音。开始几天我也这样叫它、训练它。几天后，村里的老乡来串门也这样叫它。这引起我的想法：该给它起个独特的名字了。念及此，"欧立克"这个名字一下子就从脑子里蹦出来。这既延续了已有的"欧、欧"的吆喝声，又是独特的！这是我小时候看过的苏联电影《山中防哨》中男主人公那匹战马的名字。那匹马高大、矫健、英俊，对主人忠诚无比，最后单独完成了主人交给的任务，还救了主人的命。我对那匹名叫欧立克的马的崇拜，超过了影片中的任何一个人，幻想着将来长大了，自己也能有一匹欧立克。

就这样，这只来自内蒙古草原孤独的小狗，有了自己的家，有了自己的名字，成为我们康庄村插队知识青年集体中的一员，开始了它的一生。欧立克，这个顺口而响亮的名字也渐渐"威震一方"。

不知不觉中，欧立克长大了。到底是品种不同，它半岁时个头就超过了村里的其他所有成年大狗。它越长越漂亮、越长越威风，汪汪的叫声高亢嘹亮。它的饭量越来越大，活动范围也越来越大。大娘郭忠妈这时已开始为我们知识青年做饭，也包括给欧立克做三顿饭——山阴叫"出三次食"。欧立克无法与人同等的待遇，只能"吃糠咽菜"。虽偶尔也得到我们的特殊关照，但主要靠大娘喂它。它后来的饭量一顿能吃差不多一脸盆糠菜。大娘曾对我说过，庄户人家的狗，都是饱一顿饥一顿的，我可不想饿着"阿娃儿"，这狗儿看着就叫人喜欢，一遍遍给它出食也不觉得累。欧立克能如此健壮高大，大娘的精心喂养功不可没。

欧立克的活动范围一天天扩大着，麻烦事也一天天多起来。先是看到它追逐各种动物的情景。从院子里的鸡到邻居家的猫、村里的狗，甚至在地上觅食的麻雀……虽招来不少"投诉"，却好像没真

大娘与知青们的爱犬欧立克。大娘每天给欧立克做三顿饭

咬伤着过谁家的鸡、猫。终于有一天事来了。几个三四岁的孩子在街上玩耍，欧立克如离弦之箭冲了过去，吓得娃儿们哭叫着连滚带爬地作鸟兽散。有个孩子呆在当地，欧立克竟然叼住他的衣服，拖了他个大跟头。孩子的家长不干了，找到公社下乡蹲点的副主任马锡栋（本村人），让他管管知识青年的狗。马锡栋找到我，严令我们把欧立克关起来或拴起来，否则真伤着人就晚了。

没办法，欧立克只好失去自由。先是大家出入院子关好院门，不放它出去。但很快发现我们那一人多高的院墙对欧立克形同虚设，它不费吹灰之力便可一跃而过。最终是找了根铁链子和一个旧碌碡，把它拴在西柴房的屋檐下。它咆哮着挣扎了几天，也只得就范。对此，我心里常不忍，觉得对不住它。每次从它身边走过，面对它望着我委屈的目光，我都只能是蹲在它身旁，用手胡噜它的头、脖子，和它说几句"谁让你这么不老实"之类的话来安慰它。只要我在家、有空闲，就解开铁链恢复它的自由。

随着欧立克的长大，康庄村知识青年驻地一个变化在我们不知不觉中出现了——院子里不再丢东西了！

可能因为康庄村太穷了，饥寒起盗心，我们常丢东西。从日常用品、晾晒的衣服、出工用的锄、铲、镰刀等等，都曾丢过。伴随着欧立克的汪汪声，有一天不知谁突然说了一句："咱们院好久没丢东西了。"大家都知道，这应归功于欧立克。

欧立克的一项很特殊的本领是，将北京口音对它的呼叫，认同为主人的呼叫。所以，凡是北京知青来村里串门，只要北京腔的"欧立克"一出口，立刻就会赢得欧立克友好亲热的欢迎。不但如此，欧立克还能对非北京的当地口音根据亲疏区别对待。比如，康庄村的1000多人中，只有大娘、郭凡、马锡栋、苏国龙四人得到了欧立克的认可可以自由出入于我们的院子。而其他人进入院子，必定会遭到欧立克凶猛的吼叫，甚至攻击。

影片《山中防哨》中的主人公叫他的战马欧立克时，是将两个手指放在口中吹一声长哨。这种尖利的哨音传得极远。这也成了我呼唤欧立克的常用方式。不论何时，只要我的哨音一响，不用片刻，欧立克准飞奔而至，没有一次例外。

欧立克的贡献还不止于为知青看家护院。那时每到秋收前，各生产队都组织护秋，主要是夜里派人到熟了的庄稼地看守，以免被人偷了粮食。康庄村的女知青也在被派之列。原来我对此很不放心，现在有了欧立克，只要带上它，便可一百个放心。于是，只要有知青夜里护秋，欧立克肯定是其中一员，而且是最精神抖擞的一员。

张小彭一次夜里上岗，带上欧立克，还背上了半自动步枪，并有子弹。夜间果然在一片玉米地发现情况——那种"沙沙"的掰玉米的声响。他大喝一声"什么人，举起手来！"对方顿时停了下来，没了动静。小彭"啪"地朝天开了一枪，欧立克也狂吠起来。"再不出来就开枪放狗了！"对方这下真害怕了，颤抖哆嗦地喊着："别、别、别开枪……千万别、别放狗……我出来……"被抓的是外村的。他被带到大队部时还惊魂未定，向我们诉说道："那颗子弹就擦着我的耳朵，'嗖'地飞过去；那狗嘴张得一尺大，差点儿把我吃了……"张小彭后来学着那个人的声调讲述当天情景时，笑得我们前仰后合。

我们村离县城20华里，知青们常会有事到县里。有事回北京也要到县里上火车。一次一位女生家里有急事需乘当晚火车赶回北京。我们都忙得抽不出身送，我便让她带上欧立克，骑上车到县城岱岳。并嘱咐她把车寄存在一位熟人处，买好车票后，打发欧立克回村就行了。果然是既安全又方便。

县里各村的知青偶尔互相走动往来，欧立克随我跑过好几个村。

它第一次随我出村是到公社所在的合盛堡村，黄梅和王玉中插队在那个村。我是到公社办事，先来到黄梅他们知青住处歇个脚，他们与公社院子仅一墙之隔。欧立克此时不满周岁，但个头已长得高大。它神气活现地跟在我的自行车后面进了合盛堡村的知青院。意外发生了。院子里有一只白色的狗凶猛地叫着扑了上来，欧立克仓促应战，我还没反应过来，欧立克的一条后腿已被白狗咬住。只听到欧立克发出惨叫声，便见它挣扎开来夹着尾巴逃窜至院墙边，一跃而过不知去向。我愤怒已极，抄起一块半头砖就扑向那只白狗，吓得那条白狗一溜烟地跑了。随着我的一声口哨声，欧立克从对面公社的院墙越过来，瘸着腿低着头走到我身边。我踢了它一脚，骂了一句"没用的东西！"它委屈地哼哼着卧在我的脚边开始舔伤口。我这才找黄梅她们要了点紫药水之类给它涂上，并心疼地胡噜着安慰它。

我带着一瘸一拐的欧立克和一肚子的气，离开了黄梅她们院。

那样子肯定"狼狈"得很。这是我几年插队中最窝火、最丢面子的一次事件，也是欧立克一生中唯一的一次失败。它虽然个头长起来了，但毕竟年轻，缺少真正的战斗磨炼。而那条白狗，虽说个头比欧立克小，但在当地已属最大号的狗，正值盛年且体格强健，咬起架来下嘴迅猛准确，一看就是身经百战的老手。那白狗常在知青院拣些剩饭菜吃，显然把那儿当成自己的领地。所以一见外狗到来，立即攻击。

回村后，我把提高欧立克的战斗能力作为训练它的主要内容，带着它"会"遍了全村的所有大狗。一次次的实战使欧立克越战越强，就是面对几只狗的同时进攻也能从容应对，并且战而胜之。后来，只要我拍拍它，再指指攻击目标，口中发出"嗖嗖、欧立克、上！"的口令，他就会箭一般地冲向目标。无论它如何恋战，只要一听到我的口哨声，便立刻撤出战斗，飞奔回我身边。

半年后，我专门带欧立克去合盛堡村，想让它再会会那条白狗，见个高低。出乎我预料并大为扫兴的是，那条白狗一见欧立克凶猛地扑来，便夹着尾巴狂逃而去，根本不和欧立克打。以后又有几次都是如此。"不战而屈人之兵"在兵法上被称为上上策，但对欧立克这样取得的胜利我总有些遗憾。

还有一次，欧立克和我来到大虫堡村。该村的插队知青左小武、王斯成是我的好朋友。他们要求我将欧立克留给他们几天，我同意了。几天后，他们把欧立克送回来了。说欧立克搅得他们村鸡犬不宁，有社员放出话来，要打杀欧立克。于是他们出工时便将欧立克锁在屋里，免生意外。没想到下工回来，见欧立克趴在他们炕上，面前是被欧立克的爪子撕开的一个北京寄来的包裹，里面是一包北京市场上常见的"杂拌儿糖"。欧立克吃得正香，脑门上粘着一块奶油糖，哈喇子流了一包裹、一炕……"它怎么会知道先挑奶糖吃？"王斯成奇怪地问我。我告诉了原因，他才知道是我们从小惯出来的。

1971年春天河开冻后，我和张小彭骑车去了一趟上河西村看刘洪洋、刘晓赫兄弟。从我们村向南,乘渡船跨过桑干河,再向南走几十里的路程。这当然少不了欧立克随行前往。一到他们住的地方我就吃了一惊,六七只狗拥上来对着我们叫,欧立克兴奋异常地冲过去和它们叫成一团,打成一团。原来他们村的知青也喜欢狗,他们村的知青相互间有点意见,分成几伙。于是就各养各的狗,共养了六七只。他们的狗也分别起了名字,而且也多是外国名:雪虎、海狼、巴克(皆出自美国杰克·伦敦的小说)、拉兹、迪尼、马露霞……但那些狗又小又丑,欧立克如鹤立鸡群的高贵、强健与漂亮,让刘洪洋他们很羡慕。他们一定要我把欧立克留下多住些日子,答应一定照看好欧立克,过些天给我送来。我拗不过他们的再三要求,就将欧立克留下,同小彭先回了康庄。

三四天过去了。一天凌晨天刚蒙蒙亮。我朦胧中听见一阵窸窸窣窣的声音,猛然一惊,是欧立克用爪子在挠我的门!它平时就常这样开我屋子的门。我一下子跳下床来,打开门一看,果然是它!欧立克兴高采烈地把头拱在我怀里,发出"欧——欧"的欢叫声。更让我吃惊的是,一只黑色的母狗羞答答地蹲在我面前,注视着欧立克和我。"马露霞!我认得你,你怎么也来了?!"其他知青被我们吵醒来到院中,大家都被欧立克居然能从上河西带着马露霞私奔回康庄的壮举惊得目瞪口呆。它居然认得路,居然能涉过流着寒冷河水的桑干河,居然还娶回了个媳妇!

"饿坏了吧?快吃点儿热乎饭暖和暖和。"大娘端过来刚煮好的狗食,特意加了几勺玉米糊糊,看着小两口儿香喷喷地吃起来。

多年来,欧立克携马露霞私奔回康庄的过程,一直是我心中的一个"谜"。我的脑海中出现过许多不同的"私奔"版本,从欧、马如何陷入爱情,如何逃离上河西,如何泅渡桑干河,如何觅食,如何找回康庄……浪漫而惊险的镜头一个接一个。有时想象得我如醉如痴。"真服了你了!欧立克!"我对上苍赋予欧立克的本领既惊叹又感激。我们在家中整天拴着欧立克，根本没去考虑它的"婚姻大事"。它刚自由了几天，跟着我们串个门，就拐带人家的母狗私奔。我想，马露霞一定是真的爱上了欧立克，才肯背弃自己的家和主人，踏上和欧立克私奔的路。

没过多久，马露霞发生变化了。先是饭量明显增大，渐渐的肚子也大了起来。我们都明白，欧立克要当爹了。这段时间，我们没有给欧立克拴铁链子，它也安静地不出外惹是生非，一天到晚不离马露霞左右。也不知道它是否知道马露霞将生下它们的孩子，如果知道又作何想法。反正我是一想到欧立克要当爹了，就忍不住想笑——太神了。

马露霞怀孕的消息一经传出，立刻引来不少朋友向我们预订小狗。大家都想得到一只小欧立克。我特意让大娘给马露霞增加营养，欧立克也跟着沾了光。终于，6只小狗崽儿诞生了，个个活泼健壮，黑、黄、白相间的毛色和以黑为主色调，是继承了马露霞的血统；其他方面，活脱是欧立克小时候的样子。那些天，我一有空就凑到马露霞身旁，欣赏这6只小狗挤成一团吃奶。欧立克也常凑过来，还不时用舌头舔舔它的儿女们。

很快，这种温情的日子结束了——小狗满月了。被答应的人急急地将小欧立克或小马露霞接走了。我记得马锡栋、武文富、郭凡都抱走了一只，还有两只给谁已记不清了。我原想留下2只，但最终只留下1只。被抱走5只小狗的最初几天，欧立克和马露霞一反常态地暴躁起来。马露霞满院子打转，不时地嗷嗷叫着。欧立克则是跳出院墙，在村里狂窜，听到小狗的叫声就冲过去堵着人家门狂叫。我担心出事，赶忙又把它拴起来。1972年春，我离开康庄上了大学。马露霞的儿女后来的故事，我已记不清了。我隐隐约约知道马露霞后来好像被主人要回了上河西。

欧立克对所有知青都是忠诚的，大家也都喜欢它。我高中的同

知青方虹与欧立克。那
时候，女知青外出，带上
欧立克，便可一百个放心

班同学赵归，是后来从晋南转来康庄插队的。他很喜欢欧立克，常带着欧立克玩。而我对欧立克平时常爱答不理的——我当了大队革委会副主任后，忙得顾不上它。一次不知怎么和赵归说到欧立克和谁最亲、最听谁的？赵归信心十足地说肯定最听他的。于是我和他打赌（一条烟或一瓶酒之类）：我们俩分别站在院子两头，让欧立克站在中间，两人同时叫它，看它听谁的。那天在家的知青、包括大娘都来到院里，饶有兴致地注视着我们两人的赌博。

开始了，"欧立克，过来！"——我俩发出了同样的指令。欧立克摇晃着脑袋，看看赵归又看看我，一副搞不清你们在干什么的样子，没有动。"欧立克，快到我这儿来！"——我俩的指令又大体相同。只是赵归的声音比我更大、更急。欧立克这回听清楚了，它又左右看了一下，没再犹豫，朝着我快步走来。"哄"的一声，围观的人都笑了。只有赵归是一副沮丧、失落的神情。我想，赵归如果知道欧立克刚来康庄时曾睡在我的被窝里，就不会和我打这个赌了。

插队那会儿我虽然瘦,但很有劲儿。有时也和村里的后生们摔跤比力气。一次我正与二队的一个壮小伙子摔跤,不知道欧立克跟着哪位知青出来看到我和那个人抱成一团在"打架",它如离弦的箭般冲了过来,对着那人的腿张口就咬。我赶忙喝住欧立克,看是否伤着人。幸亏是冬天穿着厚棉裤,没咬着肉。再看那个小伙子已是脸色煞白,惊出一身冷汗。"这么大个东西,张着嘴扑过来,真够吓人的!"小伙子对我说。我一个劲儿地道歉:"没想到会碰上欧立克,真对不起!"

还有一次,郭凡来我屋里玩,不知为什么我们两个人竟然较起力气,"扭打"起来。欧立克一向对郭凡很友好,但此时见状,不由分说,扑上来朝郭凡的腿张口就咬,也幸亏是冬天穿着棉裤没伤着。把我们都吓了一跳。

欧立克的个头有多大?我当时1.79米身高,欧立克常直立起身来,两只前爪扒在我肩上,用舌头舔我的下巴。它站立时,我曾把100多斤重的麻袋压在它身上,它能坚持十几秒钟。

我和欧立克间最后的故事是在我上大学后的第一个暑假回村时。那是1972年夏天。那天,大娘正在厨房忙着,忽然听到欧立克狂叫起来。大娘赶忙出屋,但怎么也喝呼不住欧立克。它不仅狂叫,还拼命想挣脱铁链子,搞得铁链子"哗哗"地响。大娘正想着"这畜生今儿是咋的了?!"院门开了,大娘看到进来的是我,立刻笑了。迎上来拉着我的手说:"看这狗儿灵的,从脚步声就能听出是你,兴得扎不住。难怪它疯成这样。"我也立刻跑到欧立克身边,解开他的链子,将它抱在怀里……

几天后我离开了康庄,此后再也没见到欧立克。听说1973年为了战备,山阴县发动了一场打狗运动。我至今搞不懂打狗与战备之间有什么关系,只是听说任务在公社研究贯彻时,一致的看法是:全公社的打狗任务能不能落实,关键看能不能首先打掉康庄知青的欧立克。任务交给了时任大队革委会副主任的知青张小彭。据说郭凡、高民几个大队干部与小彭喝了顿酒，小彭借着酒劲儿，拎了支半自动步枪，一枪就了结掉欧立克的生命。大娘为此心疼了好久。她将欧立克的皮缝制成一床褥子，留给了康庄最后的插队知识青年王利君。

　　欧立克死时四岁，恰当"风华正茂"时。

丰 收

三件大事 / 拖拉机深耕地 /12 斗渠延伸 /
同太公路的"馅饼" /
"走后门"买电线杆 / 最早的"包工头" /
"水日子" / "说话声低些不丢人" /
再没有吃不上饭的了 / "打了口井不够饮老牛"

1970 年下半年马锡栋回村后，把注意力更多地投向了下一年，对当年的工作只要运转正常、不出大问题他就不干预。"一年的庄稼二年种"，说的是农业生产的连续性规律，说的是打基础在农业生产中的重要地位。实际上，真正要打好基础，提高土壤地力，配套水利设施……甚至不是"二年"能做到的，要"三年种、四年种"。

马锡栋经常和我们讨论康庄的未来，有三件事我们议论最多。第一件是扩大机耕地面积，深翻土地。第二件是在村西北开挖一条渠道，争取将桑干河民生渠的水引过来，能扩大 2000 多亩水浇地。第三件是争取通电，告别煤油灯。还有许多诸如调换优良籽种、积肥……都是为来年做准备。

深翻、深耕土地，对于粮食作物增产的作用，本来是常识，但在康庄则是从 1970 年秋冬才大规模实施的新举措。1958 年"大跃进"时虽也深翻过土地,但没有坚持下来,深翻的面积也小。可以说,康庄人祖祖辈辈用犁耕种的土地也就耕 3 寸左右深浅,特别是村西北的大、小西滩等胶泥地更是地下板结的厉害,很难长出好庄稼。新一年要想夺高产,很重要的一招就是用拖拉机较大面积地耕地,深度可达 1 尺。我们计划至少要耕、翻 1200 亩以上。

此事说起来容易,实施起来不易。村里有几位公认的老庄稼把式曾激烈地反对在村西北的胶泥地用拖拉机耕地,理由是把千年没动过的老胶泥生土翻上来,会连苗子也抓不住!我再三解释,他们就是不听,甚至有一次四位老汉在村口拦住我和拖拉机不让走,我只得连劝带拽地拉开他们,让拖拉机通过。

我们请的是县农机站的拖拉机,来的三位师傅我至今能叫出二人的名字。领班的叫柴国义,长得眉清目秀,举止温文尔雅,有点像女孩子。另一位叫崔竹林,高山疃村人,高高的个子,壮实的身体,

县农机站柴国义师傅。他和他的同伴们教会了我开履带式拖拉机和打犁

学生味儿很浓，很爱唱歌。他俩干起活来都很泼辣。我负责接待安排他们食宿并协调他们工作。

为了保证耕好地，我们除了每亩地付机耕费 1.50 元外，伙食水平是当时康庄村所能达到的最高标准：白面、小米、黄米、胡麻油、猪肉、羊肉、鸡肉、豆腐、粉条、鸡蛋、山药、茴子白、胡萝卜……而且是变着法儿地换花样，馒头、面条、炸油饼、饺子、黄糕、油糕、小米稠粥……尽可能让农机站的师傅们满意。我严格限制本村干部来蹭吃蹭喝，自己也不和拖拉机手一起吃饭。

记得几位师傅开着一辆东方红－54 型号的履带式拖拉机，带着一个 5 个犁铧的大犁，三班倒，不分昼夜地干着。只在每天清晨停下个把小时维护机器。他们干得很认真，一丝不苟，令人尊敬。我和几个人负责"引地"并打下手，一块地耕完，引到下块地。

我缠着他们教我开拖拉机，教我打犁。他们很愿意教我，没几天我就能独立操作了。当我手握操作杆、把油门调到合适的位置、匀速地行进在田野中，当我手把操作轮、将犁铧调到恰当的深度、看着犁铧破土向前时，感觉真是太好了。我们忍不住放声歌唱。崔竹林最喜欢唱的歌有《人说山西好风光》、《樱桃好吃树难栽》、《汾河流水哗啦啦》等山西民歌以及电影《刘三姐》、《洪湖赤卫队》、《冰山上的来客》中的插曲。即便是夜深人静，当歌声、机器轰鸣声与犁铧破土声融汇在一起，脚下新翻的泥土散发出特有的香味，所有的疲劳都仿佛随风飘去。

1970 年秋天，我们村第一次用拖拉机深耕了 1200 多亩土地。第二年，这些机耕地上的庄稼长得明显好于牛耕地的庄稼。那些曾反对机耕的人这才改变了看法，接受了机耕。

马锡栋自告奋勇把开挖渠道的事揽在自己头上。他不像有的干部那样只动嘴不动手，而是立即把武文秀老汉等几位"土专家"聚拢来,亲自开始实地测量,规划线路,设计渠道的宽度、深度,很快就拿出了设计图纸和施工方案。

这是一条 7 华里长的新渠。从黄巍村西北处的桑干河民生渠的 12 斗渠往东北延伸,通过黄巍村北的一片盐碱滩,向东挖出一条新渠到康庄的芦家围。这样,原来只能浇黄巍村的地和康庄村南少数地的 12 斗渠,就变成能浇康庄村西北 2000 多亩地了。这是马锡栋、武文秀等几个土专家设计的新渠。所谓"斗渠"是指桑干河灌溉系统中渠道的一种。桑干河下有民生渠,民生渠下有支渠、斗渠。准确地说,新开的这条渠道应叫 12 斗渠的延伸工程。

延伸 12 斗渠,必先经过黄巍村北的一片盐碱滩。马锡栋以公社副主任的身份出面与黄巍村协调,顺利地得到他们的同意。

接着,马锡栋、武文秀领着几个人测量并下好线,挖渠会战开始了。各队分配了任务,都调集了精兵强将。我们这些大队、小队干部除去个别年老体弱的全都上阵。轰轰烈烈的劳动场面今天想起了仍令我激动。我们采取了计件工分制,挖 8 方土计一个工。大家都甩开膀子干,你追我赶,谁也不肯落后。我最多一天曾挖了 20 多方,而更厉害的马三娃等则能挖到 30 方。很快,7 华里的新渠挖通了。紧接着又"洗通"并修整了全村 30 余里长的 5 条主要支渠。当马锡栋领着我们一起验收整个工程时,看着漂亮的新渠和整修过的老渠,大家的心情那叫一个爽!

40 年过去了,2011 年 5 月我回村,一天清晨我开了辆越野车到村西北的地里,找到了 12 斗渠芦家围的分水口。郭凡和武亮山告诉我,现在康庄浇地,还是靠这 12 斗渠。

拉电的负责人是我。这件事怎样起步,真是漫无头绪。

当时,全公社 16 个大队只有合盛堡、大虫堡、高山疃、西双山、东双山有电,因为他们属于井灌区,桑干河、木瓜河的水都浇不了他们的地。我们插队第二年，黄巍村通了电，是因为他们离高压线近，拉电成本低，关系也疏通得好，所以虽是非井灌区，也办成了。我想，黄巍村能办成，我们也应该能办成。于是就和马锡栋商量怎么"跑"县里。

马锡栋过去曾在县计委工作过，了解此类事情不好办，也知道计划经济条件下事情的办理程序。于是我就按照他的指点，在县城里一通猛找人，包括县领导、县计委的领导、县电业局的领导。在那个时代，这样的项目必须列入计划，而县里此时对能靠桑干河水灌溉的村根本就没有拉电的计划。再加上县里经费紧张，不可能掏钱给康庄拉电，康庄自己更是穷得拉不起电，我跑了10多天，一丝进展都没有，事情僵住了。

回村后和马锡栋商量，看来只靠找领导批示由上级出钱这一条路走不通了。能不能自己筹一些钱，争取上级再补助一些，按这个思路来争取。于是我又跑到县里找领导。他们看到这个知识青年怎么又来了，碰了钉子也不回头，而且是为村里老百姓办事，对我有了同情之心，口气开始松动了。我一看有门儿，更是抓住不放，终于和县电业部门达成了一个方案：康庄拉电所用的1万伏的高压线由县里出钱从西双山架至康庄，其他费用由康庄自筹解决。

总算有了个方案。"其他费用"包括8华里高压线用的水泥电线杆、变压器和入村后的导线等，至少要1万多近2万元。

到哪里去找这么多钱呢？我真犯愁了。

记得1971年春耕尚未结束，县里下了道死命令：各村皮车一律集中到同太公路抢运石料等，这是战备任务，必须按期到达、无条件执行。我最反感的就是这种无偿抽调农村劳力和车辆的做法。可偏偏大队这次又派我带队。没办法，我只好集中起全大队的8挂皮车浩浩荡荡地出发，向西20里，在北周庄的一家大车店驻扎下来。

我当时脑子里想的就是尽快完成分给我们的任务，早些把人马带回村——好多活儿等着干呢。可车倌儿们想的不一样。他们在村里都属吃香的喝辣的"大社员"一类，加上走南闯北、见多识广，除了本队队长的话必须听外，其他人管不了他们。他们外出就要补助，补助少、活重了就牢骚怪话怠工加出难题。所以走前就有人提醒我，"这些'车花子'不好管，你得操点心。"

我是骑车先到北周庄大车店号下房子，又找到公路管任务的人领了任务，并看了装卸地点。待8挂车到了，我即宣布：下午就出工拉石头，争取拉两趟；整个任务力争10天内完成。他们听了先是都不吭声，接着便你一言我一语地说起来。这个说牲口的掌没钉，得去钉掌；那个说车底板坏了，得修车；还有的说，先告诉每天补多少钱、多少粮吧……总之一个调子——下午出不了工。

我一看这明摆着是想看我的笑话，于是略一沉吟，说出几句狠话来："你们哪个不想再掌这杆鞭子就请立马卷铺盖回村，叫你们队长另派车倌来！今儿下午两趟活儿没商量！拉到半夜也得拉回来！要调整也是明天的事。你们说什么牲口没掌、牲口有病……你们早干什么去了？！下午出工要是累死了牲口，咱们正好杀了吃肉！要是压坏了车，咱就劈了它当柴烧。你们看我年轻当大队干部没几天，就拿话吓唬我，以为我做不了主。告诉你们，今儿个我主意拿定了，哪个想试试我当的了这个家当不了这个家，尽管可以不出工。至于补助，也明告诉你们，干得好不会亏你们；干不好想多挣没门儿！"几句话说得他们面面相觑不吭声了。

我是有备而来，所以敢如此放肆地说出这样蛮横的话。首先，拉石头的活儿我干过，知道轻重，不会蛮干。其次，至少有3辆车我有完全的控制力，九、二、五队的车不可能不听我的（五队是知青姜斯栋当队长，二队车倌和我是好朋友），还有四五个人做做工作也会听我的，剩下三四个人就踢不起多少土了。再有，对具体困难我也想好了解决的办法。我看着他们开始做下午出车的准备，便说了一句："饭熟了你们先吃，我去找钉掌的"，骑上车直奔村里的铁匠炉。

铁匠师傅听说我急着要给牲口钉掌，提出须先付款。我带的钱不够，正着急时，看到前面走来一位北京知青，他原是北京四中初二年级二班的，叫高永迈，来山阴后分在白坊村插队。我曾在他们上初一年级时当过一班的辅导员，所以有些面熟。我张口就向他借钱。他手头钱不多，但他此时刚刚被分到供销社工作不久，挣钱了，手头有个存折，有 50 元，开户在下喇叭公社信用社。他爽快地把存折给了我，让我试试能不能先作抵押。很快，两位铁匠师傅随我来到大车店忙碌起来。记得 30 匹骡马中缺掌的有 20 多匹，足足忙了大半天才干完。（2008 年 10 月，我和白坊、羊圈铺的知青们回山阴遇见38 年未见面的高永迈，他提起当年在北周庄借款事，我才回忆起这段往事。）

那天收工时天已很晚了。由于钉掌轮流作业，其他车辆并不停，到收工时该钉的掌也都钉好了，活儿也没少干。我心里有底了。晚饭后，我和大家说："今天辛苦了。明天还照这样干，上午、下午各拉两趟。你们别怪我催得太紧、话说得难听。村里好多事等着咱们。咱们早一天完成任务早一天回。拜托大家了。"

就这样，我们用了 9 天时间，完成了分给康庄的任务，是所有大队中第一个完成任务的大队。公路验收石料的负责人看到原以为20 天的活儿被我们不到 10 天就干完了，便想留我们再干一些天，而且是付运费的活儿。我心中一阵狂喜，那个年代碰见能挣钱的活儿可是不易。我不露声色地推说村里忙，得往回赶，并流露出如运费给多些也不是不能考虑。看来公路的任务的确很紧，他们留我们的心很切，给的运费比上一年我在七里沟高许多。我说，得回村请示，力争接下这个活儿。

我赶忙骑车回村，和马锡栋、武文应、郭凡等人商量。他们也觉得有点像"天上掉馅饼"，能揽上就再多揽些。我和他们商定，给车倌的补助款、补助粮按最高的给。马锡栋特别叮嘱我要注意安全，他说，这是第一次组织全大队的皮车出外搞运输，特别不要出事故。我特意从会计处多取了点钱，便匆匆赶回北周庄。

我先和公路负责人敲定了具体任务。接着，把车倌们召集来先发 10 天的补助款：赶车的 1.20 元 / 天，跟车的 1.00 元 / 天。再加上每人每天 1.5 斤补助粮和 10 分工，这可是康庄有史以来给本村社员支付的最高工资了！

当我把事先分好的钱一份份地交到每个人手中时，仿佛是把一股电流传过去，从抖动的手能清楚地感受他们所受的强烈冲击。本来，这 10 天的活儿是任务，不挣钱的，给不给补助、给多少，我一直犹豫。突然揽下了挣钱的买卖，而且卖价很好，完全能支付得起这样的补助，才有了这一幕。"我们补助得了，你拿多少补助？"记不得是谁突然冒出一句，引来一阵哄笑。"我当然有份，和你们打个平手，按跟车的拿一块不为过吧！"这回引来的是一片欢笑。

接着，我趁热打铁地说，请再坚持个把月，还是这种干法，还是这样补助，为的是给村里拉电挣出买高压线电杆的钱来。大家越听越高兴，决定派一挂车回村拉草料，其他车一鼓作气接着干。我又特别把锡栋嘱咐的注意安全说了一遍，告诫大家千万不能"囫囵着出来，缺胳膊断腿地回去"。

大家心情好了，活儿干得就漂亮，公路方面的反映更好了，我和他们也更熟悉了。在卸石料过程中，我发现有的石料卸在溪水穿过的沟边。看来这里要修涵洞，让从西山下来的雨水从公路下面穿过。"这个活儿能不能让我们干呢？"我试探着向公路管理人员提出。"你们干得好吗？""我们村石匠、木匠、大工、小工都有，这活儿也不复杂，你们把标准给我们，我们合计合计，如费用合算又干得下来，我们保证交给你们一个好涵洞。"

我拿着图纸和有关资料赶回村，先和马锡栋、武文秀几个人商量。他们也很兴奋。武文秀提出要到现场实地考察，我骑车带着老人家来到拟修的涵洞处。他比划测量了一阵，说能行，这钱挣得过！我赶忙去和公路方领任务，又回村组织人。很快，又一支十六七人组成的"包工队"开上了同太公路。

20 天一晃就过去了，原以为 30 天的活儿拉完了。当我还想再揽点运输活儿时，公路负责人对我说"小伙子，知足吧。饭不能你们一家吃，你看这些天来要活儿的，多得招架不住。"我知道该收手了。看着结算单据上 5000 多元的运费收入，我很知足。4 公里的高压线电杆需 40 根，每根不到 200 元，即便扣去车倌补助和住店钱，也可买 20 多根，超过一半了。

8 挂大车胜利回村了。不久，涵洞也完工交活儿，扣除费用后结算回 4000 多元。原先不知从何下手的购买电杆的筹款之事，竟然如此顺利地解决了。我当时真希望能常年有这种活儿干，钱来得又多又快。8 挂车一个月挣 5000 元，比 5 万斤玉米卖给国家所得的 4650 元（0.093 元 / 斤）还要多几百元！可惜很难常有这种机会。

钱有了，到哪里买水泥电杆？

那时是计划经济，这种架设高压线的钢筋水泥电杆市场上没有，要计划调拨，而且，全雁北地区只有大同市一家水泥厂生产。要想从厂里买到，又得找到有批准权的领导。可大同市没有我认识的人。于是我给母亲写了封信，问她在大同有没有熟人。

我母亲 1969 年年底恢复了党的组织生活后，参加了市里组织的下乡工作队，当时正在平谷县大兴庄公社管庄子大队包队蹲点。她的这种状况对我们家特别是对几个孩子的影响极大。至少妈妈不再是"黑帮分子"了，而且她每月 153 元的工资也使家里经济上有了保障。抗日战争时期妈妈曾在雁北工作过 6 年，有不少熟悉的老同志。她收到我的信后，立即给我回信，介绍了两位同志，并附上了给他们的便条。

一位是陈昭漪阿姨,一位是王金贵叔叔。他们都是当年晋察冀边区雁北地区的老同志。陈昭漪阿姨的丈夫姓李,是解放初期的大同市市长。王金贵叔叔是现在的大同市革命委员会主任。接到信我喜出望外,立即动身前往大同"走后门"。我找到大同市革委会办公

当年从大同拉回的高压线电杆,40多年了,完好无损,质量过硬。由于农村电网改造,这些电线杆只剩四根在牛场

地点,几经周折终于见到王金贵叔叔,并将母亲的信给了他。他关切地问起我父母的现状。我如实告诉他,父亲被抓走已四年半,至今杳无音讯;母亲恢复了组织生活,现在乡下搞工作队。我说的最多的是恳请他能批示市水泥厂卖给我们水泥电杆。他略想了一下,打电话找来了革委会生产组的一位同志,并在我们的报告上批了几个字,让那位同志协助解决。看到此事如此顺利,我感激涕零,再三道谢后才离去。

在市革委会生产组办了正式购买手续后,我来到水泥厂联系具体付款提货事宜。我一看又犯了愁——那么长的杆子分量又很重,怎么往回拉呀?我留心询问厂里管出库的人,并观察货场提货的人怎么拉货。结论是马车能拉。

我满心欢喜地回到村里,做了充分的准备,便打发 8 挂马车上路了。我盘算着,就剩一个变压器的钱还没有着落。在大同市要多想点办法,看看有没有机会。我把想法和车倌们说了,让他们也都想想办法,找找门路。

大同是座煤城。著名的大同煤矿长期是中国年产量最高的煤矿。几十万矿工中有相当数量来自雁北的农村。我们康庄有十几户人家有亲戚在大同煤矿工作。记不清是谁告诉我了一个信息:煤矿年年都有些建房子的任务,他有个亲戚在矿上,能帮助我们揽到活儿。我当即决定去矿里实地看看。

果然,那位康庄的亲戚还真帮我们揽到盖房的工程,而且是我们村的木匠、瓦匠就干得下来的平房,我记得是一处小饭馆和小卖部连在一起的八九间房子。我们和煤矿后勤部门的同志联系确定了工程的具体要求,包括房屋规格、完工时间、结算价格等等。接下来就是回村组织施工队伍,争取尽快开工的事情了。

电线杆终于拉回了村,去矿上的施工队也进入工地开始干了。我知道,拉电的事已是"手抓把稳"了,心也踏实多了。乡亲们盼望的电灯照明、电磨磨面的日子就要到来。这是一种充满希望、欣欣向荣的气氛。在这种气氛下，劳动再累、生活再苦，大家的精神也是乐观充实的。

由于负责拉电，我活动的圈子一下子扩大了许多。多年以后我才明确意识到我实际上可以算是最早的农民工进城打工的"包工头"，而且一口气连当了 3 个"包工头"，体验过农民外出务工的艰辛和地位的低下。

由于母亲的介绍，我逐渐认识了当年抗战时期父亲母亲的一些战友（父亲曾担任过灵丘、应县的县委书记，雁北地委宣传部长；母亲担任过雁北地区的妇救会主任），对我后来的工作生活也有不小的影响。其中给康庄知青帮助最多的是 1970 年调来山阴的县委副书记李殿元和他爱人刘建英。这是后话。

我把康庄包工队带到矿上开了工后，并没有一直守在那里，是武再山具体负责。村里还有许多事等着我。揽到了工程，买变压器的钱有了着落。但钱要到工程完工才能结算回来。只有找信用社先贷款了。于是我找到公社信用社主任王生明，请他先贷点款，我们矿上的工程款一结算回来就还。他爽快地答应了。

几个月后，包工队结算工程款时我又去了一趟，记得也结回四五千块钱，还了信用社的买变压器贷款还有富余。拉电后期的施工和通电工作我因外出没有参与。

从大同联系好买电线杆回来我就发烧了，38 度多的体温烧了一个星期。

发烧期间，马锡栋几乎天天来看我，让我安心养病。到第 7 天烧退了些，但还有 37 度多。我便下地活动，想找点事做。正巧马锡栋又来看我，他看我下地活动了，很高兴，问我感觉如何。我说，还有点烧、头晕、四肢软弱无力，估计再过两三天就好了。他说，那就好、那就好，你再养几天吧。说完迟疑了一下，就起身要走。我觉察出了他来时的情绪有点急，走时又似乎话没说完，便说："有什么事您就直说。"

他说："你病成这样，原不该要你再干啥。但康庄眼下遇到大麻烦了。今年春旱，苗子正在拔节的关键期，民生渠给各村分配了用桑干河水的日子。咱们村处在下游倒数第二个村，从民生渠下来的水要经过 5 个村的地。上一轮轮到咱们有几天水日子，可被上游的村拦路截断，一滴水也没放下来。"

"谁去放水的？"我插了一句。

"李申金（大队副书记兼治保主任）、二海（民兵连长）带了几个民兵。"

"那为啥没放下水来？"

"上游的村把住各自的闸口，硬是不按分配的水日子办，卡住流往下游的水，打开本村的闸门，硬抢呀！"

"报告公社和县水利局了吗？他们为啥不管？"

"民生渠到咱村经过 5 个村，归两个公社管。各村争抢水的纠纷年年有，哪个村都有那么几个'大社员'，平常吊儿郎当、不怎么干活，到抢水时村里买上点酒喝了，到渠道上靠打架抢水。上级说话不管用。"

"那咱们的人能让他？！"

"前几天，在黄巍村的闸口，二海他们被黄巍的几个'二杆子'用铁锹劈到水里，没闹过人家，不敢去了。"

"那还行呀？！"我一听就急了，"赶快再派人，派厉害的，多派些人……"

"大家正犯愁呢！明天又轮咱村水日子，考虑到咱村上轮没浇上，这次多补了两天共 5 天。派了几次人，都不肯去，没人肯挑这个头。这会儿大队正开会，有人提出让你挑这个头，我说你在发烧，我先来看看……"

从马锡栋的目光中，我看到了他的犹豫，也看到了期待。去年秋天全村动员挖开的 12 斗渠，如果今年放不下水来就是一条废沟，浇这一水至少意味着 10 万甚至 20 万斤粮食……我心里飞快地掂量了一下，便对他说："要不我来试试看？！"

"身体扛得住吗？"

"估计问题不大，但我得提点条件，咱们会上说吧……"

当马锡栋和我走进烟气腾腾的大队部时，挤了一屋子大小队干部们的嘈杂声一下子静了下来。

"杰兵同意挑头去放水，他有些话要说在前。"锡栋开了头。

"第一，去的人由我挑，在全大队范围点到谁是谁，各队都得放人。"我话音没落，"行……""没问题……"你一言、我一语的交织在一起。

"第二，先一个队抽一个人，共 8 人下午就跟我上渠。同时每个队再明确 5 个硬劳力边干活边待命，共 40 人。万一打起来就立刻支援。大队要明确专人落实名单，随叫随到。""没问题……""抽人吧……"又是一片应和的声音。

"第三，最重要的是，如果我们这次把水放下来了，村里浇地绝不能跑水！谁跑了水就严厉处治谁！"我说到了去年 12 斗渠开通前用老渠浇地跑水后，马锡栋气得大发脾气。果然，马锡栋接过话就严厉地说起来，武文应也接着说："杰兵你放心去，家里绝不让它跑一点水……"

接着我点了 8 个人名，由各队队长通知他们午饭后集合。我又另抽了 2 个人，张罗着带上粮菜炊具。大娘一听我要去放水就急了："你不能去，莫非可村（全村，方言）找不出个人去，非让你这病娃子去！？看你病得走路还打晃……""您别担心，病已好了，这次非去不可，您看庄稼旱得……"大娘看劝不住，便赶忙煮了几个鸡蛋让我带上。

连我共 11 人加上欧立克的康庄放水队出发了。我披上一件皮袄，坐在自行车后座上（低烧未退身上发冷，腿软得骑不动车，只得由别人带我），出了知青院。院外聚了一些人，从大家的目光中看得出担心——水能放得下来吗？

我那时是头脑一热便横下心同意挑头放水。大队开会后我立即详细了解上次放水的过程。我看出有几个关键点没做到位，特别是没有与上游村里的领导人沟通交流，以得到他们的支持，而直接上渠争水，仓促动手导致失败。我们这次该如何行动，心中很快有了方案。

我让 9 个人直接去民生渠的麻疃分水闸房，我们 2 人 1 车 1 狗则直奔黄巍村党支部书记李国才家。李国才是我非常敬重的一条汉子。他身材魁梧、浓眉大眼、相貌堂堂，一表人才。他性格沉稳，极有主见，在公社召开的会上从不抢着发言，一旦发言，往往语惊四座、切中要害。我和他略有往来，这次放水过黄巍村，关键是要得到他的支持。院门没关，他正巧在院子里。

他见了我即是一愣："大热天你捂个皮袄作啥？"他想不到我会出现在他家。

"今天我是特来'拜码头'，有急事相求，不敢耽搁，顾不得有病发烧了……"

"先喝口水，有事好商量……"他显然猜出我的来意，微笑着拦住我的话。

"先说事！"我截住他的话说，"前些天轮康庄浇地，你们村截了我们的水，还把我们的人打到水里。明天又是我们的水日子，你们黄巍人吃粮食，我们康庄人也靠粮食活命，我受康庄一千多乡亲托付上来放水，请李书记国才大哥高抬贵手，别再抢我们的水，把我们往死路上逼。"说着双手一抱拳朝他打了个拱，眼睛直盯着他。

2011 年回康庄打井时，专程到黄巍村看望李国才大哥。都老了

"上次水的事我没在村，才听说……"

"不谈上次，就说这次。我叫你李书记，论公，你当着共产党的支书，就得按共产党的规矩办事，就不能损人利己、抢我们的水！我称你国才大哥，论私，你没道理欺负我这个病着的小兄弟，让我对不住康庄百姓。谁不知你李国才在黄巍一声喊到底。只要你管住村里，不再抢我们的水，康庄百姓会念你的好，我赵杰兵更会感你的恩、尊你为大哥。如果这次再动我们的水，那就是你逼着我们找你拼命，到时候我只得把你当敌人，带人挑你家的房子来！"我一口气把路上反复想过的话说出来，已是一身大汗了。

李国才盯着我，"后生家不要把话说得这么难听"。稍停片刻，他不紧不慢地说了，"你以为带上几个人就能在黄巍挑谁家的房子？

说得倒容易！你有病不在家里养病，跑来揽这个事，康庄是没人了还是怎么的，把你这病娃子扎出来做这营生。"接着他微微一笑，仍是不紧不慢地说道："你的话虽然难听，可一个北京学生病着还来为康庄百姓放水，你图个啥？这一点就不容易。这次你放心，黄巍人绝不动康庄一滴水！"

我一听，大喜过望，正要说告辞。他先说了"想必你还要到上面几个村去找人家说放水的事？"我点点头。"那你可不能像刚才和我说话那样。他们未必像我这样让着你。搞僵了到时候就难免冲突。你们康庄离得远，冲突起来吃亏的还是你们。要请他们体谅你们，声调低一些，争取他们的同情和帮助。你那几句话吓唬不了人，反而会把事情搞糟了。说话声低些不丢人。"这番话就像大哥在教导经验不足的小弟。

"谢了！咱们一言为定。告辞！"我带着怒气而来，却怀着感激离去。

我到另几个村交涉的情况简单得多，语气也缓和得多。有的村我甚至就没来得及去，如常新村我就没顾上去，原因是我们两村从未因水的问题发生过冲突。在其他村，我是尽量说好话，恳请他们帮助。一下午的"外交"活动紧赶着办完了。晚饭时我赶到民生渠的麻疃闸房，一边吃一边布置下一步的行动。我要求从明天日头一出就完全接管四处分水闸，把流往其他村的水闸死，确保渠水全部流入康庄。

此事必须在清晨趁人少时坚决做到。如果拖到半晌午再办，就可能遇到对方先控制了闸口，并仗着人多阻拦我方关闸放水，引起冲突。而一旦冲突，水就放不成了。我们必须后半夜即出动，四个闸口每处2人，一人做饭看家，一人和我作为机动并巡视四闸。我告诉大家，这次任务成败就在明天凌晨能否占住这四个闸口并坚持守住。上次失败就在于，人家已经拦住你的水头打开自己的闸正浇地，我们的人半晌午才到，要强行关人家的闸，这样动了手，我们人少自然吃亏。这次我已和几个村的头头谈好，太阳一出我们就接管水闸。

大家睡了，我却睡不着。这次我挑人时并不是专挑打架厉害的，而是挑为人实在、责任心强的。我知道，打架取胜的往往并不是人多的一方，而是心齐的一方。我们是从黄巍村手里接水，此前黄巍已把上游三口闸看住，所以我们从黄巍人手中要接管全部四口闸。黄巍村的闸，我必须到场，以确保李国才兑现承诺，顺利放水；同时，另三口闸，我们也必须在黄巍的看闸人离开之前到达，不能留下空白时间，让其他人有机可乘。这是本次放水的关键。

夜两点刚过，我就把大家都叫醒了。我们沿着民生渠向东北方向走去。上游的3个闸有一个已空无一人，他们看本村的浇地接近尾声，所以提前走了。另两个闸的黄巍人也正准备撤，见我们的人到了，他们也就走了。我在每个闸各留一人，嘱咐了几句，便带着其余人直奔黄巍村这最后一个水闸。几个黄巍村的后生守在闸上，见我们拎着铁锹带着一条大狗从南面沿渠而来，很警觉地问我们是哪里的。我说是康庄来放水的，已和你们李国才商量好了。他们说知道，但要到太阳出来才下闸交接，你们来得太早了。显然最后这点时间的水他们不肯放弃。我说不忙，就等太阳出来。

太阳出来了。交接顺利。流往黄巍村的水被闸死，我看着干渠里的水向康庄奔去，长出了一口气，心里很是感激李国才。我留下两个人，其余人和我原路返回，一路检查渠道看是否有要修补的地方。经过三处闸口时两处无事，一处在早晨有人来看过，见我们的人守着，没说什么就走了。

回到民生渠麻瞳水闸房，赶紧吃几口饭，安排好看闸的人轮流吃饭后，我才觉得身上又发冷并抖起来，便倒在炕上，闷头睡起觉来。

一觉醒来，已是下午。吃了口饭，就带上欧立克上渠。心里很不踏实：水是放下去了，但守得住吗？这时我才意识到，我答应挑头放水是有些冒失了。仅仅11个人却要守住四处闸口，离村十几里且通讯联络不便。若是哪个村真要抢水，我们根本就挡不住。事情明摆着：在人家的地盘，我们两三个人对人家几十甚至更多人，肯定干不过。再有，我们这十几个老实巴交的庄稼汉不是打架的角色。我更是病得浑身发软，哪有力气打架呀?!

我们唯一的希望就在守住水闸。我们已及时控制了四个闸口。上游村要放水，先得从我们手中抢闸门，而水渠闸门处很窄，一侧只能站两个人，不管他来多少人，能上闸口动手抢闸的也只有两人。我们在每个闸口放了两人，即便冲突起来，最初实际较量的是2人对2人。由于是我们的水日，动起手来，我们理直气壮，他们理亏气虚。只要我们在2对2的较量中不输，水就跑不了。

一旦水闸失守打起群架，就意味着我们放水失败。原先设想的组织预备队增援的方案纯属纸上谈兵。大打出手后，局面就会失控，伤人不说，就算打赢了，地也浇不成了。我告诉大家，不能指望打起来再回村搬兵，要人不离闸、轮换吃饭、倒班睡觉、提高警觉。如有人抢水，我们绝不先动手，如果他们先动手，就是拼着受伤也不能退，死守升降闸板的启闭机。有情况要及时报告我。

我仔细观察了闸门启闭机的构造，看出只要有硬物卡在两个管升降闸板的齿轮之间，齿轮转不了，闸板就提不起来，水就流不走。要害就在于我方必须有人死抱住升降闸门的启闭机螺旋杆，拼着受伤也绝不后退。此时我清楚地意识到：这个角色只有我来承担，其他人则在我身后举锹护着我。我反复叮嘱他们，如真出现这种情况，只要对方没伤着我，我方绝不先动手。

还好，四个闸口第一天平安无事。我不敢大意，鼓励大家不能放松，尤其夜里不能没人，我们多受累，明年全村多吃粮……大家坚守岗位，我上下半夜各巡查一次等等。

又一天过去了。"难道这么顺利就过去了？"我心怀侥幸。第三天早饭后我又上渠巡查，在一个村的地里，我看见有不少人在移栽甜菜。"栽甜菜以后必然要浇，免不了要来闸口放水！"我心里一惊，加快脚步往闸口赶去。迎面碰到守闸的后生正赶来向我汇报。我马上决定，其他两个闸口各抽一人立即赶来。我则朝着移栽甜菜的人走去。我告诉他们，请他们暂停移栽，我们水日还有3天，这期间不能给你们放水，你们村书记已和我约定，保证不与我们争水。

他们听我说了一阵，竟然没人搭理我，继续低头干着手里的活儿。我看明白了，他们不准备停。于是我说："你们不停，到时候没水浇甜菜秧，可别怪我们不放水，损失多大也得你们自己扛！"

说罢，我急忙赶回闸口，冲突已不可避免，我们没有退路……

后来的情况与设想的几乎一样——闸口上出现了两方对峙的局面。幸运的是，在双方即将动手的紧要时刻，对方退让了……一场稍有不慎就会流血的冲突竟然被防止了。我长长出了口气，一种

2012年回山阴，与张小彭、马一山（左一）、武日云（右二）到麻疃民生渠水闸看了看。右侧斗渠的启闭机闸板已换成小巧型的了

深深的感激之情油然而生。正是由于他们的退让，才使得我们放水任务能够完成。这可是康庄的救命水！

我还从内心感激这次同去的康庄弟兄！没有他们不分日夜的守护，就没有这次的放水成功，也就没有1971年的大丰收。可是，我怎么也想不起这几位弟兄的姓名。2012年4月我回康庄，遇到原九队社员武万山，他说起那年他和我上民生渠看麻疃闸，我给他装了个鸡蛋，我才回忆起当年他参加了放水，是大娘给我煮的鸡蛋我又分给了他们。我让武万山再想想那次还有谁一起去的，都发生了什么事。可他除了记得我给他鸡蛋以外，别的都记不得了。

康庄的"水日子"结束了。村里浇地也组织得很好，没跑水。

我们有惊无险地圆满完成了放水任务，并因此而名声大振，康庄知青为护水不要命的说法被传得神了。这次经历，使我更清楚地认识到，处置复杂棘手的问题，细致周密的准备往往是成功的关键。此后几年，康庄又为护水和上游村冲突起来，曾大打出手，伤了人，误了事。那是后话。

"水日子"的经历，后来常浮现在脑海中，甚至以不同的版本、不同的结局多次出现在梦中。当血气方刚、不知深浅的我在闸上抱住螺旋杆"死扛"时，一个念头曾一闪而过"我这是和谁拼命？"

后来的日子里，这个问题折磨了我很久。我问自己，双方都是"贫下中农"、是"人民"、是"乡亲"而不是"阶级敌人"，但为什么会冲突得如此"你死我活"？我还问自己，如果当时打起来并发生意外，那我算是"重于泰山"还是"轻于鸿毛"呢？

我还想到，当人民内部矛盾酿成的对抗性激烈冲突到来时，最好的处理方法就是冲突方中有一方能以"退让"来平息事态。这次"水日子"的成功放水，不能理解为我逞强好胜拼来的胜利，而应归功于对方的理智退让。

我特别感到，公正而有权威的上级党委、政府，对处于弱势地位的老百姓是多么重要。"水日子"那些天里，我多么希望有个公正有力的上级来为我们处在下游的村主持公道啊。我还想到……总之，"水日子"带给我的启示对我后来的工作很有帮助。

"水日子"结束了，我又病倒了。缓了几天，仍感到极为疲劳。看到丰收在望，我便向马锡栋、武文应提出回北京"缓缓"，检查一下肝病。他们也建议我多休息一段。我回北京抽血化验肝功能的主要指标谷丙转氨酶正常，令我喜出望外，也诱发了我很长时间藏在心底的一个梦想——游历祖国的名山大川。

我们这些到农村插队的知青比到农场的知青"自由散漫"得多，尽管他们挣工资，我们挣工分。加上"文化大革命"初期的"大串联"，跑得我们心有些"野"，敢想敢干且不守规矩。知青中普遍把乘火车不买票当作自己天经地义的"权利"，有一套理论支持："我们挣的是工分不挣钱，你不让我们用工分买车票，我们只能混火车！""我不上火车，你火车照样开；多拉我一个，也不多费什么。"我们自认为对国家做了贡献，对逃票混车行为没有一点道德方面的自责。我约了其他村插队的知青朋友共8人，采取了能混就混的办法，8月4日从北京出发，经武汉、九江、庐山、九华山、歙县、黄山、新安江、金华、上海、青岛，于30日回到北京。其间乘火车、坐轮船、乘长途汽车、步行，纵横八个省市，行程七千多里，登庐山、跨九华、上黄山、赏长江夜色、观东海日出……长啸于群山之间、放歌于江海之上，好不痛快！一位长辈听到我们此行，称赞为"八大行星遨游太空"。因此行不属于"康庄往事"，故不详述。

虽玩得过瘾，但说实话，心中的苦闷与忧虑并不能得到排遣。此时"文化大革命"已进行了五年，国家的状况让人忧虑；家里父亲被抓走也五年不知去向。国家要出乱子的不祥之感总在脑子里挥之不去。再加上出游玩得太狠，回京一查转氨酶指标，高了许多。只好躺倒养病。养病期间,9 月 13 日,林彪、叶群、林立果一家坠死在蒙古的温都尔罕。

林彪事件震惊了全国人民,也震惊了我。它使我自觉地开始了对"文化大革命"的质疑和思考。我们国家将会走什么路? "文化大革命"的结局将会怎样? 这些大问题我们苦思苦想却没有结论,我开始对毛主席的"文化大革命"理论产生了疑问。

就这样,在家里养了一个多月的病,待化验转氨酶一正常,我就回到康庄。

1971 年秋,村里通电正值庄稼收割上场面。我在北京收到张小彭的信描述了当时的情景。

杰兵:

回到村里,一路安全。事情①和黄说了,她并不惊讶。主要她有收音机,姜正是大吃一惊,想不到这么快解决。

村里形势大好,2 个月的变化惊人,电也拉上了,电动机县里给了两个,可是由于没钱只先买了一个。玉米等全部割完,场面上堆得到处都是,只有一条皮车走的通道。今年 70 万斤有把握。各队都在八万以上,九队杂粮 2 万 5 千斤已经拿下,玉米 6 万 5 我看没问题,去年一共只拉了 47 车玉米,而今年拉了 152 车,车装的也比去年要多,如再多九队的场面也没有地方放了。四、三队 10 万斤没问题,一、二队 8 万斤,五、七、九队 9 万斤,八队 9 万多。社员都干劲冲天,出勤率直线上升,妇女也争先恐后地出来干活,就连张万保的爸爸也到场面,躺着干起来了。拖拉机已经耕完地,2 千多亩玉米地全部耕完,质量

---

① 1971 年 9 月 13 日林彪坠机事件。

要比去年好得多，各个队长都很满意。化肥也买回两吨，耕地的基础是打好了。现在，由于上面抓得紧，各队都在深挖地，我是不太同意的，一个挖不合算，一亩地6个工，每个工6角是3元6，拖拉机耕一亩1元5，经济上不合算，再有九队的地不平整，上水不适。如长期下去要坏地。我把想法和锡栋和佃贵讲了，他们表示同意，过几天就把该挖的挖完就开始平整土地。

斯栋上大学可能不成，要在十八号才能知道，咱们的住宅是全村第一个装上电灯的。但缺少开关和灯泡，如你在京可以跑一下。能买多少就买多少，县里买不到。

让昌伟给他们队的丰依买1.1米的毛哔叽。回来丰依就给他钱。

明年的基础，现有一个问题就是种子。明年各队都准备种一些杂交高粱，但种子不好搞。我写信问了一些人，还没有答复。洁英那里有一些，我曾仔细问过，在我们这里也适合，但她不知在哪里。如你认识她的同学可写信问一下，如行我们就去搞它一部分。

回来时能搬来的各种电器设备都搬，去我家把那破收音机取来，我们可以去车站接你。

此致

敬礼

小彭 71.10.13

1971年在康庄的历史上是极其重要的一年。

10月中旬我回到康庄，感受到了通电和大丰收带给村里的一派热气腾腾的景象。妇女们心情出奇的好，因为有了电磨，她们终于从繁重的推碾子劳动中解脱了。我很遗憾没能亲身感受通电的那一刻和庄稼拉进场面几乎堆放不下的动人情景。但我在玉米脱粒前回到村里。而且在脱粒后拍下了全体知青唯一的一张合影（缺南昌伟）。大家意气风发地站在玉米堆前。

这一年全大队集体的粮食产量超过73万斤（上年39万斤，增产34万斤。由于高秤入库、平秤卖粮，估计有近10万斤的"瞒产"，实际上可达80多万斤），加上社员们的自留地还有10万多斤的产量，总计约90万斤的粮食。工分值达到0.60元（当时康庄的好劳力一年能挣500多个工，各队长把多计工分作为最常见的激励手段。）社员们的人均口粮标准达到420斤以上。九队打了9.8万斤粮食，几乎翻了一番。从此，康庄人告别了吃不饱饭饿肚子的历史，尽管依然人们有贫有富、年景有好有坏，但再没有吃不上饭的了。

那年秋天到第二年春，康庄到处是盖新房的人家，我粗略估算，足有100多户。再有，五六十户人家娶了新媳妇。想想1968年进村路上武文生说到的80比2的男女青年之比，到今天外村、外县、外省的姑娘嫁进村，这变化太大了。张小彭信中提到让南昌伟买毛哔叽就是为老乡娶媳妇买彩礼。几乎我们每个知青都为准备娶媳妇的老乡买过不少类似东西——从三大件（自行车、缝纫机、手表）到衣料、毛线等等。媳妇娶过了，便生儿育女、繁衍祀绵、生生不息，康庄村一派生机盎然的景象。

今天，回头看当年康庄的丰收和工作，只能算是低水平的丰收——温饱而已；只能算是微不足道的工作成绩——比起大寨等典型差得远，更不要说和改革开放后的长三角、珠三角农村相比了。即便是看粮食单产，平均100多斤的亩产粮也很难和那时的高产地区相比。

康庄在新中国成立后，和全国农村一样，经历了土改、互助组、合作社、人民公社，实行了集体化的生产方式。中国农民在经历了100多年的战乱岁月后，不得不极其艰难地恢复元气。他们在共产党的领导下走上了一条从未走过的社会主义集体化的道路，他们很不熟悉这种生产、生活方式，在这条路上磕磕绊绊地走了 20 多年（1956—1982 年前后）。我就是在这个时期，参加到他们的行列，在繁重的劳动、贫穷的生活、最底层的社会地位中共同挣扎走了过来。切身的感受告诉了我，是谁在为新生的共和国大厦承担着最重的负荷。康庄人在那一年，给国家上缴几十万斤粮食后，实现了自己的温饱。

难忘的 1971 年！难忘的大丰收。

丰收了，有点钱了，我动了打井的念头。从我们来到康庄的第一天喝到第一口水时，就有这个念头。康庄的井水是咸的，而且略

1971 年的周玉佥。他当时将村里知青姓名编成了顺口溜：刘征刘燕杜长庚，大高个子赵杰兵，曹小慧、安红胜，戴眼镜的姜斯栋……"

带苦味。康庄人把村东百米的那口井称为"甜水井",可在我们看来也是苦咸水,只是略好于其他水井。

"什么时候能喝上淡水呀?"这个念头陪伴我快三年了。

于是,我从北京一回来,就向马锡栋、武文应提出了请县打井队来帮助打一口100米深的水井。我对他们说,在北京上中学时随我父亲下乡,看到北京郊区就靠打深井解决饮水问题,只要打到100米深,都有好水。他们都同意了。

很快,打井队进了村。我们照样好吃好喝地伺候着,专从库房调出800斤麦子,从油坊调出一榨胡麻油(60多斤),肉、蛋、蔬菜、烟、酒……总之是应有尽有。就像招待拖拉机师傅们一样。

开钻了。进度相当的快。没几天就打到100米左右。但不见有好水的迹象,只有一点点水。我们一时傻了眼,有点不知所措。再往下打吧?打井队能力有限,打不了多深还得停,而且费用更高,还可能没水。就此停下来,实在心有不甘。想来想去,没办法只好停下来。

三银鼠周玉金的段子立刻应运而生:"八百斤麦子一榨油,打了口井不够饮老牛。"还有个版本的后半句是:"打了口井不够饮一头牛。"

总之,这次打井失败了。我颇有些沮丧。苏国龙便安慰我说:"大将军常胜常败,惯骑马惯跌跤。"这也留下了40年后我再回康庄打井的伏笔。

"兄长"马锡栋: 康庄人物四

唯一不欠生产队钱的"四属户" /

回村"蹲点", 谨言慎行 / 多名知青入了党 /

主抓 12 斗渠工程 / 一年后的彻夜倾谈 /

身世 / 真朋友是交下的 /

十八担白母狗粪和两只半麻雀 /

写给我母亲的信 / 平女的故事 / 入党介绍人

　　康庄村在外当干部的人不多, 最重要的角色是在地委机关的武明山和在县革委会机关的马锡栋。他们都是从村里走出的农家子, 读过点书, 凭着个人的努力加上点运气, 成了国家干部。武明山很少回村, 原因是他的爱人也是国家干部, 同在地委机关。马锡栋的爱人是农户, 是从邻村北郭庄嫁过来的, 名字叫白锦莲。

　　马锡栋的家, 距离知识青年的院子很近。我们的东院墙外是自北向南出村的路, 路东是一户人家, 再往东并排 3 间北房就是马锡栋家了。马锡栋隔三差五地回家, 偶尔也来我们知青院串门、聊天。那时我们充满热情、干劲十足地想改变康庄面貌, 遇到他这个在县里当干部的"老乡", 自然想问的问题很多。但他始终很谨慎, 对村里复杂的宗族关系和人事关系从不多说, 对我们在村里的种种举动和打算,也不轻易发表评论。往往是饶有兴致地听我说了一通后,说上一句:"这个事不那么容易办吧。"让人搞不清他支持还是反对。

他大我 10 来岁。他的亲生父亲过世较早,随母亲改嫁到康庄后改姓马(兄、姐姓赵,在附近村)。我们到村时,马锡栋已有 3 个孩子,不久又生了第 4 个孩子,2 男 2 女。他那时工资也就 40 元左右,维持一家的生活也不易。

他在村里口碑极好。我印象最深的是,他是全村在外工作的人家当中唯一一户不欠生产队钱的"四属户"①。这在当时的山阴农村是罕见的。那时村里有十几户人家,家里有人在外当干部或当工人,因家属是农民,每年在村里分口粮、分瓜菜、分油分肉……这些家属往往挣不了多少工分,加上工分又不值钱,这些户每年都要欠队里不少钱。他们在村里地位很高,村里大小干部都要巴结,所以一般不找他们催要欠款。久而久之,有的户欠款越来越多,群众意见虽大,却没人敢说。马锡栋是唯一的例外,居然一分不欠!这着实是要极高的自觉性,极清廉的品德,对群众极负责任的精神。

马锡栋"文革"前是县计划委员会的普通干部,平素少言寡语并不活跃。可在"文革"初期的一次辩论中崭露头角,成了保守一派的骨干。他为人谨慎,和打砸抢一类劣行绝不沾边。是属于既没整过人,也没怎么挨过整的那种人。他既不欺负人,也不巴结人,我行我素地做人做事。我曾就康庄的事多次请教过他,他每次都很友好地和我谈话,却从不涉及人事和宗族矛盾。

一件偶然的事情,改变了他的生活轨迹,使我们走到了一起。

那是 1970 年夏天,县里召开了一次知识青年经验交流会。每个村去一个知青,交流如何接受贫下中农再教育、在广阔天地大有

---

① 四属户是干部、职工、教师、军人这四种人员在农村的家属,过去主要指干部、职工、教师、军人家属在农村(生产队)的农户。

知青镜头中的马锡栋。1971 年摄

作为的体会。县知青办安排我在会上发了个言，讲康庄知青怎样过
劳动关，怎样为贫下中农服务，怎样取得贫下中农信任，怎样当生产
队长，下一步怎样打算，等等。发言虽难免幼稚，却充满了热情，在
知青中引起了不小的反响。这是我第一次对着麦克风讲话。我依稀
记得当时会场的气氛，大家听得很专注、会场很静，结束时掌声的热
烈让我有点不知所措。当时台下除了有知青外，还有一些县里的干
部，我看到马锡栋也来了。

　　这次会后没过多久，马锡栋调到合盛堡公社当革委会副主任，
而且更让我们高兴的是，他回康庄"蹲点"了。这件事对康庄一千多
乡亲、对我们知青的命运有多大的影响，我当时还看不清楚，越到后
来我就越感到它的分量。

　　马锡栋是个谨言慎行或叫心计很深的人。他平常与我们知识
青年关系虽好，但又保持着一定距离。他把主要的精力放在做好大

队干部和各生产队长的工作上。他熟悉农业生产、熟悉村情、考虑问题有章法、思路清晰。他工作讲究方法，不轻易批评人，却很能说服人。他在干部群众中威信高，加上他的两袖清风，带动了全村的正气上升。

由于他的到来，我明显地感到大队的工作顺当多了，效率高了，扯皮少了，各队的积极性乃至乡亲们的出工率都在不断提高。我们知识青年的热情和干劲得到他很好的鼓励和支持。

马锡栋不是那种上来就和你称兄道弟交朋友的人。他并不轻易和人交心。他不轻易批评人，也不怎么夸奖人，更多的是在"观察人"。我就有这种被他"观察"的感觉。我那时想：他是公社领导，我是"黑帮子弟"，他不信任我、观察我是天经地义。日久见人心，随便他怎么观察去！

马锡栋对几乎所有的人都抱着与人为善的态度，包括对地主富农以及他们的子女。他从不欺负任何人。而且只要有能力，就帮助别人。他也不欠人情。他的小儿子出生后，因爱人没奶，遇到难处，问知青们谁有奶粉。碰巧方虹有，便全部拿来救急。马锡栋给钱，方虹不要。但马锡栋心里一直记着这件事。若干年后，山阴的养牛业发展成了气候，生产出高品质的奶粉，马锡栋专门买了一箱送给方虹，了却回报的心事。

马锡栋对知青们的关心爱护还体现在促进大队党支部吸收知识青年入党方面。这在当时的中国，对于知青们是极大的事。不少知青在康庄加入了中国共产党。我记得有姜斯栋、方虹、赵归、张小彭等。马锡栋还几次想促成我解决"组织问题"，只因我当时还是"黑帮子弟"而未能办到。

马锡栋回村后，短短的一年多，村里面貌大变了。我们当时谋划有几件"大事"要办。一件是要把电架进村，结束康庄不通电的历史；再一件是将桑干河灌区的干渠上的 12 斗渠向东北延伸，开挖一

2012 年回山阴，在武日云（左二）陪同下，到黄巍村西北 12 斗渠分水闸口看了看

条新渠，解决我村西北大、小西滩的两三千亩土地的灌溉；第三件是买一台东方红 75 型履带拖拉机，彻底解决深耕土地的问题。这三件事都抓得扎实，且大见成效。

这时我已经是康庄大队革委会副主任了。这和马锡栋的建议有关，而拍板批准的是公社书记马福。大队分工由我主抓拉电的事。马锡栋作为公社领导本可超脱，但他自告奋勇负责组织开挖新渠的事。

雁北十年九旱，土地贫瘠。流经山阴县的桑干河向北开了一条民生渠，可以浇灌城关（岱岳）公社、合盛堡公社的近十个村的几万亩土地。康庄的地从南往北逐渐爬高，出村北 8 里即是黄花垛。当年修的支渠只能灌溉村南的土地，据说村北地势高，水上不去。但马锡栋找来技术人员重新作了测量，表明民生渠的水过得来，只要向北挖不长一段，从村西北再往东挖一条"斗渠"，就能至少多浇2000 亩地。

挖渠的战斗打响了。马锡栋既是总指挥，又像是技术员，领着武文秀老汉几个乡间"土专家"，拿着皮尺和大木尺，测量画线。大家齐心协力，没多久渠道挖成了。1971年夏旱，康庄为浇地和上游几个村发生了抢水冲突。此时，如能浇上一水，一亩地少说也能增产50斤粮食，甚至增产100多斤。2000亩地，就是10万甚至20万斤粮食！马锡栋眼看辛辛苦苦挖出的渠道可能因上游截流断水而毫无用处，情急之下动员正在发烧的我带队去捍卫康庄的利益，把水"抢回来"。经过努力，最终康庄胜利地把水放到村里，浇了关键的一水，迎来了大丰收。

相处一年多后，我们渐渐成了朋友，是那种敞开襟怀、肝胆相照的真朋友。那一年，康庄获得了有史以来最大的丰收，整个村子沉浸在巨大的喜悦中。我们共同的奋斗见到了成效。一天晚上，我们俩几乎聊了一整夜。也就是这次，他向我讲了，他是听了我在县里会上的发言后，才下决心要求调到合盛堡公社工作。到合盛堡后又要求回康庄包点。

1971年冬，与回村蹲点的合盛堡公社革委会副主任马锡栋（中）、四队队长武文银（右）在康庄大队部院内

他说，多年以来，就想为康庄做点事，想改变康庄的落后面貌。但又深知康庄的情况复杂，自己一个人势单力薄，搞不好还会惹一身的麻烦。后来看到来了你们这些知识青年，有热情、吃得苦，奋不顾身地要改变康庄落后面貌，很受感动。听了你的报告，我想，康庄翻身有希望了。我又有些担心，担心你们这些娃娃年轻气盛、缺乏社会经验、不知深浅，应付不了康庄的复杂情况，搞不好跌个大跤，折了锐气，那就太可惜了。而我是本地人，情况熟，如果和你们一起来干，康庄就一定能好起来。就这样，我也回到了村里。

我问他："你为什么不早告诉我们这些想法？"他说："真朋友是交下的，不是说下的！我要看看你们说得不错，是不是做的也不错，看看你们是不是经得起摔打；你们也会观察我的为人做事。这样交下的朋友嘴上不说也靠得住。嘴巴甜，不一定是真朋友。"

这天晚上，他把自己从小就成了孤儿到如何读了点书，又被哪位领导看好，在乡里当了通讯员、当了乡秘书，后来怎么到了县机关的经历都和我讲了一遍，给我很大的震撼。我当时最大的感受就是，这才是真正的苦难磨炼出的人，比起我这样在优越条件下长大的干部子弟，承受风浪的强度大得多。可惜时间久了，记忆模糊了，今天怎么也想不起来那些令我感动的细节。但他关于"大跃进"时经历的几个小故事却还留在我的记忆中。

一件是，县里的"放卫星"的简报上登出一则消息，西安峪村（或兰家窑村）有一块山药（土豆）地亩产山药超过 20 万斤，收获时挖地 3 尺还有山药蛋子。之所以高产，是因为这块地施的是"白母狗粪"。于是人们就纷纷去拾"白母狗粪"，一个老汉一夜之间竟然拾了 18 担"白母狗粪"！

再一件是，那时县里天天要各公社打麻雀的数字。他正在公社当秘书，数字根本统计不清楚，每天都大起胆子海说胡吹，就这还总也比不上其他公社，总受批评挨骂。当时的一位公社副主任曹壁，看到他处境可怜,说这还不好办,下回来电话我替你说。果然曹有办法,接起电话后振振有词地说:"报告县委,合盛堡公社歼灭麻雀取得伟大胜利,全公社目前只剩2只半麻雀,很快也将被消灭。"听电话的人感觉不对:"怎么还有半只的麻雀?""报告县委,那半只麻雀是已经被捉住,打断了一只翅膀,不小心让它溜跑了……"这样才算过了关。

这两则小故事,当时把我逗得笑疼了肚子。后来我才逐渐认识到那场疯狂的"大跃进"造成几亿人民饿肚子的悲惨恶果。

马锡栋的一家人都极其勤劳节俭。马锡栋女人是村里少有的还下地劳动的干部家属。甚至马锡栋本人,回到家里也帮助干些家务活,主要是和泥抹房等需要男人的力气活。他的大女儿,小名叫"平女",给我的印象最深。

我属于在马锡栋家吃饭较多的少数几个人之一,每次都见到平女帮助妈妈拉风箱或拾掇碗筷,很少见她说话。她妈妈分好菜,待客人们的菜取走后,她总是第一个伸手——把最少的那份拿给自己。慢慢地我注意到,她的眼睛有残疾,右眼球的瞳孔蒙着一层白膜,完全丧失视力。锡栋告诉我是小时候受伤所致。我渐渐留意这个上小学的女孩子,几乎每次见到她时,她都是在劳动。尤其是每天放学后,急忙挎起筐子到地里割猪草,总要干到天擦黑才扛着满满一筐猪草匆匆回家。"穷人的孩子早当家",她这么小年纪就分担起养家的责任,令我颇有感慨。

马锡栋很疼平女,在县里和大同都找医生看过平女的眼睛,都说治不了。我1972年到北京上大学后,动员马锡栋带平女到北京来看眼睛。我总希望能治好她的眼睛。锡栋果然带着平女来了。那时我家里住房条件极差。我就向住房稍宽些的朋友借个住处。我们使尽办法联系同仁、协和的好大夫,看的结果依然是复明无望。但我仍不死心，劝他们父女不要急，再找其他医生试试。但马锡栋不愿再麻烦我，也没打招呼就买了回山阴的车票，径直去了火车站。我知道消息也从学校赶到车站，问他我做错了什么，惹他不辞而别。我母亲后来从平谷村里回来，也责怪我没有照顾好乡亲，她还为此给马锡栋写了封信批评我不懂事，并表示歉意。马锡栋为此给我母亲回了一封信，这封信我一直保存着。摘录如下：

葛姨：

您好，来信收到了。我这次去京很好，原来我想过，如果有机会一定和您坐会，可是到京后您不在，没有见上。见到了小彭的父母和晓武的妈妈……

您们总说我对杰兵、小彭、晓武有如何的帮助，其实不然，我这个人活动能力很差，帮人忙很少，要说对杰兵他们有帮助，也是互相的，在三年战斗中互帮、互学、互促、互相启发共同进步的。三年一起工作，经过三大斗争的实践，我们之间彼此了解，彼此信任，结下了真诚战斗友谊，我们同志之间离开了，但这种友谊是牢固的。

过去没给您写过信，这次去信我想把杰兵的情况说说，过去我当着他的面从未说过。杰兵这个人很有志气，三年多的农村生活，对他是有很大磨炼的。他身体不太好，工作多，劳动强度大，有时看见他真够呛时，人们劝他休息，他总是咬咬牙关又干下去了。有一次他跟车外出40多天拉石头，白天活重吃的赖，晚上盖没盖的，身体瘦得不像样了，他一直坚持始终，每个赶车人都佩服他那惊人的毅力。康庄大队三年来有所起色，他们这一伙，特别是杰兵起了相当大的作用，他走后群众说康庄的每块土地有他的脚印，每道渠有他挖下的锹痕，每根电杆有他滴下的汗滴，每家较困的农民有他从物质到精神给过的帮助和关怀。您有这样的孩子肯定是高兴的,我有这样的同志和战友是喜欢的。党支部曾对他进行过培养,后因家中的事,公社提意暂缓了下,这一缓他已离了康庄,所以这事也就办不了啦。不过我相信他会在新的环境里肯定能争取解决了的。

再说下我这次去京,杰兵、杰群照顾得很好,小女和杰群一块住了几天,杰兵杰群老远去看望怎能说他们"不懂事,照顾不周",您责怨他们没有给解决实际问题。这不是的,住、吃、上医院,一切都是杰兵安排的,怎能怪他们呢。我为什么提前走,是因孩子眼病基本好了,她又想家,家里又不放心,所以我才没等杰兵回来就动身……杰兵赶到车站对我要走他有些生气,我当时给他解释了,我想他会了解我的心情的。

至于我家的生活问题根本不困难,在农村是偏上的,杰兵他是知道,说我有不少困难,可能是他说错了,房是新的,粮食每年有余,家中花项不大,家里人们也较节俭,困难没有。如果没有大的天灾和疾病一般是不会出问题的。望您不必念此事。

再谈吧

向杰兵杰群问好

敬礼

马锡栋

72.9.12

这封信对我的夸赞是他想让我母亲宽心的做晚辈的安慰之词。但也可看出我们之间的关系。平女的眼睛没治好,她的故事还没完。她考上了县一中,靠着一只眼睛的视力努力学习,成绩不错。赶上粉碎"四人帮"后恢复了高考制度,1979 年她报考了大同医专,而且成绩超过了本科录取线。全家人正高兴时,突然传来不好的消息:

平女因右眼失明而体检不合格，录取不了。马锡栋急了，匆匆打电话到北京找我。真是老天有眼，"菩萨"保佑，我恰巧能找到显灵的"菩萨"。

那时党的十一届三中全会刚刚开过，一批"文化大革命"中被打倒的老干部重新回到领导岗位。我父亲也平反恢复工作，碰巧新分给父亲的宿舍就在同样恢复工作不久的国家教委主任蒋南翔的楼上。我几乎每天都可以见到他。我急忙把平女的情况向蒋南翔同志汇报，他认真地听了情况后说，除少数对身体条件有要求的专业外，对身体有残疾的考生应一视同仁，并让学生本人写个书面材料来。后来听说，他将平女的材料批给山西省教委，平女最终如愿以偿地上了大学，毕业后回到山阴县医院当了医生。

马锡栋对我说过："平女是我们家的功臣。"意思是说平女考上大学，给其他几个孩子树立了榜样。果然，二女、际平（大儿子）、二

2006 年在山阴，看望马锡栋夫人白锦莲（左二）。左一是锡栋的长女平女，左四是长子马一山（际平）

小(小儿子)后来也都考上了学校,成为县里仅有的几户"四(五)子登科"的家庭之一。这在一定程度上反映出家庭教育的水准和家长的正面影响力。

马锡栋对我的帮助还在于他能看到我的缺点不足并及时提醒我。

我还保留着一封我上大学后他于1972年6月2日写给我的信,很有针对性地提出要我"一定要戒骄戒躁,特别是注意'言多必失',造成不良影响"。他已经料定我会因此而吃苦头,我当时却正是因上了北大而得意忘形、夸夸其谈之时。没多久,果然吃了大亏。

1975年我大学毕业分到近代史所。我即向组织上提出调回山阴县工作。他听说后很高兴地鼓励欢迎我回山阴。1976年我调回山阴合盛堡公社当一般干部,马锡栋此时已是公社副书记,我们又共事了2年多,合作是愉快的。

这期间,对我们来说最大的事情就是他和另一位公社副主任姚有仁介绍我加入了中国共产党。本来马锡栋一直想早解决这个问题,在1976年我刚调回公社不久即着手此事,当时我父亲还被"软禁"在沁水县。这样做,对马锡栋有一定风险,但他仍于1976年12月,促进合盛堡公社党支部和党委通过接收我为中共党员并报县委审批。这期间因召开了党的十一大,通过了新的党章,恢复了新党员的预备期考察。这样,按新规定,我于1977年12月又履行手续成为预备党员,转正是1979年2月在雁北地委机关工作时。

我命运中的戏剧性变化是1978年年初,随着父亲重新走上领导岗位,雁北地委的领导不由分说就将我调到地委机关秘书处。一年后我又调回北京进了更大的机关。这期间,我与锡栋始终保持着联系。知道他调到靠近山区的甘庄公社当书记,而且干得很有成绩。再后来听说他调回县机关,好像在劳动局当局长。再后来,我调到湖南工作，联系渐渐少了，只是听说他又调到县煤管局（煤炭运销公司）当了头。

1985年黄梅从美国回来休假，我们一起去山西灵丘县为1984年不幸因车祸去世的母亲扫墓后，回了一趟康庄，见到了马锡栋、大娘、郭凡等乡亲们。和锡栋对改革开放以来的思想和现实交换了看法，我们都有不少担忧。

再后来，听说他搞煤炭运销承包赚了一些钱，加上子女工作后手头宽裕了，便开始打起麻将来。还有人说，他打麻将的"牌品"极好，一场下来不论输赢多少都立即兑现，从不拖欠。我曾想写封信问问，又一想，他什么不明白呀？果真如此，也是势异时迁，我劝又有什么用呢？遂即打消了写信的念头。

我和他最后的见面是1992年，我从湖南调回北京后，他来北京看病期间。

他患了癌症。几个孩子都来了。二小也长成大人，在北京的大学毕业后在部队工作，跑前跑后很能办事。锡栋还是那样平静自然，还是那样和过去一样不愿多麻烦人。看病、住院、做手术等我帮不上忙。主要是方虹等人张罗着联系医生等。我去看过他几次，他很平静达观地谈到生死，对孩子们都长大成人很感欣慰。我想说些安慰的话，可我最不善于说这种话，结果倒成了他宽慰我不要为他担心。

凭着顽强的毅力和豁达的心态，马锡栋与病魔抗争了十多年，于2003年中秋节前去世。

2006年，我、黄梅和张小彭回康庄，曾专门给他上过坟。他葬在从康庄去县城的路边的地里，在康庄到黄巍村之间。

这是我们多次走过的熟悉的路。

这是我们洒过汗水的熟悉的土地。

当我、黄梅、小彭和马一山（际平）在坟前伫立、鞠躬并献上花

2006 年回康庄,在马一山陪同下,与黄梅、张小彭给"兄长"锡栋上坟

的一刻,我的眼睛湿了。

你仿佛就在我面前,依然注视观察着我,并准备在我有困难时伸出你的手。

我的兄长!

"九品芝麻官"马福:康庄人物五

合盛堡公社书记 /
工作、划拳、下象棋都是好手 /
选拔了一批生龙活虎的大队干部 /
支持杜长庚办化工厂 / 领导兼诤友 /
"聪明显于外,不是养家之子" /
莫学崂山道士 / 人们没忘记他

马福,是我们当年插队时的公社党委书记。按道理,合盛堡公社书记不属于"康庄人物"范畴,但他在我们的插队生活中刻下了深深的印记,对我的影响尤其大,所以有了这篇文字。

尽管公社书记只能算是"九品芝麻官"(县官为七品,副县官算八品),是国家干部序列里最底层的官,但在普通农民眼中,公社书记是世间最"肥"的人了。民谚云:天上的飞机,地上的司机,公社的书记,下蛋的母鸡",说的是世间的四大"肥实"。

农村人民公社,是1958年产生并迅速覆盖全国的基层政权组织,其规模几经波动,后来形成了与现在的"乡、镇"大体差不多的样子。国家干部只配备到公社一级,公社成立党委。公社管理着大队——基本以自然村为单位成立大队,大队建立党支部。

我们插队的合盛堡公社管着 16 个大队：合盛堡、大虫堡、杨庄、来远、西双山、东双山、陈家岭、贺家堡、北郭庄、康庄、黄巍、高山疃、常辛村、河头、上小河、兴盛堡；其中 6 个大队有北京插队知青。

人民公社在我国存在了 25 年左右的时间。1958 年诞生时，与"总路线、大跃进"并称三面红旗，说它的特点是"一大二公"，是工农兵学商五位成一体，农林牧副渔全面发展，还伴随大办食堂运动。但很快遇到三年困难，又批评了它搞"一平二调"、"刮共产风"等错误，确定了"队为基础，三级所有"的新体制稳定了下来。再后来"文化大革命"中，公社管理委员会改成革命委员会，只是换了块牌子，实际中因为是党的一元化领导体制，所以公社书记在其管辖区内可以说是大权独揽，说话算数的。

马福虽然大权在握，却不见他趾高气昂、独断专行。他的特点是随和、度量大，很善于发挥别人的作用，工作上是把好手。他很务实，看不上那些脱离实际的花花点子，不跟风不逢迎。他读过些古书，经常语出惊人，让你捉摸不透。他酒量大且划得一手好拳。一次我们十几个人和他划拳，输一拳吃半个油糕，他硬是将我们全撑得几乎胀破肚皮，自己安然无恙。他是象棋好手，全公社除去黄巍村的北京知青张建成因曾受过专业高手指导研究棋谱能占他上风，其余皆是他的手下败将。

他熟悉各村的干部，也和知青们广交朋友。他善于知人用人，公社 16 个大队支书中，他选拔了一批生龙活虎的角色，如常新村的李宏贵、黄巍村的李国才、高山疃的崔凤林、东双山的马文忠、西双山的二喜万、北郭庄的白明堂、大虫堡的冯国仕等，这些敢作敢为的硬角色，把工作搞得生气勃勃。尤其是他敢在当时的政治气氛下用我当大队革委会副主任，显示出了不寻常的胆识。

他与康庄知青的交往中，值得一提的还有件事。1970 年至 1971 年间，在西双山村插队的潘燕林（女）与杜长庚等几个知青异

1971 年，在内蒙古插队的杜长青来康庄时，与哥哥杜长庚在合盛堡公社化工厂合影。烟囱底下横着的烟道的壁上，是杜长庚特意用美术字写的"谁说鸡毛不能上天"。马福在他们第一次试车失败后，就用的毛主席的这句话鼓励他们继续努力

想天开地凭一个化学方程式，设计了一个化学反应流程，宣称能用本地的芒硝为原料，生产纯碱和碳铵化肥。我帮杜长庚一起游说马福，他居然答应支持。于是杜长庚拉了几个人真的干起来，期间备历艰难。在几次试车失败、花了上万块钱、前景渺茫之时，杜长庚曾对我说准备面对失败了。马福此时的镇定和坚定起到起死回生的作用。碳酸氢铵终于生产出来，化工厂也终于建成。

马福于我，是领导也是朋友，而且是诤友。我做事锋芒毕露，他便冷不防来一句："聪明显于外，不是养家之子。"令我烦恼好几天，苦苦思索自己是不是爱出风头、有哗众取宠之杂念。

"业精于勤而荒于嬉，行成于思而毁于随"是韩愈的名句，也是他几次对我说的话。我知道他是有的放矢用古人来委婉地批评提醒我。

当我 1972 年收到北京大学的录取通知书时，他格外高兴，专门

赶来康庄为我送行。席间，我问他临别可有嘱咐。

他沉思片刻，问："读过聊斋吗？"

"读过。"

"卷一有篇崂山道士可还记得？"

"记得一二。"

"请君再读，我要说的尽在其中。"

我接着问："该篇说王生学道，吃不了崂山之苦，中途请辞，求道士略教小技。道士授予'穿墙术'。该人回家给妻演'穿墙'，竟不得过，碰得头起大包。我以为，不求虚妄之术、求道必得吃苦，乃此文讽喻之两意，马书记取何意？望明示。"

只见他眼一眯，悄声道："天机不可泄，唯君自悟！"说罢哈哈大笑，径自举杯饮酒。

上大学后，我们很少来往，只通过几封信。1975 年我大学毕业后分到近代史研究所工作了一年，1976 年我又调回合盛堡公社。此时马福已调回县城担任了县粮食局局长。我们偶尔碰面说上几句，话已不像当年投缘。听说他喝酒越来越厉害，情绪也越来越消沉，家庭内关系也差……总之，已完全不像我原来认识的那个马福了。

再后来，让他兴奋的事情似乎只有他那几个孩子。我记得在合盛堡时去他家曾见过满炕的孩子，4 男 2 女。恢复高考后，听说 4 个儿子都先后考上大学。我仅存的一封他的信，便是托我帮他即将毕业的孩子联系工作写的。那时我已调回北京，他为此还到过我家。

有关他的最后消息，是马锡栋 1984 年来信所述，他去世了，是自己选择的"上路"。后来陈禄凡（时任合盛堡公社秘书）告诉我，他发葬的那天，各方朋友、乡亲送的挽联、挽幛有 400 多幅。人们没忘记他。我非常悲哀。直到今天，我也想不明白，如此聪明豁达的人为什么这样结束生命。

他究竟怎么了?！

杜长庚同学：康庄人物六

理科拔尖生 / 右派家庭的困境 /
18元地震捐款 /
我成了"黑帮子弟"，同学们并没有歧视我 /
知青组长 / 县里仅有的没盖新房的知青点 /
康庄知青中第一个生产队副队长 /
精力充沛，多才多艺 /"谁说鸡毛不能上天"/
他一脸阳光地走来 /"洋插队"

有位知青作家说："人的记忆是天然筛，留下来并与你走到生命尽头的所有，才属于你。"

几次想写杜长庚，在键盘上敲了几个字后，就放下了。似乎怎么写也难写出心里的那份感受。这次下决心写，是因为我怕忘记——岁月和疾病渐渐吞噬着我的记忆力。我想留住那段记忆。

我第一次听到"杜长庚"这个名字是在初三年级的物理课上。物理老师刘豫昌（也是我们初三（4）班班主任），在谈到年级物理拔尖的学生时，第一个提到的名字是"三班的杜长庚"。我们班也有几个物理学得棒的同学，像马树谦、张眉。"难道这个杜长庚比他们还厉害?"这个念头在我脑子里一闪而过，让我记住了他的名字。

1964 年 9 月 1 日，长庚和我同坐在了四中高一年级一班的教室里。高一（1）班的学生由三部分组成：原四中初三（3）班、初三（4）班和外校考入的学生大约各占 1/3。虽说同班了，但那年我担任初中一年级一班的少先队辅导员，课余时间几乎都投入到初一（1）班，和自己班的同学接触反而少了。我是初三即将毕业时加入共青团的。那时，高一年级的团员较少，作为共青团员在同学中的地位很高。现在回想起来，高一时我对杜长庚几乎没多少印象。模模糊糊地记得他学习甚不用功，每大只要有机会就泡在操场上踢足球或打篮球，甚至一天能在早晨、中午、下午放学后这三段时间都"玩"进去。尽管他的球技总不见长进，连班队都进不了，但他的劲头一点不见减弱，还是抓紧一切时间"玩"。在学习成绩上也没显出他有什么特殊优势，只知道在解数理化难题方面他速度极快，常有独特的解题思路。

高二时，班里换了新的班主任，是语文老师张忠祥。我被调回班里，担任了团支部书记。那时的团支部书记是很累人的社会工作，要抓团支部的活动、抓新团员的发展、抓同学们的思想教育……各项工作都不能落后。当时的班长是姜斯栋，我们合作得挺好。和长庚有了一些接触，但来往不很多。我那时住校，每天全部时间都泡在学校。四中的高干子弟有相当数量。我们班的干部子弟比例相对其他班更高些。

干部子弟在学校较普遍的爱"扎堆儿"，相互来往多，而较少和出身一般的同学交往，某种优越感使许多同学对他们敬而远之。我们班的子弟们也有这种倾向。比如那时我们有五六个人将家里的小口径步枪、猎枪拿出来，星期日骑车到郊外打猎，参加的全是干部子弟。这行为在当时即便是高干子弟中也很罕见。梁凯民领头组织，大家个个枪法不错。最神的一次是在京郊的一个打谷场上，梁一枪

(猎枪散弹) 打死七只麻雀。事后很得意地说,格林童话中的小裁缝是一下打死七只苍蝇,我一枪打死七只麻雀。后来我们的活动被家长知道了。特别是我母亲严肃地对我说:"你们干部子弟干这种事,最脱离群众。如果伤了人更不得了。你不准再参加了。同时告诉他们几个也不要搞了。"于是,我退出了。不久这项活动也因子弹不足而结束。原因是提供子弹的大户——我的子弹来源被掐断了。母亲要求我多和一般家庭出身的同学接触,克服优越感和特殊化。我也意识到这一点,逐渐和高干子弟们拉开了距离,和其他同学增加了交往。

高二时,学校开展"社会主义教育运动",北京市委的工作组直接坐镇四中。我那时对干部子弟的特殊化进行了较深刻的反省,由于在班上当团支书,就更自觉地接触一般家庭的同学,并与干部子弟们渐渐疏远,了解到同学中很多过去没在意的情况。

比如,我去了一个同学家里,他家六七口人挤住一间不到 20 平米的平房,点一盏 15 瓦的灯泡,每天全家的买菜钱平均约两角钱。父亲一个人挣工资平均到每个家庭成员不足 8 元……我注意到杜长庚在学校吃饭和我们所有同学不同,他只买"机动粮"(馒头或窝头)却没有菜,而且是和他弟弟(四中初三学生)一起吃,就着从家里带来的一瓶炸酱当菜。那时学校的伙食很便宜,一个月全在学校包伙,除去周六晚餐和周日,全月只需交 8.40 元。他们连这样的菜钱都不肯花,只买一角钱大酱(黄酱)、几分钱虾皮或一角钱肉末儿,用油炸一下作为午餐的菜。每当我们中有人想尝尝他的炸酱时,他总是热情地请我们吃,而且一再说:"好吃着呢!"

和他接触多了,对他的情况越来越了解。知道了他父亲 1957 年被划成"右派",工资降了很多,母亲在街道厂做临时工,弟弟和他是他们那个小学几年中仅有的两名考入北京四中的学生,还有三个妹妹……家里人多生活困难。这些曾很强烈地触动了我。我还知道，他和弟弟攒钱想买零件自己做个半导体收音机，千方百计地攒到 20 元多一点。恰在此时，邢台大地震发生了。那是 1966 年 3 月 8 日。

全国人民动员起来支援邢台抗震救灾。杜长庚和他弟弟到邮局将他们攒的钱寄去邢台，支援灾区人民。我无意中发现了他们的汇款单据，记得是 18 元。他俩的"壮举"感动了我。我深知他们积攒这点钱多么不易。而他却对自己没有全部寄出而给自己留了几块钱感到不好意思，对我解释说他实在不愿放弃做半导体收音机，零件快凑齐了……我连忙说我理解，称赞他们兄弟不简单。

我在班上当团支书当得不成功。究其原因是当时的政治风气流行"破私立公"、"灭资兴无"，我对此特认真，见到谁有"私心杂念"就去批评帮助。结果渐渐不得人心，在同学中的威信和影响力越来越低。到后来"文化大革命"开始了，我父亲是最先受到冲击的"走资派"。班上改选了团支部，我不是书记了。这时已是 1966 年 6、7 月间，北京的红卫兵运动兴起初期。一些干部子弟得到一些小道消息，起来造反。我们班的干部子弟中曾经影响力较大的梁凯民和我家里都出了问题（他父亲梁必业中将，解放军总政治部副主任，牵扯到罗瑞卿案，已被免职），所以我们连加入红卫兵都没有资格。这在很大程度上使我们避免了犯错误，使我们与抄家、打人、游斗师长等劣行不沾边。高二（1）班同学在四中的"文化大革命"中没有风云人物，也没人欠什么账。这反映了高二（1）班同学的较好素质，也与梁、赵二人家长垮得早有关。我多次设想过，如果不是家长垮得早，在那个疯狂的年代，我们能把握好自己吗？

从干部子弟一下子变成"黑帮"子弟，这个落差摊在谁头上滋味都不好受。但是，我们从小培养树立的相信毛主席、相信党的信念，使我们对自己的未来依然有信心。党告诉我们：家庭出身不由己，个人道路可选择。很多革命前辈虽出身剥削阶级家庭，但背叛了家庭成为坚强的革命者。只要我抱定为人民奋斗终身的信念，定能得到党和人民的信任。所以我并不悲观。我不悲观的另一个重要原因，是同学们没有因我父亲被打倒而歧视打击我。

我的一些儿时的伙伴曾因家长被打倒而遭受歧视、打击甚至人身侮辱。有的被逼得精神出了毛病，还有的走了绝路。在这一点上，我感激高二（1）班的同学们，同学中没有一人对我有过激的言行。相反，有些同学更加接近、更"照顾"我了。杜长庚就是其中的一个。

那时我还住校，杜长庚则是常在学校上晚自习后再回家。我们除了一同做作业，聊天谈心外，有一件事我记得很清楚。1966 年的 6、7 月间，我肚脐的右侧长了两个大"疖子"，化脓了，疼得要命。到校医务室上过药，但没管用。他发现后，告诉我他有办法。他用手捏了捏疖子，说虽然有脓出来，但疖子没熟透，脓出不净，毒也出不净，有一种拔毒的膏药可以先把脓拔净，然后再上消炎药，就能好了。我赶忙拿出点钱托他买膏药。他果然买回几贴黑乎乎、硬邦邦的膏药。可是我们没有火烤软膏药。他四下看了一下，突然说："有办法了。"

只见他登上课桌将一贴膏药贴在灯泡上烤。教室的灯泡是 100 瓦的白炽灯，为的是上晚自习时有足够的亮度，学生的视力不受损害。他这招挺灵，膏药很快就烤软了。他打开膏药，对着我的疖子，啪的一下贴了上去。疼得我"啊——"地大叫起来。简直和上刑一样，100 瓦灯泡的温度足可以和烧红的烙铁相比。"没关系，忍着点，治病嘛。"他满不在乎地说。

这膏药的力量真大，果然拔出了许多脓，疖子周围硬的肿块也变软了。大约换了三四贴膏药，脓就没有了。他不放心，跑到医务室要了点消炎膏和棉签，对着疖子又挤又掏，说是要把"脓根"除掉。我咬牙忍痛随他摆弄……终于他说行了，涂了消炎膏，贴上纱布完了事。居然，就这样治好了我的疖子。

1966 年下半年到 1967 年上半年，我与长庚接触不多。那时我基本不参加四中的"文化大革命"，而是趁大串联的机会在全国各地跑。西北到过新疆的石河子、乌鲁木齐，东北到过大庆、哈尔滨、沈阳、大连，西南到过重庆，华中到过武汉（从重庆乘船经三峡）、兰考，华东到过上海、南京，华南到过广州……除了到西北是和同学刘家新同行、到兰考是和北京市委子弟的长征队同行，其他都是我自己跑单帮。那真是一段潇洒自在的日子，托毛主席发动的大串联，使我们这些中学生能不花钱地跑遍全国，去"经风雨、见世面"。

1967、68 年间，我患了肝炎，并好好坏坏、几度复发，只得请假休息治疗。学校我不怎么去，什么"复课闹革命"、"教学改革"我都没兴趣，也没参加。以养病之名行逍遥之实，待在家里读了不少书。隔十天半月地去趟学校，与长庚来往也少了许多。直到 1968 年 9、10 月间，我的转氨酶指标正常了，学校开始动员上山下乡插队时，我才又回到学校。

长庚和我都报名到山西省山阴县插队。我托他帮我也做个半导体收音机。他满口答应。没过几天他就拿出焊好的机身连上喇叭一试，灵敏度、声音都好。他不知从哪里找了几块塑料板，淡蓝色的，说是要做收音机盒子。第二天，他拿着做好的盒子给我看，我怀疑地问："结实吗？"他说："你看着！"随手就把刚做好的收音机盒抛向空中，"摔都摔不坏……"话音未落，只听"啪"的一声，盒子散了架，摔成几片。他愣了一下，不好意思地连声说："这胶不好，再来……"也不知他用的什么方法，最终把那几个塑料片粘住的。那是我的第一台半导体收音机。有一位精通无线电的朋友刚看到我的这款收音机时，颇嘲笑了一通。突然他看到一个旋钮，问我："这是什么？"我说："是微调。"他顿时称赞起来："就用一个铁片，靠旋钮控制它和喇叭磁铁的距离当微调，真够绝的！怎么想出来的?!"

1968 年 12 月 24 日，我们一同离开北京，来到山西省山阴县插队。到康庄的过程和有些事在其他篇幅中对长庚已记述了一些，这里再说一些印象深的事。

我们最初到康庄的 5 个人的家庭情况分别是：姜斯栋的父亲是长途电话局的工程师，母亲是家庭妇女，兄弟姐妹 5 人，他是老二；安红胜父母离异，父亲是右派，有一个弟弟、一个妹妹，他们和母亲过；陈安临父亲在商业部系统工作，是国家干部；杜长庚的父亲是某学院的副教授，因右派降级降职。我们推举长庚为知青小组的组长。当时村里并不知道长庚父亲是右派。我们到康庄初期，与大队干部打交道时，多由长庚出面。

第二批到村的 3 位女生，曹小惠的父亲已过世，母亲是中国人民大学的职员，兄弟姐妹 4 人，她是老大；姚文的父母都是知识分子，似乎在铁道部系统工作；方虹的父母离异，父亲蒙古族，是中国人民大学教授，而且是新中国成立前入党的地下党员，她和母亲过。

第三批到村的是：刘燕、刘征姐弟，好像也是父亲遭受打击后父母离异，他们和母亲过，家境最难，两人的行李是我们当中最少的。刘燕是女附中高二生，刘征是八中初中生。

第四批到村的是方虹的表弟南昌伟。

以上 11 人是康庄知青小组到 1970 年 4 月前的全部人员。以后有张小彭、赵归、郑晓武等人陆续转来。

插队初期，长庚在知青集体内发挥的作用最大。他待人热情、真诚、直率，乐于助人。谁有困难他都积极帮助。集体内的劳动他承担得较多，生活方面技能突出的表现是什么事他都能对付过去。比如他做的饭虽说不怎么可口，但绝对是速度最快的，叮铃哐当一会儿就做完了。他精力旺盛，身体好，总也闲不住，很快就和村里的一些青年成了朋友。我印象深的有七队的二白（武文才），一队的柱子（刘应中）等。他当知青组长，遇事有主意，但并不一意孤行，能听大家意见。

我印象最深的事情是他在处理是否为知青盖新房问题上，他采取了妥协的态度，同意了大队支书武文应的意见，买了旧房。康庄知青点可能是县里仅有的没盖新房的知青点。当时国家给每个知青拨发 200 元安家费，其中 80 元专项为建房费，还下达了木料指标。我们都希望能住新房。但支书武文应另有打算，他正筹划统一在村西场面旁盖八个队的饲养房，这在当时康庄的财力物力条件下几乎不可能，正好碰上知青的建房款和木料，他打起了主意。他首先说服了杜长庚。杜回来一说，大家炸了窝，一致反对。我当时肝炎复发在北京看病，接到来信我回信也表示不赞成买旧房。长庚看大家都不同意，便按大家意见回复了武文应。但他并没放弃自己意见，继续说服大家。

他从实用、合算、省时、省工、省力以及融洽与大队的关系等

1970 年春，与杜长庚在康庄知青宿舍前

方面反复说明买旧房优于盖新房，终于说服了我们。大队将我们住的当年土改没收地主的房作价算在知识青年名下，又改了门窗和土炕（换成床板），答应在院子西侧盖两间放东西的柴房。现在看来，这件事处理得很成功。最主要的是，节省了我们大量的精力，使我们能投入更多的时间精力到参加劳动、深入群众和自身的学习上，没在盖新房上花费更多的力气。盖新房是个很费力的事，院里新盖了两间柴房，光是抹泥墩一项活就把我们累得半死，而且最终也没完工——门只做了个框，再没安门；橼檩压栈都是杜长庚领头干的。

对此事最高兴的是武文应，他把我们的建房款和木料都用于盖新饲养房了，大大加快了进度。没多久两排崭新的饲养房靠着村西场院盖成了。八个队的大牲畜都迁进新居。这是件对康庄极好的事（从积肥、喂养、管理到改变村容等等方面都有很多好处），因为抽调各队的劳力较多，也引起不少非议。加上1969年的年成不太好，粮食打得不多，只有39万斤，三银鼠周玉金又编了个顺口溜段子，上来第一句就说的武文应盖饲养房："一把手丢纲盖了房，二把手看场喂了羊，八个队长八个王，就是不能多打粮……"所谓丢纲，就是没有"以粮为纲"；所谓盖房，就是说的饲养房。

几十年过去了，回头看此事，更觉得长庚此事处理得好。我们后来在康庄发挥更大的作用，也和此事有关。

我在其他篇幅中提到知青中第一个跟大车外出拉炭的是长庚。实际上第一个当生产队副队长的也是杜长庚。现在说起康庄知青当干部，往往先说赵杰兵。实际杜长庚当七队副队长比我要早一个月。只是后来他到公社去创建化工厂，没在队里干多久，所以大家对他当队长的事印象不深。

长庚的精力极其充沛，每天劳动之余他安排的事最多，读书，听音乐，画画，做智力题……他极少在扑克、围棋、象棋等"玩具"上消磨时间。他也不抽烟、喝酒。他把时间用在有意义的事情上。

他读书的效率极高，一部几百页的恩格斯的《反杜林论》，他几天就读完，而且能侃侃而谈地联系实际讲出许多道理。引得我生怕落后，也拿起这本书苦读了一番。他还读了恩格斯的《自然辩证法》等。毛主席著作他读得较熟的有《实践论》、《矛盾论》。自然科学方面的书他读得最多的是物理方面的，而且常常看到他在冥思苦想，企图破解一些号称是物理学的世界性难题如"统一场论"等。

他把他父亲当年买的一个手摇的唱机和一些唱片搬到村里。于是，在康庄知青的小屋里不时传出贝多芬、莫扎特、柴可夫斯基、舒伯特、李斯特、门德尔松等西方音乐大师的乐曲。这对我们多数人在音乐知识上都有启蒙作用。当"3 3 3 1 － 2 2 2 7 －"的《命运》的敲门声响起时，我们都被震撼了。还有男声合唱的《铁匠之歌》、《猎人合唱》，男高音独唱《我的太阳》、《重归苏连托》，这些原版唱片在当时算得上是稀世珍品。

我在下文写了他谱曲的属于康庄知青自己的歌《把青春献给人民》，以及他导演排练我们的合唱。如果没有他，我们的歌声不会那样绚丽多彩。

他还爱画画，居然无师自通地画油画。我见到他画的第一张油画是一张列宁的半身像，临摹一幅著名画家的作品。我这个外行看来觉得他画得比原作好得多，尤其是那双眼睛炯炯有神，简直活了。我还见过他给黄梅母亲画过一幅肖像，也很传神。我印象最深的是1971 年的一天，他要以我为模特，画一幅题为《新车倌》的油画。我被他摆弄了一阵子画了个头像素描，而后他又拿去了我一张照片。我以为他画不成，没想到几天后他拿出了一幅两张报纸大的油画。一个活生生的我手持长鞭迎面而立，背后是一挂马车和原野、天空，神气像极了。我们都大吃一惊。可惜这张画后来不知去向了。

黄梅看到这幅画，曾写了一首诗：

《写给康庄》
——看杜长庚画有感

嘿！扬起你的鞭子吧！
前进的歌声一路嘹亮。
好像挺拔的小白桦，
骄傲地披满春天的阳光。

年轻涂描着那丰润的脸庞，
稚气挂在微微张开的唇上；
明澈的双眼闪出星光万点，
炯炯中满凝着决心和希望。

这儿是老茧布满的手掌，
这儿是热血沸腾的胸膛；
赤脚和着风雨踏过每一家的堂和院，
汗水饱含辛劳洒遍了玉米高粱。

有劈面的叫骂吵嚷，
有不寐的长夜寒凉……
而如今啊，看！
新拉的电线当村过，
挤不下的庄稼堆满场！

前去的路啊，总要翻山过岗，

新生的树啊，总要遇雪逢霜。

但严冬里，依然跃动着火热的生命，

在坎坷中也永远望着前方。

黄梅与杜长庚相识是由于她被抽调参加公社化工厂的创建工作，杜长庚当时是"项目负责人"。

说到合盛堡公社的化工厂（化肥厂、盐化厂），尽管杜长庚称"它不是一个成功的案例"，但在我心里始终是一个传奇。

合盛堡村一带多盐碱地，当地有熬土盐、捞芒硝的传统。几个北京知青，凭着几个化学方程式，就利用合盛堡的盐碱资源生产纯碱和小苏打，真有点像天方夜谭。记得 1970 年下半年，长庚就对我鼓吹此事，希望我这个刚刚上任的大队革委会副主任支持他在康庄

1971 年，杜长庚、杜长青兄弟与童华南在合盛堡公社化工厂

搞。我吓了一跳，康庄当时没电、没钱，我这个才当几天的副主任说话还算不得数。加上我中学的化学学得最差，他说的那些方程式、流程听得我云山雾罩地找不着北。我就一个劲推说村里没条件。他急了，同我吵起来，责怪我不相信科学、不相信同志。我说我全力支持你，康庄搞不了，咱们建议马福在公社搞。

经过一番游说，马福居然同意了！凑了一万多元钱，抽调了西双山村潘燕林（女，最先提出此方案者）、黄岐，常辛村魏新华（女）、康庄杜长庚，合盛堡巩家鼎5位知青，加上合盛堡村盐场的王××组成了最初的筹建队伍开始干起来。

我在村里忙得不可开交，很少去公社，对他们的事进展情况不了解。断断续续听说一些信息，如小规模试验成果不错，经费太少买不起设备……后来听说外村的知青先后退出厂……总之，好消息不多。

一天，突然接到长庚从县里打来的电话，告诉我他们的反应塔在县机械厂做好了，希望我明天去看他们试压，还有事同我商量。他语气兴奋而恳切。第二天一早，我赶到县机械厂，看到他在院子地上的一个长铁桶样的东西旁正忙着。他看到我来了很高兴，说马上试压。

空气压缩机开动了，我有点紧张地注视着压力表，指针略有抖动，却没有离开"1"的位置。5分钟过去了……又一个5分钟……再一个10分钟……指针始终停在1个大气压处。"停！"长庚铁青着脸挤出一个字，然后喃喃自语："看来密封不好，还得再想办法……"

我最不会说安慰人的话，所以干脆不说。我端详着地上平躺的"长铁桶"般的怪物，问长庚："这个家伙哪儿搞来的？"长庚尴尬地说："咱们没钱做正规的反应塔，我就在县里四处'踅摸'（方言：东看西看），找了4个旧锅炉，把它们焊起来，做成了反应塔。"我听得目瞪口呆，"你说有事同我商量，什么事？""想请你派大车来运反应塔。不付运费，省点钱。""这么大的家伙，大车拉得了吗？""你只管派车来，怎么拉我想办法。不过，今天试压失败了，看来要等几天。"

又过了几天接到长庚的电话，称反应塔已做好，可以拉了。我便派出大车去县机械厂找杜长庚。我不清楚他又用了什么奇招把那个撒气漏风的反应塔修补好，也不清楚康庄的大车是怎样拉的。我再见到那个怪物，已是在合盛堡化工厂的厂房里站立着的了。那座厂房，曾是 1958 年大跃进时合盛堡公社办的工厂解散后留下的闲置房。因反应塔比厂房高，杜长庚只得把房顶戳个窟窿，把反应塔的头伸出了房顶，真是怪上加怪。我每次去公社路过，看到化工厂这个怪样子都忍不住笑，我知道，他还会继续想出怪招来的。

正式的试车开始前一天，长庚又通知我去。我告诉他，白天我已有安排，去不了，晚上一定去。第二天晚饭后，我骑车赶到了化工厂，厂里静的邪乎，只有几间房子有灯亮着。我推开他的房门，只见他趴在桌上的头慢慢抬起来，看到是我，显然已经哭过的双眼又涌出了眼泪……我不知所措地站在那里，问他怎么了。此前我还没见过他掉眼泪。他告诉我，试车失败了，出来一堆黄色的糊糊样的东西，一化验，与他想要的结果相去甚远，他感到很痛心……插队期间我见到他的自责最厉害的就是这次。我说，失败是成功之母，再来嘛。他说，一会儿公社领导还要来组织我们开个会，商量下一步怎么办……正说着，公社副主任曹壁到了。

那天晚上的会我参加了，人很少，就几个人。马福有事没来，但他让曹壁转达他的话，告诉娃们不要灰心，要想办法克服困难，公社支持你们继续干下去，他还说了一句毛主席说过的话："谁说鸡毛不能上天？"来鼓励大家继续敢想敢干，还说了经费上也继续支持。曹壁接着说，世界上的事情哪有一次就干成的？！农药 666 粉就是经过 666 次试验才成功的，你们才失败 1 次，不算什么。接着他提了几条建议，核心是要走出去，请教专家，看看有没有用同样的方法生产的厂子，如有，一定去取经……我注视着这个瘦小精壮的农村汉子不紧不慢地说话的样子，佩服得不得了。心想他们一定经历过不少的坎坷，才能这样从容坚强地面对失败。

那天晚上的会开得不长。会议结束时，我感到杜长庚已重新缓过来了，又恢复了往日的生机。此后，我听说他回北京，到图书馆查过资料，到化工部访问过专家，后来到大连一个用近似方法生产的厂子实地参观考察过（还抽空到海边画了几张油画写生）。当我们再见面时，他告诉我，问题清楚了，下次试车一定成功。

果然，试车成功了！他将"谁说鸡毛不能上天"用大大的美术字体写在了工厂烟囱旁，并且，和来探望他的弟弟以此为背景照了张相。此时化工厂又吸收了两位知青：黄梅（合盛堡村）、童华南（大虫堡村）。

这个化工厂后来成了县办国营企业，但知青们都先后离去。那时大学恢复招生对知青的吸引力很大。县里提出，如长庚留在化工厂当正式工，必须承诺三年不得上大学。长庚没同意，遂离开了化工厂。

1976 年，我调回合盛堡公社工作，曾又专门到化工厂看了看。此时的厂名已改称"山阴县盐化厂"，厂领导告诉我说，他们生产的纯碱质量很好，已被列入雁北地区计划委员会的生产和分配的计划名录。

再后来，改革开放后，听说这个企业也同大多数县办国营企业的命运一样，消失了。

插队初期，知青之间有种共命运的感情，这种感情甚至扩展到他们的家人。姜斯栋的母亲对我们照顾极多，新街口南大街的姜家常成为我们在京时的落脚处和蹭饭处。我们不知给老人家添了多少麻烦。同样，地处东城胡同的杜家有时简直就像康庄在北京的据点，虽然只有一间半小屋，却人来人往、川流不息，常挤得满满的。大家的兄弟姐妹间也相互往来，成了朋友。我妹妹洁群和长庚的三妹杜健的友谊一直延续到今天。

我回京次数不多，去杜家也不很多，但对那里留下了美好的回忆，其中印象最深的是长庚的父母。那是两位令我肃然起敬的老人，他们无辜蒙受冤屈，在逆境中顽强地撑起家庭，保持做人的尊严，尽到养育子女的责任。同两位老人的接触，使我明白了，长庚兄弟姐妹们为什么能在遭受打击的家庭命运中保持那颗纯洁、诚挚的心，那是父母金子般的心的传承。我知道了，孩子们的眼睛那样澄澈、明亮，那是父母从小给予了他们诚实、正直的生长环境。这才是他们人品的真正价值，是最难能可贵的。这也引起我思考：这样善良、正直的人家为什么会遭到如此伤害呢？这个问题当时曾长时间都困扰着我，想不明白，又挥之不去。

和长庚分手是在 1972 年 5 月我上大学离开康庄。我被推荐上大学的过程和心态后文中有叙述，觉得自己原来调子唱得最高，现在却"溜"得最快，像个"逃兵"，对不住大家。

记得当我怀揣北大的录取通知书到达北京站看到杜长庚来接我时（他正巧有事在京），我的心情一下子坏到极点，觉得特别不好意思见他。他是我们当中在自然科学方面天分最高的，按理最应该上大学的是他！他一脸阳光地走来，由衷地祝贺我，好像上大学的是他本人！而我则像一个犯了错误的失败者，阴沉着脸一言不发。搞得他一再问我是不是病了，为什么情绪如此低落等等。我无言以对。此后，我们的交往渐渐少了许多。

杜长庚后来的经历，我仅知道大概。他后来到大同一所中学当了老师。最让我高兴的是，他赶上了粉碎"四人帮"后恢复高考的机会，与曹小惠双双考入大学。后来他们先后赴美国"洋插队"，现定居美国。

2001 年春,与杜长庚在美国纽约相见

　　从 1964 年 9 月到 1972 年 5 月共 7 年又 8 个月的时光里,我们先"同窗"后"同插",相互帮助、相互扶持着走过了难忘的青春岁月。我们个性都很强,争执起来互不相让,但事后心里不存芥蒂。我们是挚友、是诤友,情同手足、肝胆相照。我至今保存着他在插队期间写给我的十一封信,其中有内心的袒露、尖锐的批评,有指点江山、纵论天下大事……让我感受到最真挚的友谊。他是我的同学中梦想最多、在自然科学方面天资最高、最有创造力、同时也是思想最单纯的一个。我毫不怀疑,如果他能按部就班地考大学而不是遭遇"文化大革命"又下乡插队,他将会在自然科学方面有大的成就。我一直惋惜命运为什么不给他好一点的机会,让他能把自己的创造力发挥出来,为社会、为人民做出大的成绩。

　　今天的中国,比 40 多年前我们插队时大不相同了。我常常回想中华人民共和国走过的路程，想我们党执政过程中的经验教训。我们不应伤害像杜长庚家这样正直、勤劳、善良的人。我总想对他们表示歉意，可这不是我能道歉的事。我希望今后的中国，不再重犯过去的错误，让所有忠诚地为中华民族劳动的公民都发挥出他们的聪明才智，成就他们的事业，生活得幸福安康。

"堡垒户"^① 人家

"你这是到家了呀!" / 二面馒头 /
在任何情况下都要"坚定地相信党组织、相信群众" /
救命之恩 / 有传承力的道义之交

  我到山阴插队的最初一年半,和县领导没任何接触。1970 年 7、8 月间,公社任命我当了康庄大队革委会副主任。县武装部的某领导曾在一次会上点名责问公社书记马福,"用一个旧北京市委黑帮分子的孩子当大队革委会副主任,屁股坐到哪里去了?"我因此惴惴不安地等候撤销我的职务,但居然没有下文。"难道县里也有人同情帮助我,才不了了之?"我似乎隐约感到些什么。

  在我为村里拉电跑项目、找关系买电线杆的过程中,曾向母亲了解他们当年在雁北根据地抗战的老关系。我父母抗战期间曾在晋察冀根据地的雁北地委工作过五六年。父亲曾担任过灵丘县、应县的县委书记,地委宣传部长。母亲担任过地委妇救会主任。母亲此时已经恢复了党的组织关系,也就是说已摘掉"黑帮"帽子。她给

---

  ① "百度百科"名词解释:"堡垒户",是在抗日战争时期斗争环境极端残酷的情况下,觉悟群众舍身忘死、隐藏保护共产党干部和人民子弟兵的住房关系户,是保护和积蓄抗战力量的基地。

当年在雁北的一些老同志写了信,介绍我认识。有位老同志告诉我,刚调任山阴县委副书记的李殿元是灵丘人,是抗日根据地的老同志。并且告诉我,李书记原是朔县师范学校党委书记,"文革"初期也被当作走资派打倒,才"解放"不久被安排到山阴。

不久在县里的一次知青会上,碰巧见到了李书记。我刚刚自我介绍是康庄知青赵杰兵,他就说知道我的一些情况。想不到的是,会后他留下我到他办公室继续谈。更想不到谈了没几句,他竟然带我去了他家。自"文化大革命"初期父亲被打倒抓走后,一些熟人、朋友见到我们唯恐避之不及。当时流行的一个词叫"众叛亲离",遭白眼、受冷遇,对我们已是家常便饭。即便是在过去父母战斗过的雁北,有的与父母很熟的人也不愿意沾我的边。李殿元书记的这个举动令我感动得有点不知所措。

李书记的家就在县委院子东北角的三间平房里,和当时农民的房子格局相同,只是比一般的民房高大些,炕是盘在靠北墙一侧,而不是像村民那样盘在南面的窗户下。里外间屋子都收拾得干干净净。当时已是中午,李书记的爱人刘建英刚下班回家,正在张罗准备中饭。李书记一边介绍我一边嘱咐中饭加一个人。我一下子局促起来,想推辞离开。被刘阿姨热情地拦住了。她的一句"你这是到家了呀!我们吃啥你吃啥。不要客气",说得我心里热乎乎的。

接下来的话更让我惊讶。原来抗战时期我母亲葛纯在雁北地委当妇救会主任时,曾住在灵丘县南山的谢子坪村的刘建英家。刘阿姨当时十来岁。她还记得住在她家的女干部葛纯的头发"黄黄"的,边区搞大生产运动,葛纯喂养了几只鸡,常因外出工作顾不过来而让她母亲代养。她母亲刘仙鹤是晋察冀边区著名的劳动模范。我这才明白李书记请我到家里来的原因,一种"到家"感觉让我感到前所未有的温暖。抗战时期晋察冀根据地的共产党干部把他们居住的老乡家称为"堡垒户"。这个词形象地说明了那些农民家庭像"堡垒"

一样庇护着我们的军队和干部。想不到,二十多年后我竟然走进了母亲当年的"堡垒户"家。

李书记家的饭很简单。从食堂打回的"二面馒头"(白面和玉米面混合一起蒸出的馒头)和标准的雁北"大烩菜"(通常是土豆、白菜、豆腐,有时加粉条、肉),自己家再煮一锅小米稀饭,从缸里捞点自己腌好的烂腌菜,地上放个小炕桌,一家人(几个上学的孩子回家吃中饭)围在一起,片刻就吃完各干各的去了。那时全国的城镇人口都实行定量的粮票制度,每人一月 30 斤左右的定量,而且细粮和粗粮的比例也定死了。雁北地区细粮(主要是白面)产量低所以细粮比例低,只有 20% 的白面(北京的细粮比例为 80%,其中还有 20% 大米)。由此才有了"二面馒头"。更多的时候要吃玉米窝窝。李书记尽管是"县太爷",家里照样得按比例吃粗粮。我和后来其他知青伙伴多次到来,个个都很能吃而且白吃白喝,给他们家增添了多少麻烦可想而知。

刘阿姨总是把细粮先紧着我们吃,说我们在村里苦。记得一次我去时碰巧食堂吃肉包子,这是用纯面票买的。可能当时手头的面票不多了,买回的包子不够每人一份,刘阿姨不由分说将一个大包子递给我,她自己、李书记和大儿子春林吃二面馒头。令我非常不好意思。

再后来,我们村的知青中有不少和李书记一家越来越熟。到县城办事都愿意在李书记家落个脚。李书记只要有空,就和我们聊聊工作和思想情况,然后说些鼓励的话。我们有时遇到了困难也找李书记帮忙。他认为能办的就支持帮助我们疏通些关系,认为属于不合理的过分要求则从不迁就,并且批评教育我们不要搞特殊。在我的印象中,他从未给我们批过钱和化肥等紧缺物资。他对我们要求很严,特别是对我要求更严。他多次嘱咐我,不要因父亲受冲击而灰心,在任何情况下都要"坚定地相信党组织、相信群众",要努力工作,以实际行动取得组织和群众的信任。张小彭、赵归、郑晓武、杨颐明、姚堃等人都多次地打扰过李书记一家,受到过李书记的照顾和帮助。

1972年早春的一个傍晚,我和赵归一同去大同办事回到县城,下火车后到李书记家去取寄存的自行车,正要连夜赶回村。刘阿姨坚决地把我拦住了。当时我有点感冒的症状,有点发烧,头上冒着虚汗,腿也发虚,走路打晃。但我并不在意,打算像往常在村里一样,对这种头疼脑热的小病扛扛就过去了。

我和赵归推车正往外走,刘阿姨看到我的样子,伸手一摸我的额头,说:"你烧得不轻,怎么可以再黑灯瞎火地骑20里的车子。今天不能走了。"我说村里好多事还等着我,这点病不算什么。但刘阿姨坚决地说,赵归先回去,你今晚必须留下。我这就给你测体温、找药……边说边张罗着给我试体温表、拿药、找被子,并让大儿子春林带我到李书记办公的屋子去睡觉(因家里睡不下,办公室也有炕)。一试体温,果然超过了38度。我只得听刘阿姨的话,吃了点感冒药,和春林一起到李书记办公室的炕上睡了。

没想到,我翻来覆去地睡不着,而且越睡越热,汗流浃背地把枕头和被褥都弄湿了。我以为是炕烧得太热,可是看看睡在身旁的春林并不像我这样出汗。我知道情况不妙,头发晕甚至疼起来。春林也有点紧张,一试表,竟然超过40度。他急忙跑回家叫来他父母,并张罗着把我往医院送。这时已经是深夜1点了。

医院值夜班的是一位操着南方口音的年轻男医生,他熟练地给我检查,抽血化验,开药输液……很快他的诊断结论出来了,竟然是副伤寒!李书记夫妇和春林把我送到了住院病房才离去。刘阿姨临走松了口气说:"幸亏把你留下来了!好好听医生的话,可不能马虎。"

就这样,我在县医院的病房住了十几天。这期间,张小彭一直

2006 年，与黄梅、张小彭（左一）看望住在大同市雁北行署大院的李殿元（左三）、刘建英（左二）夫妇。照片是黄梅拍的

在身边陪床照顾。刘阿姨常来看我。那位男医生叫肖梦生，广东人，好像是某南方医学院校的毕业生，分配到山阴县医院作医生。他的医术和为人品德都很好，病人们说起他都称赞不已。那时候，山阴县医院像他这样正规院校毕业的医生并不多。由于他诊断正确，处置及时，我恢复得很快，而且没留下什么后遗症。

后来我母亲知道了，说李殿元、刘建英一家人对我有"救命之恩"：如果不是刘阿姨坚决拦住我，我很可能就倒在回村的路上，即便勉强回了村，发起高烧，村里的赤脚医生再诊断不清，乱用药，最后不行再往县里送……结果肯定凶多吉少。幸运的是，恰在此时，我遇到了李殿元一家。而且，他们和我之间，似有一种冥冥天意般的历史渊源的纽带，延续在两代人之中。

1979 年我调回北京前，曾专门去了一趟灵丘县南山老区，到了下关和当年晋察冀边区雁北地委的驻地岗河村。这是一个近 500 人的山村,1978 年产粮 30 万斤,一个工 0.55 元。比康庄差一些。年纪大些的乡亲们都记得当年在这里领导抗战的父母亲及他们的战友,热情地向我说着那些三十多年前的往事并问询父母亲现在的情况,就像在谈起多年不见的亲人。

人与人的交往,有利害关系与道义关系的区别。共产党人之间在长期的战斗历史中形成的彼此关系,是有传承力的道义之交。它看似无形,实则有力。母亲当年老房东的后人与我虽人已隔代、素无往来,却一旦相遇便极易认同,甚至情同手足。李书记一家给我的就是这种虽非亲人却胜似亲人的感觉。

认识农民与认识自己

我们这些最先插队的"老三届"中学生（1966 年"文化大革命"开始时的初中一年级到高中三年级的中学生，基本上出生于 1947 年至 1952 年之间），大体上和新中国同龄。持续十年的"文化大革命"，是动荡不安的十年，是我们度过青春岁月、长大成人的十年。

我们在毛泽东思想的哺育下成长，唱着"我们是共产主义接班人"，戴着象征国旗一角的红领巾，敬着表示"人民的利益高于一切"的队礼。"理想、祖国、人民"这些观念从小就深深刻入了我们的心灵。上中学时赶上了"文化大革命"，我们的思想骤然活跃起来、开始复杂起来。我们的思想很不成熟，对农村、对农民，了解认识得很肤浅。我们迈出校门的第一步，就踏在农村的土地上。对大多数人来说，思想准备不足。但大形势裹挟着我们，只能硬着头皮去经历人生的磨炼。

我们来到康庄，艰苦的劳动和生活磨炼人，更折磨我们的是思想问题：怎样"接受贫下中农再教育"？在农村的路究竟怎么走？

记不清是哪位同学在县知青办召开的座谈会上，将毛主席的两段语录摆在一起："严重的问题是教育农民"，"知识青年到农村去，接受贫下中农再教育，很有必要"，请教大家如何理解贯彻？问题一提出，立刻引起热议，大家各抒己见，有不少争论，但没有统一的认识，究竟是教育农民的问题严重，还是知青接受再教育的问题重要？而且，谁教育谁呢？大家依然是一脑子糨糊，搞不清楚。

我们村的同学们没有卷入争论，没有把精力放在研究比较两段语录的含义和差别上，而是直接思考回答所面对的实际问题：

一、怎样认识农民？

二、怎样认识我们自己？

三、我们应当怎样做？怎样改造主观世界，怎样改造客观世界。

由于我们村 11 名知青被分到八个生产队，每个队只有一两位同学，所以我们一下子就淹没在农民中，整天大部分时间都和农民混在一起。我们当时有个念头强烈而清晰：首先要做一个合格的农民，要和农民打成一片，才可能真正地了解认识农民。为此，我们积极参加到他们生活的各个方面中——从生产劳动、政治运动（活动、学习）到文艺宣传活动，等等。

做合格的农民，首先必须过好劳动关（前文已述）。

我们积极参加村里的各种活动。记得我有生以来第一次涂脂抹粉地化妆登台唱戏，就是在康庄村"大庙"的舞台上，唱的是现学的山西梆子中的北路高腔，演的角色是一个小剧中的武装部干部——好像还是男主角！记得杜长庚、曹小惠他们也都涂脂抹粉地化妆登台唱过北路梆子、样板戏或是歌曲什么的。我们还是普及样板戏的教员，在田间地头休息时，常能听到我们在教乡亲们唱李玉和、李铁梅、阿庆嫂……杜长庚唱起胡传魁的"想当初，老子的队伍才开张……"最受一帮后生们欢迎，那浑厚、粗犷的声音至今还留在他们的记忆中。

我们和乡亲们广交朋友，我带去的那辆自行车很快成了年轻人争夺的主要目标。那时全村仅有两辆自行车，藏在家中外人难得见到。能买起车，是这两家有人在外工作挣钱。成了朋友后，第一个向我提出教他学骑自行车的是郭凡。很快，郭凡便能得意地骑着我那辆天津产的绿色飞鸽牌自行车满村转了。这下子不得了，丰深义、郭礼、刘虎（张万银）、张全、二海（田富贵）……纷纷效法，我的车子在他们的摧残下，很快，车铃没了、护链板没了、车后架没了、挡泥板没了，最后连刹车的闸也全没了，成了"光头车"——只剩两个轮子、一副脚蹬子、一根链条、一个车把、一个三角大梁和一个车座。遇到须刹车时，就用一只脚底板踹住前轮或后轮，比手捏车闸还灵。我精心维护这几个残存的关键部件，保证了它的高效正常运转。估计有几十甚至上百个康庄人骑过我这辆车，包括九队"儿童团"的武文清等可能也是用它学会骑车的。

我们和村里乡亲们越来越熟，几乎每个人都交了几个朋友。渐渐地，我们对农民的认识体会更真切了。

首先，农民具有极强的承受苦难的忍耐力。毛主席说的"中华民族以刻苦耐劳著称于世"，应是缘于对农民的认识。

第二，农民社会地位低下，生活水平低下。他们是处于社会最底层的"受苦人"。三大差别中的"工农"、"城乡"、"体脑"，他们都处在底端。他们强烈要求改变现状。尤其是农村青年，一旦出现当兵、招工、上大学的机会，都不惜一切地激烈竞争。

第三，大有人才，藏龙卧虎；智商不输于我们，只是受教育程度低限制了他们的发展。

第四，善良、淳朴，讲实际利益，伴随的是小农意识、目光短浅。

1971 年秋，和五个队长在场上。左起：赵杰兵、丰岐、武殿贵、郭吉、丰实、姜斯栋

第五，散漫、狭隘、没文化、不文明、不卫生……

第六，归根到底，是农民种粮食，养育了中华民族。他们甚至自己吃不饱，却还在上缴粮食给国家养活城里人。

对农民父老乡亲、兄弟姐妹更全面、更深刻的理解，是从学习毛主席的论述中得来的。我们几乎把能找到的毛主席论农民的语录都摘抄出来。如：

> 中国的革命实质上是农民革命。
>
> 新民主主义的政治，实质上就是授权给农民。
>
> 中国有百分之八十的人口是农民，这是小学生的常识。因此农民问题，就成了中国革命的基本问题，农民的力量，是中国革命的主要力量。
>
> 没有贫农，便没有革命。若否认他们，便是否认革命。若打击他们，便是打击革命。
>
> ……

我们从读得很熟的《湖南农民运动考察报告》中感受到广大贫苦农民排山倒海的巨大力量。

我们从中国新民主主义革命走的是农村包围城市的道路，靠的是以贫苦农民为主体的人民军队打下了共和国的江山，懂得了是他们的浴血奋斗才让中华民族抬起了头。

他们是开创新中国建设事业的主力军。新中国成立初期的艰难岁月里，是他们承受最重的负担，才能有共和国工业骨架最初阶段的原始积累（这不只表现在工农业产品价格"剪刀差"一个问题上）。西方国家就一直在说：社会主义国家的工业化是靠"剥夺农民"来实现的。

如何认识农民的私有观念，杜长庚1969年12月在一封信中写道：

> 人们的社会存在，决定人们的思想。而代表先进阶级的正确思想，一旦被群众掌握，就会变成改造社会、改造世界的物质力量。
>
> ——毛泽东

> 可是，这些阶级是由于什么而产生和存在的呢？是由于当时存在的物质的，纯粹可以感觉得到的条件，即各该时代社会借以生产和交换必要生活资料的那些条件。
>
> ——恩格斯《卡尔·马克思》

> 用人的社会存在去解释人的意识，或说人的社会存在决定着人的思想这是唯物主义的原理。在农村这点时间里我是小有体会的。
>
> ……
>
> 农村中农民的思想意识应怎样来认识呢？
>
> 人们是怎样从事生产活动和物质生活的呢？他们是人民

公社的社员,参加集体劳动是他们的活动,除此之外还有什么呢? 还搞个体生产。(打柴、猪、兔、鸡、蒿子、羊、草、肥、蓆子……)还有呢? 小学生上学、婚姻……文化生活等等。我看还是着重看他们的生产活动吧,因为集体生产和个体生产这个活动是那样的对人们的自下而上起着作用。那再细微的过程是怎样的呢? 我看具体问题具体分析,各地,各时都应有自己的状况。康庄呢? 我仔细调查了一下,近几年康庄个体生产总值达二万五到三万元,而且不算自留地。(鸡蛋可达5千到5千5百元,蒿子去年上几千元,今年不足一千)……集体生产总值约7万元(即与今年差不多的年景)左右。但影响社员生活的部分(即参加分配部分)约三万元左右(也不算自留地)。7比3,所以说我们农村的生产所有制是以集体所有制为主要方面的,而个体所有制是被压倒方面的。3比3呢? 它表明这样一个事实,人们的衣、食、住、行所需要的物质资源,一半来源于集体生产活动,一半来源于个人自己生产活动。我想这是可以成为农民中私有观念的主要来源的。在集体生产活动中,只能养活一半自己,……那怎能把全部精力全放在集体生产中呢? 所以巩固发展集体经济,在提高生产力的情况下,不降低人们生活情况下不断提高集体经济和个体经济的比例是相当重要的。

　　……

　　我谈的问题,是一小点皮毛而矣,再深刻得多的东西,我还正在认识,比如阶级分析。列宁说过:"既然唯物主义一般是用存在解释意识,而不是相反,那么把唯物主义应用于人类社会生活,就要求用社会存在来解释社会意识。"我是要应用这样的认识方法的。

　　……

　　明年我准备干什么呢? 按上面所说的去办,变革存在。……要尽自己的力量为人民尽可能的多贡献力量。……明年干一场有点信心没有?

多少事从来急,天地转,光阴迫,一万年太久,只争朝夕!

在我保存的 100 多封当年同学们的信件中,长庚的这封信最有代表性。从中可以看出我们在读书学理论,运用理论分析现实社会、指导工作实践。

在分析农民的过程中,自然联系到对我们自身的认识。我们来到农村,觉得很苦,喝不上自来水,只能喝苦咸的井水;吃细粮的比例比城里低很多(一年一人不到 10 斤麦子);劳动累得要命;很难吃上肉,蔬菜也就是土豆较多,而胡萝卜、苞子白(洋白菜)转瞬即逝,还没吃几口就没了……我们不少人对此牢骚满腹。但在多数农民眼里,知青的日子简直好得很。

首先,知青至少不饿肚子,第一年每人每月 44 斤粮食全年 528 斤粮食国家掏,以后如果队里的口粮标准低于每人每月 44 斤则差多少国家补多少。

第二,国家拨来给知青安家费每人 200 元并配套拨来盖房木料指标。

第三,大学招生、参军、招工等等方面,政策过于偏向知青。

……

和农民这么一比,我们产生的是羞愧感!我们对国家对人民毫无贡献,还没真落到和农民同样的水平,有什么可痛苦的?中国 5 亿多农民,世世代代、祖祖辈辈就这样过,粮食、油料、蔬菜、肉、蛋、奶……是他们的劳动产品,凭什么城里人的供应标准反而高于他们?!

当我们设身处地以农民的眼光看问题时,原来顾影自怜的那点痛苦显得很自私、很渺小。同时对占全国人口 80% 以上的农民的命运有了更多的关切。我们觉得，这就是毛主席所说的立场、感情开始起了变化，是和工农大众相结合的开始。而要实现"立场感情"转变，"接受贫下中农再教育"确实"很有必要"。

那么，我们应该选择什么样的人生呢？

是投身为人民谋幸福的革命事业呢？还是谋求个人出路、前途？

事实上，并不是所有的知识分子都选择投身革命的人生道路。毛泽东把知识分子划分为三种：革命的、不革命的、反革命的，并把他们最后的分界定为是否和工农相结合。为什么只有一部分知识分子选择革命道路？

近代中国的新民主主义革命和社会主义革命，实质上是亿万中国工农翻身求解放的伟大事业，是亿万工农解放自身的实际行动。它不只是书本上的一个词汇。只有那些将自己个人命运与亿万工农的命运融在一起的知识分子，才会牺牲自己去为工农大众的利益奋斗，才真懂得什么是革命，才叫革命的知识分子，才算实现了从小资产阶级知识分子向无产阶级革命者的转变。

毛主席说：我们的知识分子爱无产阶级，"是社会使他们感觉到和无产阶级有共同的命运的结果"。读到"共同命运"这几个字，我们顿觉豁然开朗！这就是我们接受贫下中农再教育的本质、关键，是我们成为一个革命青年的必不可少的、最重要的课题。我们和贫下中农，不是谁教育谁的问题，而是共命运的问题。革命前辈中有不少出身富贵家庭，却走上流血牺牲的革命道路，是因为他们选择了同亿万劳苦大众共命运的人生。今天的我们要成为革命者，仍然必须与工农大众共命运。

我们当时是这样归纳自己的认识："把 5 亿农民的出路当成自己的出路，把中国农村的社会主义前途当成自己的前途，在与工农相结合的道路上吃秤砣、扎硬寨、打死仗、走到底！"我们没用当时

2008 年 10 月在康庄与 94 岁的丰周老汉见面，大家都笑得开心

常说的"扎根农村一辈子"之类的语言来宣示决心，但我们的话更狂放、口气更大，是受了马克思的话"无产阶级只有解放全人类，才能解放自己"的影响。"吃秤砣、扎硬寨、打死仗"是我从北京二中的朱明光给我的信中抄来的。他是我儿时的朋友，在山西定襄县插队，和我们离得不远。

把青春献给人民

在摆脱贫困的实践中干出成效 /
活跃的知青内部思想交流 / 小字报 /
康庄知青的歌:《把青春献给人民》

思想理清了,干的方向也就明确了。

知青们初到农村,该怎么干?有过许多尝试,走过弯路。比如,有个村的知青认为首先要抓阶级斗争,才能得到贫下中农的信任和支持。于是就到村后立即组织斗地主富农,像北京"文革"初期那样挂牌、游街,结果惹得贫下中农很反感。还有的村的知青按照"抓革命,促生产"的思路,搞大批判开路,以为能大批促大干,结果群众不买账。有个村的知青在缺乏水源的盐碱地种了半亩稻谷,千辛万苦地担水维持到收获,《雁北报》以"塞外稻花香"为题报道后,引得姜斯栋第二年在康庄村北也找了块"疙疤儿"种稻谷,结果没成功。

我们的干法是,尽一切力量全面深入到康庄村摆脱贫穷的生产实践中(我们自己创造的说法是"和贫下中农深相结合"),干出实在的成果。我曾参加了县里组织的参观大寨。那次同去的有大虫堡村的知青王斯成等。我们很受教育和感动,我认定大寨的方向就是中

1970 年夏，读初中的妹妹洁群放假来到康庄，我带她参加劳动

国农村的社会主义方向。康庄村几乎每个生产队都有知青当队长或副队长，我在大队当革委会副主任，曹小惠、方虹还兼职大队妇联副主任，杜长庚后来到公社办化工厂……我们朝气蓬勃地投身各自的工作，知青们在村里的作用越来越大。

我们知青小组内部很活跃，大家热烈地讨论各种问题，形式多样。谈心交流、开会讨论、通信交换意见……甚至有几次在宿舍墙上贴出小字报展开辩论和批评自我批评。可惜，这些材料基本没能留下来。我只留下了我 1970 年 4 月 1 日贴在宿舍墙上的建议开会的"小字报"。原文如下：

一年的生活已经过去，第二年的生活开始了。过去的一年，对我们每一个人都是极有意义的，有收获的，也有教训，总的说来，我们第一年的生活是饱满，丰富，生气勃勃的。如何渡过第二年呢？这就是我们当前面临的非常重要紧迫的问题，它关系着我们每一个人的成长。

第一年我们很顺利地适应了这里的劳动，生活，但没有做什么具体的工作，可这却造成了我们第二年干事的基础，因此不停顿地把生活推向新的阶段，为人民切实做些实际有益的事情，是非常重要的。

冬天回北京时，我们要了许多种子，还在去年就搞到了不少菜籽，了解并学习了关于糖化养猪的知识与本领……大家也都或多或少地考虑过有关各种科学实验的事情，如果我们现在不抓紧，让这些东西在头脑中生锈，那未免太可惜了，应该让它们发挥出来，对人民对社会有所贡献。

此外，关于我们的生活、房屋的整理，集体收益分配，做饭用人……等等许多事物都摆在我们面前，我们应当抓紧时间，赶在大忙之前，将这些事情基本就绪。使我们集体中人人有实际的工作干，人人都自觉地在生活中与困难作斗争，形成一种大家互相促进，互相鼓舞的生气勃勃的局面。因此我建议在今明两天开一次会，就以上那些问题做充分的讨论，并做出决定，然后各干一项，使我们的生活紧凑起来，为我们将来大规模地改变康庄落后面貌一点一滴、扎扎实实地做好准备。

康庄，是我们离开学校，踏入社会的第一步，使我们第一次从书本走向实际生活，从学生变成一个劳动者，因此，它可以说是我们真正脚踏实地的为人民服务一辈子的起点。我们应该使它成为一个"红色的起点"，把我们的集体变成一所革命化的学校，以实际生活为课本，以毛泽东思想为指导，团结起来趁着我们年轻力壮、精力充沛的时候，在不断战胜困难的实际

当年的小字报原件

生活中，学会更多的知识本领，把自己锻炼成一个坚强的无产阶级革命者。

"无所事是（事）"是最可怕的敌人，它不仅荒废掉我们的宝贵时光，而且毒害我们的思想，消磨我们的意志，因此，必须抓紧时间，认真思考自己（和集体）第二年的生活，并立即行动起来。只有火热的斗争，才能使我们的生活丰富起来。

"莫等闲白了少年头，空悲切。"

赵杰兵

70.4.1

记得小字报后，我们很认真地开了会，气氛热烈，该定的事都定了，包括请郭忠妈给我们做饭的事。会结束了，我情绪仍在亢奋中，于是便提笔抒发自己的心情。可惜我的文字素养太差，想写诗可既不会押韵、又不懂平仄，权当是散文分行写吧，只求把心情表达出来：

在广阔的田野上，
我们扛起锄。
毛主席指引前进方向，
贫下中农抚育我们成长。
我们开始了新生活，
我们勇敢向前方。
热爱生活，热爱人民；
热爱劳动，热爱农村；
迎着烈日，迎着风雨；
为革命多出力量！

> 同志们向前进，
> 把青春献给人民，
> 把青春献给党！

当晚写后，我把它给了杜长庚。第二天天还没亮，杜长庚便推门闯了进来，手里拿着那张纸，兴奋地说："我把你写的词谱上了曲，你听听怎么样？""你说什么？"我惊讶得有些不相信自己的耳朵。他重复了一遍，接着就手舞足蹈地打着节拍唱起来。大家都被惊醒了，纷纷聚进我的房间……那一刻，我们都被感动了，激昂的进行曲旋律撞击着我们的心。不，它就是我们年轻的心声！

接着，我们又加了一段词："自力更生，艰苦创业；英勇战斗，一往无前；迎着困难，向着胜利，战斗在最前方！"

把青春献给人民

——康庄知青之歌

词：赵杰兵 / 曲：杜长庚 　　　　　　　　　1970.4.2

5 - | 3·3 | 2·1 66 | 5 - | 6 - | i·6 | 5·6 53 | 2 - |

我　们开 始了新生 活，　我　们　　　勇敢向前 方。

我　们 ″　″″″″″　″　″　　″″″″″

5 5 | 3 3 | 5·5 31 | 6 - | 6·6 | 4 4 | 6·6 52 | 3 － |

热 爱生 活 热爱 人 民，热爱劳动 热爱 农 村；

自 力更 生 艰苦 创 业，勇敢战斗 一往 无 前；

3 3 | 6 6 | i 76 | 5 3 | 06 56 | 53 25 | 23 1 1 | 03 |

迎着烈日 迎 着 风雨为 革命多出 力量 同

迎着困难 向 着 胜利战 斗在最 前 方。　″

21 5·5 | 5 0 i | 76 5·5 | 5 05 | i 76 | 55 35 | 6 06 | 5 43 |

志们向前 进 同 志们向前 进!把 青 春 献给人 民,把 青 春

　″″″″　″　″″″″″　″　″ ″　″″　″　″　″″

2 67 | 1 03 :‖ 1 － | ‖

献 给 党。在

″　″　　　　党。

1970、1971 年，康庄知青就是在这个主旋律中，把汗水洒在这
片贫瘠的盐碱地上，迎来了最初的丰收果实。

手抄本(一):知青心中的国事

独特的社会文化现象 /

最揪心的是对国家未来不安 /

"灰皮书"、"黄皮书",曾纵论天下事 /

失去的手抄件与意外的发现 /

我的被说成"农民党"观点的文章 /

也许,中国的问题还是农民问题

　　"手抄本"现象是中国大陆在"文化大革命"中一个很特别的"社会文化现象",是当时"在意识形态领域对资产阶级实行全面专政"、搞文化禁锢的产物。大批的书籍、戏剧、电影、文章……被打成"毒草"遭到查禁,作者受到批判、斗争。那时除了马恩列斯毛的书籍和少数人的书在新华书店能买到,其他书籍很难找到,人们几乎"无书"可看。同样,也几乎无戏可看(除了八个样板戏)。但人的思想是禁锢不了的,于是就出现了这种流传于地下的"手抄本"。

　　手抄本其实不过是个人的读书笔记,谁读到自己喜爱的文字,就把它摘抄下来。但个人独享之余还想与他人分享。这样"笔记"就变成了"抄本"。插队知青中流传的"抄本"很多,其中尤以政治性文章成为最敏感的传抄内容。这里记述的是与康庄知青有关的手抄本。

上文讲了我们的一些思考，只是我们的部分思想。实际上我们的苦闷、迷惘多得很，其中最揪心的是对国家的未来，总有一些隐隐的不安。党和毛主席虽然仍在我们心中至高无上，可我们已不再如少年时那样天真烂漫、头脑简单。

下乡前两年半时间，我们的思想有点"野"，如饥似渴、囫囵吞枣地读了一批马列经典著作和若干的"灰皮书"、"黄皮书"（供领导干部参阅的一些国外较有影响的理论或文艺译著）。印象深的有托洛茨基的《被背叛了的革命》、德热拉斯的《新阶级》、《第三帝国的兴亡》……我们那时曾"指点江山，激扬文字"，纵论天下大事。

下乡初期，刚刚接触到农村的现实，我们的思想非常活跃，互相通信中有许多针对实际生活的尖锐思考。有些信件以手抄的形式在知青中流传。这次回顾往事，找出了当年自己的一些日记本、笔记本和200多封插队时期来自山西、陕西、内蒙古、黑龙江、吉林……的知青朋友的信件。

遗憾的是我曾最看重的几个本子和有锋芒的信件找不到了。几经回忆，才想起1973年我在北大读书时，因对教育改革的做法说三道四曾在系里被批判过，为避免招来更多祸事，我将那几个本子和一些信件销毁了。

想不到2011年原北京四中初二一班同学集体过60岁生日的聚会上，曾在山阴县河曲堡村插队的刘达伟同学讲到当年读到过手抄本的我写的"农民党"观点的文章。我曾在1964—1965年间当过他们班的少先队辅导员。会后我问他是否还有当年的"手抄本"原件？他说"有"时，真让我喜出望外。

他告诉我，是他姐姐刘燕（也在山阴县河曲堡村插队，原北京女二中67届高中生）抄来的。她在写给母亲的信中附了一份手抄件。

她母亲将孩子们的信逐一编号保存,我那篇文字也因此保存下来了。达伟将姐姐的手抄件扫描复制传给了我。下面就是原文:

一、无产阶级专政下农民的阶级关系——在生产中结成

从生产上来说,地富与贫农的关系已不决定生产。在生产中表现的是干部和群众的关系。这是政治的关系(领导者与被领导者),也是经济关系(组织者与被组织者)。

地主富农在政治上亦不能成为复辟的主要力量。贫下中农亦不将其放在心上。

阶级关系是生产中结成的实际关系。比如说,农民头脑中考虑的,不是地富怎样妨害生产,怎样侵占分配,而是干部得力不得力,干部是否多吃多占——

2012 年 10 月 19 日与刘燕 (中) 刘达伟 (右) 姐弟合影

（可以上升为主要对象是走资派的理论。干群矛盾从量发展到质，就是人民群众与走资派的矛盾。）

再：从复辟者看，苏联、南斯拉夫，也是在企业领导中产生新的资产阶级分子，使广大人民贫穷，而不是旧的地富分子复辟。

（这里面有个两类不同性质的矛盾问题。）

由于我国现在才解放二十年。那些地富人还在。在这20年间，他们饱尝了无产阶级专政的厉害，他们对于人民群众的这种专政有着极大的仇恨与恐惧，他们日益盼望着推翻这种专政，这在他们身上是一种最强的政治要求，中国农村现有几百万（甚至上千万）地富，在社会上表现着这一反动倾向。无论是恶毒的直接破坏还是卑鄙的糖衣炮弹，或是向其子女进行的教育，都是指向无产阶级专政的。这一事实，无论从"四清"，还是无产阶级文化大革命，都能看出。因此，我们的无产阶级专政，必须用很大的力量来镇压管制这支反动的政治势力，否则就是亡党亡国，这就是旧社会遗留下来的社会关系。

社会主义社会在不断地向前发展。随着时间的发展，这种社会关系还会起到原来的作用吗？不会的。这一代"老地富"死后，其成分落到儿子头上，而后又落到孙子头上，难道说这种关系，这种专政要一直延续到共产主义吗？很显然，这种关系将越来越淡薄。

我们的注意力应放到那些"在现在看来并不突出，但是从长远说来将起决定性作用"的社会因素与社会关系上！

干群矛盾，正是这样一种社会关系。在以后的几十年到一百年的时间里，一切在社会中从事生产的人们都将每日每时感到这种矛盾的存在。并影响这种矛盾的发展。也正是这个矛盾的不断地斗争与解决，推动着社会生产力的发展。两条路线的斗争表现于这对矛盾上将是最大量的。

社会变了，阶级关系必然变。如何正确地认识这种变化，将是我们搞阶级斗争的前提。

二、农村的生产力落后，决定了农民的两面性

1. 私有观念。

农民由于生活要求从集体经济中得不到满足，生活所迫，使他们要搞自留地，小块地，这些搞不成，就养羊、兔、猪……投机倒把，甚至偷集体的庄稼。总之，在我们村，如果这些谋生手段一旦停止，而又没有能够提高工分值，另寻出路的话，大多数或全部缺粮户，连最基本的生活都维持不了。

这就是在生活逼迫下，农民私有性的一面？这就是所谓资本主义的自发势力？

这种势力自发地进展着，在我国农村甚为"嚣张"。

（这种私有观念也由于几千年来私有制的影响，顽强地表现，精神的东西只能用精神的东西去批判。）

2. 革命性。

经济地位低下，身受各种社会残余的迫害，痛切地感到并未获得彻底的解放，因此，他们对改变现状有着强烈要求。他们内心希望消灭三大差别，消灭许多不合理的现象，但是又没有什么切实可行的办法，于是，就用"走工"等办法去追求城市工人的生活以逃避艰苦的农村。

社会主义就是要消灭三大差别，要改革那许多不合理的现象！因此，从不断要求变革现状来说，农民是要求走社会主义道路的。

人们的社会存在决定人们的思想意识。五亿农民的这种最基本的社会存在决定了他们的主要思想和主要政治态度。

由于目光短浅，在认为现状无法改变时，就采取"自发"办

法谋生，但如有先进阶级的正确思想指导，这种革命性就会成为变革现实的物质力量。

因此，农民队伍在无产阶级的领导下，可以成为改造农村现状的革命力量，依靠先进性打击落后性。

所以，在生产力落后的情况下，可以依靠突出政治解决农村问题。

无产阶级革命的历史证明，革命总是在生产力落后的国家首先爆发和胜利，其原因正是这样，因为生产力落后的地方，人们革命的要求强烈。

在平静的生活中，我们很难看到农民的革命性。一说到农民的社会主义积极性，大家都缺乏实际感受。的确，没有急风暴雨般的革命生活，只看现象不看本质的知识分子如何能体会到农民那种急切改变现状的强烈要求呢?! 可是一到革命时期，这些"狭隘、自私、落后、庸俗"的"小农"们那高昂的革命热情、实际的革命措施，是会给这些貌似革命的知识分子们一次深刻的教育的。他们的革命斗争将左右着整个国家甚至世界的命运。

我们到农村接受贫下中农再教育，最本质的一条，就是深刻体会、了解，(并将其变为自己的自发要求)我国广大贫下中农为什么要革命?! 在和他们共同生活奋斗的过程中，使自己也逐渐具备这种朴素的革命要求。只有这样，才能说你已经从一个小资产阶级知识分子，转变成了一个无产阶级革命者。①

三、无产阶级文化大革命

伟大的文化大革命对中国社会的影响是无可估量的。这

---

① 我的这篇文字当时被一些知青、同学称为"农民党"观点，原因就是上面这段关于农民革命性的论述。我认为，农民对消灭"工农、体脑、城乡"三大差别的要求，超过工人，从这点来说农民的革命性强于工人。

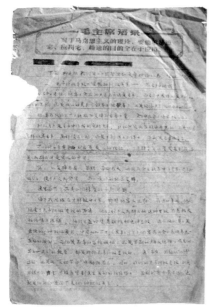

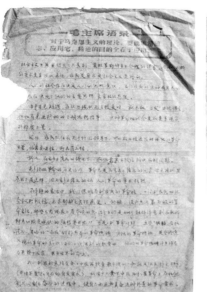

刘燕保存的当年手抄本原件

次革命的目的是为了解决社会主义与资本主义两条道路的斗争，坚持走社会主义道路，打垮资本主义复辟！这场大革命胜利是辉煌的，一小撮死不悔改的走资派被无产阶级夺了权，打翻在地，许多糊涂干部在这场斗争中擦亮了眼睛，经受了锻炼，广大人民群众也受到了极为深刻的教育，国内的政治空气空前的浓厚，尤其是年轻一代的思想更是解放得彻底，一大批有希望的革命接班人已在群众中成长起来，总之我国人民受到了一场社会主义革命的教育，这看来都是大家一致公认的。

现在的中国社会在经历了文化革命后是一种什么样子呢？文化革命的辉煌胜利在我国广大劳动人民的生活中有哪些体现呢？

以我县为例：

1. 进行……略

2. 人民群众的社会主义觉悟有哪些提高呢？在这一年多与群众的接触中，我感觉"极寡"！这可能是由于文革并未深入触及农村的结果。农民们没有被这场文化革命激发起什么革命热情，反而以一种不以为然的口吻，每每嘲笑什么"流毒"、"断（方言：追）大寨"、"革命化"等等。农民群众并没有真正看到社会主义的光明前途，更不以为"坚持、巩固集体经济"就能够使自己摆脱贫困。"社会主义"这个词，由于那些大小官僚们经常用来压制群众，故而百姓们更加嘲笑之。

总之……

这份文字反映出了我们当时的实际状况——幼稚、真诚、勇敢。我们这些身处农村最底层的知青，个人的命运虽漂移不定，心里却在思考着祖国的未来，思考着五亿农民的命运前途。我们已经开始对"文化大革命"进行分析，虽然更多的质疑和思考是在林彪事件之后。

在我的一个笔记本上，还保存了一些信件或文章的摘抄，以及一些思考的问题要点或拟写的文章提纲。有些注明了作者，有些没有注明。"手抄本"是那个年代的一个特点，由于对舆论的严格控制和思想禁锢，很多文字作品只能以这种形式流传。人民的思想是禁锢不了的，引起共鸣越多的就传抄得越广。你抄我的、我抄你的，有些思想就这样流传开来。下面再引两段我手抄的文字（原件未注抄自何人）：

抄件一：

也许，中国的问题，还是农民的问题。也许，农民对革命的态度仍然是革命成败的压倒一切的因素？你来信提到大寨式的道路，这个问题确实很重要，实际上就是现代中国问题的中心。能不能走大寨式的道路呢？如果能的话，就从本质上证明了文化大革命的伟大意义，证明了中国可以摆脱资本主义道路走向共产主义。实际上，现在中国的许多革命青年也正在考虑这个问题。

什么是大寨式道路？从根本上说，一句话，就是军事共产主义的道路。它的特点是：生活水平不太高，劳动报酬相差不大，依靠人的自觉劳动来发展生产。马克思有一个重要的发现（见《政治经济学批判》导言）就是在军队里的生产关系要比和平成长的早。例如，资本主义的雇佣制度是军队先出现了，机器是军队先采用了（枪、炮、坦克、飞机以至原子弹、氢弹、导弹）。根据这个原理，早在解放前的长期革命战争中，我们的红军、八路军和解放军已经采用了军事共产主义制度，表现出了强大的战斗力。小米加步枪，打败了反动派。所以，走大寨式道路，我们党是有经验的。

但是，也不是没有问题。在俄国，民粹党人曾提出过，经过俄国的农村公社，避免资本主义，直接过渡到共产主义社会。但是失败了。列宁在批判民粹派的时候，写过《论俄国资本主义的发展》，指出了资本主义在俄国发展的不可避免性。十月革命初期，苏联曾实行过军事共产主义，曾经把大批军队集体复员，以及组织劳动军，在农村也组织过共产主义原则性质的公社，但是都失败了。所以，在军队里成功了的，能不能在社会一般生活中成功还不一定。

毛主席提出的新民主主义理论的一个重要特点就是，殖民地、半殖民地的国家可以不经过资本主义阶段直接过渡到社会主义社会。能不能避免资本主义，能在多大程度上避免资本主义，这些都必须通过实践才能决定。

抄件二：

社会主义所有制的问题和应取的政策。这个问题决定了革命方向。

1. 国家所有制、集体所有制，就是我国现存的两种经济制度。在这个基础上，建立了我们的国家机构、政治结构。这种制度是否合理？是否就是社会主义应有的经济制度呢？

马、恩、列等在谈社会主义、共产主义时说到经济制度是"全民"所有制。全民"未必等于"国家"。国家是什么呢？工厂是工人的，但工人连工厂的年产量是多少都不知道，且并不关心这个工厂的建设与发展，而且并不爱护，只是认为"那"是"国家"的。

"国家所有制"并不一定是社会主义。古希腊"斯巴达"就是国家所有制，可并不是社会主义。历代都有"国家所有制"

的国家,可是哪一个也不是社会主义。

是否要经过一个"国家资本主义"阶段呢? 国家资本主义与社会主义用什么来区分呢?

2.任何生产资料归国家或归集体所有的经济组织,都必然产生一个领导管理阶层。这是一个权力很大的特权阶层。如果这种所有制是社会主义的,但领导阶层却要走资本主义道路,这种所有制可能就变成资本主义的了。文化革命要解决走资本主义道路当权派的问题。但,能解决吗?

……

今天回头看当年的文字,幼稚之处甚多。但再一想,今天近 9 亿中国农民① 的命运前途这个超大型的经济政治课题,不是仍然摆在我们面前? 中国特色社会主义的命运前途,不是仍然需要继续在探索实践中开辟道路吗?

① 据公安部公布的数字,2012 年的农业户籍人口是 8.7 亿。实际上才转为城镇户籍的人中,很多仍保留着农民的诸多特征。

手抄本（二）：黄梅的诗

知青中还流传一些其他内容的"手抄本"，比如诗词。

"文化大革命"开始后，中学生的思想空前活跃，个人际遇和社会现实的激烈碰撞，产生了最初一批文学青年或"民间诗人"，如食指等人。他们的一些作品以手抄方式广泛流传，对我们曾有影响。

在和康庄知青有关的范围里，还曾传抄过黄梅的诗。黄梅不认为自己是"诗人"。她的诗（尤其在和康庄知青接触前）是写给自己的私密"个人内心独白"，没想过要给别人看。"文化大革命"结束后有朋友曾建议她发表几首，但她回绝了。这次写插队的往事，我又碰到怎么处理她的旧诗作的问题。再三思量，我觉得还是不应回避，因为那毕竟是当年知青生活的一个侧面。

我见过的她的诗有 150 多首，在朋友中传抄流转过的有 60 首上下，基本上写于 17 岁到 25 岁之间。

插队前我就认识黄梅。她哥哥与我儿时的朋友是高中同学，我

黄梅与同学王玉中（左）在合盛堡村口合影。村后不远是黄花梁，翻过去就是
古战场金沙滩

曾去他们家借过书，因此见过她，但好像没说过话。后来她插队到
山阴县合盛堡村，与我们同在一个公社，她哥哥曾托我关照她。不
过，她和康庄知青的联系并非因为我们认识，而是因为1970年她参
与了杜长庚在公社办化工厂的工作。我第一次看到她的诗，是杜长
庚手抄的几首，当时给了我相当强烈的冲击震撼。我没有想到一个
弱小拘谨的女生会有那么激烈的情绪动荡。

她的诗引起了我们的共鸣。后来接触了解多了，我和几位朋友
成了她的热心读者和传播者，直到一位好心长者告诫我们：不要再
传了，难道你们想看到她被打成反革命?!"我们才感到问题的严重，
收敛了传抄。虽然已扩散到一定范围，所幸并没给她直接带来政治
上的伤害。

与康庄知青接触前后，黄梅的诗风略有变化。前一段似乎色调
更"灰暗"、"悲观"些，是在痛苦中挣扎的宣泄，我曾用"重压下挤

出的心血"来形容。

为什么会是这样？因为在那段时间里她经历了人生的第一道大"坎"，或者说是人生最大的一次打击。她16岁在北京师大女附中读初三时，碰上了"文化大革命"的爆发。

今天的人们对那个疯狂的年代已渐渐淡忘了。很难想象，这所北京乃至全国最优秀的女中的孩子们竟然在"革命热情"驱使下，将病休在家的女校长殴打致死。黄梅就是在这种环境气氛中受到了班上同学们的围攻批判。原因是她的父亲是黄克诚，1959年在庐山会议上被扣了"反党"帽子撤销职务。虽然到此时事情已过去六七年，但"文化大革命"这种疾风暴雨式的群众运动是不会放过任何历史旧账的。一段时间里她神志恍惚，出现心悸、失眠、眩晕等一系列症状。幸亏正在单位遭受批斗的母亲及时发现她状态不对头，让她终止住校回到家里，给她适度用药，宽慰鼓励她，才帮她渡过了这个难关。但这次打击造成的孤独感和心理伤害伴随了她很多年。她无处诉说，只能于夜深人静之时和自己对话。《但愿那一幕》写的那只小兔子，简直就像是写她自己。

但愿那一幕

洞里
一只小兔子，
像它所有的同类
温和而胆怯。
它默默舔着流血的伤口，
一面凝望着外边的世界，
莹莹泪珠夺眶而出，
那么真挚；

柔软的耳朵无力垂下，

那么悲切。

"啊，我不能

我不能安歇，

让我尝试吧！

——难道

世间真就这么冷酷，

没有温暖，

没有热烈?!

冬日的严寒，

猎人的子弹，

我咒骂，我轻蔑！

我爱

山野中的草和木，

我爱

长空里的云和月！

让我在寻找幸福中死去吧

也强似

葬身这小小的巢穴！"

它小心地

掩住伤口，

披上外套穿上鞋。

走出去了——它！

迎着这狂风大雪！

哦，

不要嘲笑吧！

等到最后一幕，

一切自会完结。

……

太阳透过层层树枝，

驱散了没有消尽的浓夜……

一个小小的尸体

在微熹中显出来，

洁白的绒毛

和着

皑皑的雪……

（啊，但愿，但愿

那一幕不由我描写！）

　　在人类的情感中，孤独感也许是最悲凉的。那种感觉在她前期的诗中随处可见。《盲者的歌》、《我的命运是我的》、《我爱我命运的严冬》等，都散发出迷茫失意的情绪，当然也有不肯放弃的意向。最典型的是下面这首：

无　题

1970 年 1 月 25 日

（三）

这该多么可怕，

对一切人说，

——你都是陌生!

有谁需要你,

有谁?!

啊,

漂泊在茫茫的尘世,

好像孤漠的幽灵。

没有热爱,

也没有激情,

无数相同的夜晚,

在清晓的微明中消尽;

无数相同的早晨,

在寂寞和琐碎中来临。

……

有谁需要你啊,

有谁?

我愿立刻破开胸膛,

捧出一颗沥着鲜血的心!

但,

就这样逝去了啊,

电不闪

雷不鸣,

风也平啊

浪也静。

然而,

如果生命不是烈火,

哪里有温暖，

哪里有光明?!

糊涂地生了

又死了，

难道

这就是

命里注定?!

我诅咒造主，

倘若不给幸福，

又何必

给予生命!

有时她也试着用古体诗表达，虽然不讲究格律之类。其用词之峻厉、情感之决绝，让我几乎无法相信是出自不满 20 岁的女孩。

拾 遗

1967 年 10 月

欲往瑶台偏无路，

恨弃恶鬼却逢缘；

难为轩辕荐我血，

何以苟生落人间!

无　题

1970 年 1 月 25 日

(二)

白发早染少年时，

几分壮志几分痴；

不得美酒樽前醉，

难成秋风绝命诗！

我愿泣泪没三山，

我愿横刀血千尺！

却看遥夜沉如水，

哭碎丹心眼未湿。

即便是深感痛苦，她仍然没有失去顽强前行的意志和对美好事物的不懈追求。我看到的她的第一首诗是写于 1968 年 9 月的《路行》，这首不拘一格的自然流畅轻松明快的长短句小诗，记述了她和家人游上房山走冤枉路的经历。

路　行

——过棺材山到圣泉绕行三十里

1968 年 9 月 15 日忆上房山之游

行路难，无限山！

一步吁吁喘，

挥手滴滴汗，

愿向长石卧不起，

任风任雨到夜阑。

行路难，多歧路；

枉行几十里，

小包倍压肩；

强令双腿重开路，

便是渺茫也向前！

行路难，咬牙关；

勇者无绝路，

健儿闯险滩；

不向恶岭折腰骨，

弱脚踏尽千万山！

行路难，胜后欢；

过岭景迥异，

木翠红花鲜，

碎石小径飞步下，

一路欢声到圣泉！

　　其中"强令双腿重开路，便是渺茫也向前！"、"不向恶岭折腰骨，弱脚踏尽千万山！"两句我最为喜欢。看着她弱小的身躯、弱小的双脚，令人对她依然要"踏尽千万山"的雄心不由得产生敬意。"便是渺茫"也坚持向前的意志，既是我们当时共鸣之处，也让我联想到她的父亲——一个出身于湘南贫苦农家、踏上革命征途便勇往直前从不回头的奋斗者。我们能经得起一些磨难，和我们家庭的传统，和我们少年时期受的革命英雄主义的教育有极大的关系。这首诗在她早期作品中属于少数风格明快的类型，其健康的格调让人几乎看不出她曾受到的伤害。是我最喜欢的几首之一。

黄梅插队后在农村没有遭受歧视，结识了新朋友，心情有所纾解。进入康庄知青伙伴群后，她进一步走出了孤独。反映在诗中便是：内容更丰富一些，态度也更积极。诗中的"我"更多地被"我们"所取代；祖国"、"人民"、"乡亲"、"事业"等字眼儿出现得更多了。她在一首和莱蒙托夫对话的诗中写道："如果我们乐观／靠的是革命播下的火焰／如果我们坚强／靠的是背后的亿亿万万！"她对人生渐渐有了进一步的理解。这种理解较集中的体现是她1972年年初的那首《墓志铭》。

墓志铭
1972 年初

当你死去的时候，
你墓上没有大理石的丰碑。
只有一抔芳香的新土，
春来正是绿草青翠。

亲人们在心底葬下你平凡的名字，
——它并不标志着成功与尊贵。
唯有青草记载着你一生的努力，
向死者呈上最后的安慰。

但，相信吧！
辛勤的劳动是一根金线，
编织成"幸福"夺目的光辉；
顽强的奋斗像一把刻刀，

镌出的生活永不磨毁！
从你作为一个人来到世上，
你选择了枪弹和铁锤。
作一名工人和一个战士，
你从不知退却与疲惫。

骄傲吧！
你尽可藐视那些显赫一时的帝王，
像千百垦拓者一样自豪无愧。
"我们自觉地选择了艰难，
是为了把幸福带给人类。"

不睬那霓虹搭起的天桥，
你赤裸着双脚翻山涉水；
人间茫茫的大地啊，收容着
你每一滴血汗和热泪……

醒醒吧，朋友！哪怕只有片刻，
终止你永无尽头的长睡，
看看你亲手缔造的生活，
春风中正是一片葳蕤。

作为新中国的同龄人，新中国的一切欢乐和痛苦我们都感受在心。作为新中国的建设者，新中国的许多成功和失败里都有我们的汗水。我们热爱自己的祖国家园，热爱创造性的劳动生活，热爱淳朴善良的乡亲……这些，黄梅的诗中都有热情的讴歌。她的两首写麦收的诗，洋溢着丰收的喜悦。

收 麦

1970 年 7 月夏

一切，耀眼地闪着，

人、树木、青草和丘岭……

连空气里

仿佛都荡着灿烂的碧金。

麦茬躲闪地藏在草根旁，

湛黄的原野

又化为一片翠绿的绒茵，

土坡疲倦地沉默着，

拖下了

长长的长长的阴影……

看哪——

满载"个子"的大车迎面走来，

一捆结实的新麦，

正高高举在叉顶！

你轻轻直起身来，

腿脚，

依旧隐隐发着酸痛；

汗水，

仍然悄悄爬过额鬓；

仿佛那锋利的镰刀，

还在眼前飞舞；

仿佛那紧张的动作，

节奏依在进行。

但，这一刻啊，

没有行动，

也没有思念；

没有恼苦，

也没有激情。

多么神妙的瞬间啊，

一切，凝滞着，

睡去了，睡去了……

在那动人的金色中……

一阵淡淡的喜悦，

和着小风钻进心灵，

于是，你闪过一个迷茫的微笑。

看——

满载"个子"的大车迎面走来，

一捆结实的新麦，

正高高举在叉顶！

拾穗的孩子奔进原野，

雀跃欢腾；

大人们收起镰刀箩头，

走上归程。

辽阔的土地啊，

撒满了熙攘的喧笑；

沉寂的黄昏，

化为一片欢声。

于是，猛地打开了闸口，

心潮像卷浪般汹涌！

啊，当腥咸的汗水，

凝成了并不丰硕的果实；

当艰辛的日子，

又逢到了它收获的微欣，

假如，你不在

拿着镰刀的行列里，

有谁，能够把这一刻传情！

看啊，

载满"个子"的大车走上前来，

最后一捆新麦

正高高举在叉顶！

（注：雁北农村称割下的捆成了捆的麦子作"个子"。）

麦 收

一路野花一路香，

一顷黄金一顷浪；

一颗新粮一滴汗，

一年生计一年忙。

她对农村磨房的描述直观而形象：

乡村磨房
6月

这里是磨房——

左边，嗡嗡嗡，

右边，卡当当。

人们扯着嗓子，

在嘈杂中叫嚷。

不时地，

玉米粒击打着机器的铁板，

发出一阵阵刺耳的声响。

玉茭……谷子……

"加工麦子在哪厢？"

"端午？！ ——……"

"可好黄米啦！"

"多白的面，啧，"

"××(村)的箩比这还强……"

声音交错着，

像雷声，像闹市，

一切淹没在这喧吵的海洋

……

嗡嗡嗡——

咔当当——

这儿是磨房，

纸瓮、木升；

一排一行，

大包小袋，

三三两两。

闲等的人们，

无聊的倚立，

出神的呆望……

耳朵里

不停地鼓进那嚣喊的声浪

……

嗡嗡嗡——

卡当当——

一个老汉

趴着捧起新扒的米，

手指间滑落的细流，

闪着灿灿金光；

三个女人

捻着羊毛探头探脑，

虽是司空见惯，

也止不住无聊与好奇的观望。

走来一位莫名其妙的老人，

巡视地把每一个脸孔打量，

忽儿去轰钻进的鸡子，

忽儿咚咚地敲着木杖

……

这儿是磨房，

这边出米，

那儿扫糠……

难道这就是生活，

永无止境的碾和筛啊，

永无止境的吵闹喧响！

这里是青春、奋发、向往，

那儿是失败、绝望、死亡。

这里碾出了生命的精髓，

——它们又将捧到谁家的筵上？

那儿是留给你的

筋疲力尽的暮年

冷漠的心灵和枯萎的胸膛……

这儿是磨房，

嗡嗡嗡，

卡当当。

　　磨房是人生的缩影——从基调说，这首写于插队早期的诗比较暗淡，不过当然是真情实感。也有时她会并不感伤地把自己看成农家妇女中的一员。

平静的生活

6月初

云儿婷婷。

她一动不动，

但却在蓝天的海洋里扬帆航行。

苗儿青青。

他一动不动，

但收获的果实却在点点长成。

乡间的小路啊，坦坦平平。

它动也不动，

却载着平凡的生活啊，悄悄前进。

手里提着小薅铲，

头上包着白手巾。

姑娘们推推搡搡：

"瞧，那不是你女婿，

不欢欢儿去亲近亲近——"

新嫁娘的脸上

飞起了羞恼的红晕。

老人们摆摆摇摇，

"硬是不给打粮……"

"唉，瞧瞧这咋个光景……"

牢骚、忧虑，和玩笑

一同织进了暮年的平静。

"——给我一对皮筋！"

小女们缠着我，

这个攀上肩头，

那个拽住衣襟。

提着小薅铲，

包着白头巾。

云儿婷婷，

苗儿青青，

乡间的小路啊，坦坦平平，

它动也不动，

却载着我们的生活向前进。

（题外话：平静的生活不是没有苦恼。平淡的语言不是没有意志。没有声明的生活并非不包含着时代。）

此外，从她的两篇写雨的诗，也清楚地看出两种不同的心境：

雨

1968 年

漫漫地，茫茫水；

舍舍依依树树垂；

千尺万尺不见头，

无限忧丝无限愁。

雨来了

1972 年 6 月

雨来了！

听它扑打枝叶的声音；

雨来了，

看它涂在地上的印痕；

雨来了，

久旱的庄稼舒舒地展开身子;

雨来了啊!

挂满雨水的脸上闪着怎样的欢欣!

我无意在这里一一介绍她的诗。今天,当我翻出旧作重新审视它们时,又一次感受到当年那颗年轻的心。黄梅的诗最大的特点就是直白、真诚。我曾问过她,是怎么学写诗的。她告诉我她并没有专门学过,只是小学五年级时忽然对韵文产生了兴趣,很喜欢把词句颠过来倒过去地摆弄。后来她在和自己对话中慢慢酝酿出了这些多少押韵的文字。今天我记述往事时,对黄梅当年的诗作保留原貌,因为原诗是最真实地记述了那个时代,记述了我们的思想感情,记述了朋友们相互支撑着走过的青春岁月。

离开康庄

1971年年初，山阴县的插队知识青年中，就开始有少数人因招工、参军而结束了插队生活。1971年下半年，常有在知青中招工、招生的消息传来。大家意识到国家开始考虑插队知识青年就业、升学问题了，插队落户的农村生活出现了转机，又一次的动荡即将来临。

这一年的9月13日，被喊了几年"永远健康"的林副主席和他的老婆、儿子摔死在蒙古的温都尔汗。此事震惊全国，我们都感到某种不安，对国家大事的疑虑、担忧更多了。

大同的616厂（大型军工企业）、神头电厂和大同煤矿是最先来招工的几家大企业。我当时对于去工矿企业根本不考虑。我认为农村更适合我。对上大学，我有自知之明，父亲已被关押5年，音信全无、生死不明，政审材料都不知哪里出，仅这一关就过不了。而且，康庄的工作正在起步，我也正干得来劲，没想离开。康庄的知青在招工初期毫无相互间的竞争。当时家庭经济条件最困难的当属刘燕姐弟和安红胜两家。刘燕先是分配到县化工厂，后来又转调到大同煤矿；弟弟刘征则直接选择了收入较高的大同煤矿。安红胜选择了神头电厂。

安红胜的走，是我积极鼓励的。他自己有些犹豫。他和我从1961年考进北京四中时就同班。那时他曾担任我们班的少先队中队长。高中我们同又上了四中，他家里父母离异了，他改姓母姓。他变得更沉默寡言了。他在高中不声不响地过了几年，插队分组和我到了一起。

来康庄后，考虑他家经济困难，我力主将他分到工分值最高的八队。他劳动表现很不错，知青集体内的活动也参与，包括开会、小字报辩论他都参与了，只是平时还是少言寡语，我感觉到他内心有苦闷。当时我的想法是，如他能找到一个收入稳定、内容规范的工作，会有利于他的身心健康。

他想了一阵，接受了我的建议，去了神头电厂。我听说他在神头电厂的子弟学校当了老师。我多少放心了些。此后就没再与他联系。2011年，我联系上了原神头电厂子弟学校的副校长，曾在山阴县上河西村插队的一位女生，请她帮助找一下安红胜。结果未找到。而且，高中同学中没人知道他的下落。

接着，姚文因家庭困难转回了北京；南昌伟也病退回京。

姜斯栋的离开是1972年年初。那真是"天上掉馅饼"：山西省委政策研究室决定从全省的北京插队知青中选几个同志到政研室工作。姜斯栋当时是康庄村第五生产队队长。全县知青中当干部的不少，可担任生产队正队长的仅有他一人。看形象，他戴一副高度近视镜，瘦骨伶仃，最不像农民。可是当时五队只有他当队长能孚众望，于是马锡栋下决心用他当队长。

从此，他便没有一天轻松过。我们两人住一个屋，几乎每天凌晨他睁眼的第一句话就是："坏了、坏了，又起晚了！"（实际并不晚）接着就是一通摸索着找眼镜、穿衣服、蹬上鞋，急匆匆地走了。他要在清早把一个队的活都安排下去。他身体虽然瘦弱，进不了壮劳力的行列。但他特有的靠智慧不靠蛮力的领导方式，把五队的工作处理得井井有条，在五队得到乡亲们的认可。

此前，山西农学院拟在山阴招生，我们也推荐了他，但没成。这次县知青办把姜的材料报上后，很快就被省委政研室选中。他和我从 1961 年 9 月考入北京四中初一年级四班成为同学，共同度过 10 年多的岁月。特别是插队三年多来，我们共同奋斗，互相帮助，是思想交流最多的伙伴。他一步就从康庄跨进了省委大院，我们都兴奋不已，觉得这是我们康庄知青集体的骄傲。

1972 年春节前后，发表了毛主席最新指示"大学还是要办的，我这里主要说的是理工科大学……"，招生的名额多了许多，知青中涌动起竞争的热潮。我不为所动，依然如过去一样忙着，直到一位北京大学的老师出现在康庄。

北大来招生的老师叫张晓恒，是军人出身的调干学员留校当了老师。他深入到各个知青点，既和知青们面对面交谈，也和村干部、村民交谈，不是只在县里看材料、看档案和听汇报。这种深入的作风很像当年的老革命。他 1972 年年初来到康庄，我外出给队里修机器没在村里。

1971 年康庄赢得了有史以来最大的丰收。全村都洋溢着丰收的喜悦。张晓恒老师就是在这种气氛中来到村里。知青伙伴们无私地向他推荐介绍我的情况。公社下乡蹲点的马锡栋、村支书和乡亲们也推荐了我。

我回村时，张老师正准备离村。他一边叮嘱村里要整理个有关我的材料给他，一边和我做简短的谈话，问我对上大学有何想法。我说我渴望上大学，但知道是不可能的，父亲被打倒，现在人在哪里都不知道，政治审查就通不过。村里其他知青都不比我差，我特别推荐杜长庚，介绍他是北京四中的数理化尖子。而我想读文科，可主席讲的是理工科大学要办……他没有多说什么，但目光极其专注地听完我的话就告别了。临走说了一句："好好干，别辜负了乡亲们，路是自己走出来的。"他的眼睛很亮很有神，我一直忘不了。

没想到，几个月后我收到了北京大学的录取通知书。后来我听说，是张晓恒老师坚持的结果。那年正巧毛主席有一个最新指示：对那些虽然出身于剥削阶级家庭，但本人属于可以教育好的子女，要给出路，大学招生时可以拿出千分之一、二、三的比例吸收他们。张晓恒老师根据这条政策，坚持说，就算父亲定为敌我矛盾，按照对可教子女的政策，赵杰兵也够条件上大学。他的坚持成功了。

想到同村知青伙伴中只有我一人得到上学机会，内心实在愧对大家。在知青伙伴们为我送行聚餐时，我的情绪怎么也高不起来。当初，说与贫下中农相结合、共命运"要吃秤砣、扎硬寨、打死仗、走到底"，调子唱得最高的是我，现在一有上学机会，我就先走，好像自己是个"逃兵"，背叛了大家似的。乡亲们送我离村时，我含着泪对他们说："感谢乡亲们，大学毕业我还会回来的。"

离开康庄的几年间，国家、康庄、康庄知青都发生了很多变化。此时，"文化大革命"渐渐陷入困境，理论上失去了初期的生气和影响力，实践中陷入了种种社会矛盾，人民群众中的怨言和疑问越来越多。

知青上山下乡的本来面目渐渐显现出来，中学生们下乡只是一种权宜安置办法，对他们还要再安置、再分配。这就注定我们下乡后，不可能像前辈职业革命家当年那样组织农民暴动、起义，然后拉出一支以农民为主体的人民军队，建立农村根据地包围城市，几十年和农民滚在一起，直到最终夺取政权。我们绝大多数知青都会离开农村，另谋出路。知青与农民的命运是两回事。

我最初的那种与五亿农民共命运的想法很真诚、很理想化。但实际情况是，党和政府必然要重新安置上山下乡插队知识青年。当招工特别是大学招生的机会到来时，所有知青都想走，包括那些曾经发誓要一辈子扎根农村的同学。只有极个别的知青会落入农民的行列。即便我没能上大学，面对"各奔东西"的大势，我个人那种与"贫下中农建立共同命运"的信念和做法还能坚持多久也很难说。我恰恰在知青再安置的初期就得到了最好的出路，甚至没有感受到知青之间为争抢出路的激烈竞争。康庄没有知青与我竞争，他们认真地整理了一份我的表现材料，分头抄正后送给了北大的张老师。

我离开后，康庄知青仍然保持了很高的干劲，有声有色地干出了不少业绩。如赵归任大队副主任期间建起了一座砖窑；张小彭任大队副主任期间为买拖拉机被马锡栋称赞"立了头功"；郑晓武在三队任副队长后又到八队当队长干出成绩；杨颐明、姚堃两位女知青一下子都当了生产队正队长（七队、四队），在全县是破天荒；姚堃后来又办了养猪场……康庄知青作为雁北地区的先进典型被宣传得很有名气。北京市知青办以北京市政府的名义，奖励赠送了一台长春出产的东方红－28型拖拉机和一台12马力的北京手扶拖拉机。

同时，知青之间为上大学展开的竞争也日趋激烈。这种"由贫下中农推荐"上大学的制度从一开始就不规范，后来演变成了拼关系、拼后门的竞争，知青相互之间伤害很重。我在1973、74年放假时都曾回村，也陷入他们的矛盾，帮助协调关系，虽仍有一点说服力，

王利君1976年到康庄插队，曾任大队会计，1979年参加工作，1980年考上大学，是最后离开康庄的知青之一。那时的知青都是基干民兵，各村的民兵连都配有真枪实弹。康庄知青点曾长期保有几支半自动步枪，我们闲时还曾比试过枪法。姜斯栋1977年摄

但已避免不了总有人受到伤害。我甚至想不出如果我仍在村，在相互的竞争中我会怎样表现。好在因康庄知青是优秀典型，对争取上大学处在有利地位，每年都有名额。赵归、杨颐明、郑晓武、张小彭、姚堃先后被推荐上了大学。恢复高考后，方虹、曹小惠、杜长庚、王利君等也考上了大学。

再别康庄

1976 年是多事之秋 /
重回康庄 / 新来的本地知青 / 郑晓武回来了 /
准备安家 / 加入中国共产党 / 一纸调令 /
康庄的盐碱地已磨硬了我的脚板

三年多的大学生活一晃就过去了。1975 年我毕业分配到科学院的近代史研究所。我从报到的第一天就要求调回山阴县。

1976 年是多事之秋,周总理逝世、天安门"四五"事件、唐山大地震、朱老总逝世、毛主席逝世、粉碎"四人帮"……我是这年 7 月到大同去雁北地委组织部转调回山阴的工作关系时,感到发生了地震,后来才知道是唐山地震。一种"山雨欲来"前的感觉,使我回康庄的心情越来越急切了。

经过努力,1976 年 7 月我从近代史所调回山阴县合盛堡公社当了一名公社干部,并且回康庄村下乡"蹲点"。

离开四年,终于回到了熟悉的土地,回到了熟悉的乡亲们中间,我感受的是温暖和踏实。我回来,既是为了兑现当年的"大学毕业我还回来"的诺言,更因为我感到国家将有风浪,我愿在熟悉的土地与熟悉的人民一道经受风雨。

此时，马锡栋的工作已主要放在公社了。康庄的党支部书记是武金山。村里因上年受灾减产，群众情绪不高。仅剩的一名北京知青姚堃也用更多的精力争取上大学。还有五位雁北本地的知青王利君、姚悦、郭拴德、刘秀萍、李淑青。我依然像过去那样进入了工作状态。

武金山，年纪略长我几岁。从康庄早年招工到大同煤矿当矿工，因工伤退职吃劳保回到村里。比起村里同龄人，他在外闯荡过，见识多，关系广，是党员。他高高的个子，大大的眼睛，壮实的身板（听说是背部受了工伤），有在康庄干番事业的雄心。我回村蹲点，和他在工作上接触最多。他除了说工作上的事，很爱和我聊国家大事。从北京天安门的清明节事件到党史、军史方面的故事，他兴趣都很大。我们合作共事，扭转受灾的损失，帮助康庄恢复生产尽力地工作。

新来的本地知青，和我们当年插队的情况不同，基本属于有目的或有关系选点而来。王利君的父亲是雁北地委领导，她从大同高中毕业来康庄插队，原因是当时北京女知青姚堃在大队当副支书，选择康庄，是当家长的希望孩子插队有个好环境。姚悦是公社副主任姚有仁的儿子，郭拴德和姚悦是同学。刘秀萍是武金山的外甥女，李淑青和刘是同学。我对他们都抱有希望，给他们讲当年我们插队的故事，尽可能安排他们在村里担任一定的工作，鼓励他们好好劳动，增长才干。他们也确实表现很好。王利君担任了大队会计。他们都学会开手扶拖拉机，尽管学车时撞过墙、"上过树"，但留下的记忆是愉快的。

让我高兴的是，1976年夏天，郑晓武从山西农学院毕业也回到了山阴县，回到了康庄。此时，因他的父亲郑天翔已经恢复工作，他在大学期间入了党。几年前我上学离村时觉得他还是个孩子，现在已经长成一条汉子。他的到来，对康庄的工作是极大的加强。

我做了长期在山阴安家的准备，甚至专门从县木材公司买了将

2011 年 5 月，与本地知青姚悦（前排右一）在康庄又见面了

近一立方米的木头，准备做家具。

就在这时，1976 年 9 月 9 日，毛泽东主席逝世了。10 月 6 日，华国锋联手叶剑英、汪东兴抓了江青、张春桥、姚文元、王洪文。历时 10 年的"文化大革命"终于结束。国家和我个人家庭的命运都发生了巨大变化。我父亲终于"解放"了，于 1978 年年初恢复了工作。

对我而言，最重要的一件事是，1977 年年底，经马锡栋、姚有仁介绍，我加入了中国共产党，成为预备党员（党的十一大恢复了党员预备期制度，我是 1979 年年初在雁北地委办公室转为正式党员）。从孩子时，我就渴望长大后能成为中国共产党党员，一直在努力争取。现终于如愿以偿。我感到国家就要进入大发展的时期，我愿为之贡献全部力量。此时的我，已是年近 30 岁的人，不再充满幻想，脑子里都是些务实的事，是康庄、是合盛堡的事。我知道快该到我们挑担子的时候了。

但一纸调令,改变了我的生活轨迹。

雁北地委组织部根据地委领导的指示,给山阴县委组织部发来调令,调我到地委办公室工作。这是听到中组部通知山西省委让我父亲回北京的消息(我父亲此前仍在山西沁水县"软禁"),没有征求我本人意见就发出的正式调令。我听到后,心里很不快,很想找组织部说明情况,推辞不去地委机关报到。

我找马锡栋谈了我的想法,想不到他力主我去地委机关。他说,从"四人帮"粉碎起,就知道留不住我了,又过了一年还不见我要走,也不好问我咋想的。反正要走,早走比迟走好。我刚刚入了党,还是预备党员,就不服从组织调动不好。大同又不远,什么时候想回来看看都方便……

我想了又想,最后决定服从组织调动。到地委机关报到。我内心还抱着有机会再回基层工作的念头。

这时的康庄,已由郑晓武兼任党支部书记。他大学学农,专业知识强于我,家庭背景硬邦邦,吃得苦,有主见,有能力,在康庄群众中有了一定威信。我相信他干得不会比我差,对康庄今后的发展,我有信心,所以这次离开得安心。果然,郑晓武任期内,粮食产量达到了 104 万斤,是人民公社阶段内的最高产量。

我来到雁北地委办公室工作了一年多。这期间,我回过几次康庄,都是看望式的,不参与、干预工作。

1979 年年初,我调到才恢复成立的中央纪律检查委员会工作,结束了在雁北的 10 整年的生活工作经历。虽然这其间有 4 年在北京上学、工作,但一直与康庄联系密切。我清楚地知道,这 10 年的路,我一步步走得较扎实。我熟悉了雁北,雁北的党组织、群众也了解我。"三十而立",我自认为已长大成人。我非常不情愿离开雁北,放弃这么好的工作基础。但我知道,这次离开康庄、离开雁北的日子真的来了。临走前,我又一次回到康庄,和乡亲们告别。

离开村子时，天已经完全黑了。北京吉普在乡村土路上颠簸地行进，车灯射出两道雪亮的白光，一跳一跳地将前方的路照得异常清晰。我凝望前方，心里清楚地知道，今后的路还很长，但不论遇到什么坎坷我都有信心跨过去。康庄的盐碱地已磨硬了我的脚板。

如果我仍在康庄

最大型的经济、社会难题 /

我们当年的局限 /

农民工大潮 /

华西村、刘庄所代表的方向 /

绕不过去的历史责任 /

当我说"我是自愿下乡的"时 /

农村依然需要知识青年 /

全面客观地认识那段逝去的岁月

　　康庄插队的往事，写到此大体可以画句号了。可是，从当知青时就思考的问题却还远不能画句号。当年思考探索的"五亿农民的出路"（现在是近九亿农民）和"中国农村的社会主义前途"至今仍然不能说有了最终的答案。

　　我常想当年插队时，哪些事做对了，哪些做错了。

　　中国的"三农"（农业、农村、农民）问题太大太复杂。几乎可以说是世界上最大型的经济难题、社会难题之一。中国农民，经历了几千年的封建制度，在近代又经历了一百多年的殖民地半殖民地的三座大山的压迫剥削，终于在中国共产党领导的新民主主义革命中得到了胜利果实——分到土地。但是他们还没有把土地"种热",就被汹涌而来的农业合作化和人民公社化运动把土地拿走,归了集体。农民们太信任共产党了,以为能跟着共产党很快进入共产主义社会。

但是,合作化以来的路走得太艰难了!尤其是三年困难时期饿死了人。好不容易度过三年困难,调整了农村的经济、政治结构,形成了"三级所有,队为基础"的新管理体制,农业生产得到全面恢复,又来了个"文化大革命"。反对"三自一包"等割资本主义尾巴的做法,再次伤害了农民。共产党的目标是,逐步消灭私有制,建立公有制的新农村,避免两极分化。但对这条路怎么走,集体经济怎样办好,并无经验。农民们对集体经济的劳动分配也很不适应。我们恰是在集体经济经过曲折反复、正在恢复之时来到农村插队的。

当时的农民,受的限制太多了。严格的户籍制度加粮票制度,把农民几十年牢牢拴在村里,很少有自由外出就业的机会。上级政府的瞎指挥又往往使农民失去生产自主权,挫伤农民的积极性。

当年我们的眼界很局限,我们的知识、经验中没有"市场经济"的常识,预见不到农民工进城的大潮、公司加农户在市场链中大显身手、市场条件下的新型规模经营等等改革开放后出现的新事物。对中国农村的现代化道路要怎样走的问题,我们当时是一门心思办集体,坚信只要集体办好了,就一切都解决了。而且,确实有办得好的集体经济呀!我们在康庄的实践,就是沿着这个思路,取得了一定成效。同时我深感,集体经济要办得好,对领头人的素质要求极高。但怎样才能造就这样的人,而且让他们长期保持高素质,则是更难、更难的事。

改革开放30多年,中国农村发生了巨大深刻的变化。市场经济的活力从总体上解决了温饱问题。农民中涌现出了一批企业家,他们的个人资产规模使他们跻身进入中国最富有的阶层。农民的生活水平总体有很大的提高,但内部的贫富差距越来越大。再有,就是当年好不容易积累的集体家底在很多地方损失殆尽。联产承包责任制初期,康庄的来信对此问题的描述很令我痛心。

我常常问自己,如果我当初坚持留在康庄,我将怎样度过改革开放以来的这三十几年? 很多的遐想在头脑中闪现。

当年知青上山下乡的大潮 12 年间 1700 万人从城市迁徙农村。改革开放 30 多年以来,几亿农民工进城的大潮奔涌,更是人类历史上最大规模的人口迁徙——看看每年春运中国的火车站、长途汽车站、飞机场……如果我仍在康庄,我这个老资格的"包工头"会如何做?

近年来每到麦收季节,从南往北排山倒海的联合收割机大军跨省、跨区、跨县、跨乡、跨村的大规模作业,如果我仍在康庄,我会是什么角色?

中国人这些年确实吃得好了,吃得饱了,其中有多少是来自科技进步和国家、市场的粮价提高? 有多少是分田承包的功劳? 国家现在粮食年产量超过 1 万亿斤,但每年仍进口大量的粮食和食用油,粮食安全问题究竟解决了没有? 如果我仍在康庄,我还会愿意务农种粮吗?

在中国农村市场化、城镇化的进程中,始终引人注目的亮点是,涌现了一批坚持发展集体经济的农民企业家,出现了一批共同富裕的成功的村镇。像华西村坚持公有制为主不动摇,合并了周围 20 个村共同大发展,成功地建设了高水平的城镇化的现代新农村,实现了共同富裕。还有像河南的刘庄、北京的韩村河……以史来贺、吴仁宝为代表的土生土长的农村老共产党员,坚持了集体经济的发展,坚持了共同富裕的方向,在市场经济的大潮中大显身手。如果我仍在康庄,能像他们那样吗?

我永远认为,当年的大寨、沙石峪、下丁家……那愚公移山、改天换地的业绩和精神,展现了中国农民特有的脊梁和肩膀。尽管他们在"左"的路线下，有不少教训，但终究是以他们为代表的中国农民扛过了共和国最艰难的岁月。即便今天的中国，居世界第二的GDP里，有多少是农民的汗水浇灌出来的？不仅全民族吃的粮食靠他们种，一年30多亿吨的煤靠他们挖，城市中的高楼大厦靠他们建，垃圾靠他们清扫……还有大批的农民企业家和出身农家的科技工作者在创造着辉煌的业绩。可以说，没有中国农民的劳动创造，中国便无今天的面貌，也无现代化可言。

人生没有"如果"二字的地位，我回答不出"如果我仍在康庄"将会怎样的问题。我知道，尽管今天中国农民的生活水平比三十多年前大大提高了，尽管在长三角、珠三角和北京郊区有不少农民的生活水平已毫不逊色于城市居民，但近九亿中国农民这个世界上最大的人类群体，总体的生存状况仍很落后。农村的土地制度、各项政策还没有确立、定型，中国农村今后的路怎么走依然在探索。农民问题依然是中国发展的基本问题。正如党中央多次强调的，没有农村的现代化就没有中国的现代化，没有农民的小康，就没有全体人民的小康。这些都是我们和我们的后代绕不过去的历史责任。人民在创造历史。执政的中国共产党作为领导者义不容辞要担起这个责任，与人民同心奋斗。

中国共产党曾经是与中国农民血肉相连的党，执政六十多年、换了几代领导人后，是否还能继续保持与中国农民的这种传统关系，是最大的考验。要担当起如此重大的历史责任，今天的共产党领导人必须真正践行党的全心全意为人民服务的基本宗旨。

只有怀揣与八亿多中国农民共命运信念的领导者，只有那些了解农民、热爱农民、不脱离农民群众的领导者，才能从中国最广大人民的最大利益出发执掌政权、处理国事，才能成为中国人民的忠诚公仆。

这是康庄生活留给我的最实在的启示。

这本关于当年插队生活的散文集，从写第一篇关于大娘的日记算起，一晃十九年多了。写的过程中，自然会对"文化大革命"中大规模的知青上山下乡运动有些思考。这是一个争议很大的话题。

近年来，关于"文化大革命"中知青上山下乡运动的文章很多，各种形式的文艺作品也很多。历史学家、社会学家、小说家、文学艺术家们从各个视角、各个层面对这场城市青年的大迁徙运动进行了解析，得出了很不相同的看法。从全盘否定到全盘肯定的都有，"有悔"与"无悔"之争一度沸沸扬扬。知青们在插队（场）期间五彩斑斓、差异巨大的不同经历，返城后成功失落、贫富分化的生活态势，造成了对知青生活众说纷纭甚至尖锐对立的不同看法。成功者找出的是知青生活锻造了成功的品格；失败者找出的是知青生活酿成了失败的根源。

当我说"我是自愿下乡的"时，爱人马上回敬我一句："我就不是自愿的，是迫于形势。"当我说："我离开北京站时豪情满怀"，立刻有朋友回应："火车开动时，我们整整一个车厢的人都哭了。没人说话……"对知青生活，你讲出一个例子，必定有人能讲出相反的例子来驳斥你。

我们每个人只能讲自己的故事和自己的感受。

为什么在"文化大革命"中会出现这场人类历史上仅见的上千万城市中学生大规模迁徙到农村的现象？这的确和当时情势有关——因为"文革"打乱了中学生本来的成长秩序：大学停止招生，工业企业很少新办，老厂也秩序混乱，停工停产停止招工，已在学校搞了两年"文化大革命"的从初一到高三的六届中学生该怎么办？他们挤在城市里，上不了大学，当不了工人（有少数当了工人），当不了兵（少数当了兵），如没有个安排，将出大乱子。唯一的出路，不论是出于应急，还是出于"长远战略"考虑，高层都只能选择让他们到农村去当农民。

现在有不少说法，称当时知识青年上山下乡是"被欺骗"、受蒙蔽或被强迫的。这样的情况会有，但总体上不是这样。"从群众中来，到群众中去"是中国共产党的老传统、老做法，动员知识青年下乡也是如此。1968年2月8日，55名北京中学生奔赴云南，在西双版纳的大勐龙地区，一个仍然处于刀耕火种时代的森林地区扎寨。经过当时媒体的大力宣传，北京"五十五壮士"事迹被称为一场革命的起源，标志着那一代中国青年在对待革命问题上的认知方式。他们的这一行为源自"文化大革命"初期"大串联"的一次边疆之行。他们觉得在广阔的云南乡村可以大有作为，于是给周恩来总理写了一份要求去云南插队的报告。周恩来批给李富春、余秋里和北京市革委会。这件事在中学生中产生极大的影响，动员组织上山下乡的浪潮开始涌动。

1968年12月22日，《人民日报》发表社论"我们也有两只手，不在城里吃闲饭"，其中用黑体字印着毛泽东主席的最新指示："知识青年到农村去，接受贫下中农再教育，很有必要。要说服城里干部和其他人，把自己初中、高中、大学毕业的子女，送到乡下去，来一个动员。各地农村的同志应当欢迎他们去。"在那个毛主席挥手我前进的年代，此言一出，从1968年开始到1980年结束的历时12年、1700多万人的迁徙大潮就这样形成了。

知识青年上山下乡大潮，是"文化大革命"这一特殊历史时期的特殊产物。它涉及到几乎所有城市中有中学生的家庭的切身利益。所幸大学毕业生仍由国家发工资，如果也像中学生一样当农民、挣工分，后果会更糟。毛泽东一生都在大搞群众运动，"文化大革命"又是一场特殊的"天下大乱"式的群众运动，这期间出现的这种上山下乡的大迁徙也必然是一场轰轰烈烈的群众运动。这种泥沙俱下的如洪水般的大潮势不可挡，不论你愿意不愿意，也不论你处境怎样，你都只能卷入其中。

今天当我们回望 40 年前的这场运动，尤其是今天的年轻人看他们的父辈的这段经历时，自然会问，当时怎么会出现如此荒唐的让中学生通通不上学而去当农民的行为？任何国家的工业化进程都是农村人口涌向城市——如现在的农民工进城，城市知青下乡上山是对规律和潮流的倒行逆施！毛主席和当时的其他执政者，怎么会做出这种违反规律的荒谬决策呢？他们为什么要这样"迫害"年轻幼稚的中学生，将他们赶到农村去"接受贫下中农的再教育"呢？

应该说，当年的领袖们丝毫都没有迫害知青的念头。他们坚信，动员知青上山下乡，和农民打成一片，接受贫下中农再教育，是青年成为革命者的必由之路。老一辈革命者就是这样走过来的，中华人民共和国的江山就是这样打下来的！毛主席著作中对此写得明明白白。

的确，老一辈中国共产党人，和中国农民之间的关系真是血肉交织，同呼吸、共命运。多少革命知识青年投身到农民运动、农民暴动中。他们在这个过程中改造了自己的世界观，毛主席曾生动地讲过自己在和工农结合时思想改造的过程，说脚上有牛屎、手是黑的农民比未改造好的小资产阶级知识分子要干净得多。

从中国革命的进程看，中国革命走的是"农村包围城市"的武装斗争道路，是共产党领导的"农民战争"推翻三座大山。中国共产党胜利的根源就在于有农民的支持。几乎所有的老共产党员都有做农民工作的经历和经验。他们对农民有感情，知道中国农民的力量和智慧。中国共产党的老一辈知识分子，就是在和农民的结合过程中把中国翻了个个儿。新中国成立后，老一辈共产党员在土地改革后，迅速地搞了合作化运动，想用集体化的公有制使广大的中国农民走上社会主义的"康庄大道"。毛泽东还具体指出了中国农村的方向——"农业学大寨"。我们都认为，只要农村都能搞成大寨那样，中国农村的社会主义革命就一定胜利。

我们当时就是按照这个思想、这个逻辑、这个传统、这条道路来规划自己的人生道路的。而且党的领袖们自身也是这样做的。延安时期，当毛岸英从苏联回国后，毛泽东让他到农村去拜农民为师；刘少奇的侄女学校毕业后回湖南宁乡老家务农……1958年毛泽东在《中国农村社会主义高潮（按语）》中写道："农村是一个广阔天地，在那里是可以大有作为的。"一部记述回乡知识青年生活的电影《我们村里的年轻人》，曾感动并影响了多少当时的青年人，它曾引起过我的许多梦想。值得注意的还有，农业合作化后，也就是上世纪50年代后期，城市中学生下乡务农的政策在各地都有实行，涌现了一批优秀的做出成绩的知识青年典型人物。

知识青年上山下乡运动，从中国共产党的思想、理论、传统、实践来看，有一脉相承的内容。加上"文化大革命"批判所谓"资产阶级教育路线"，提出"资产阶级知识分子统治我们学校的现象再也不能继续下去了"，使得让中学生上山下乡接受贫下中农再教育的运动显得具有堂堂正正的培养革命事业接班人的影响力。许多要求上进的青年，觉得投身其中，就是投身伟大的中国革命。没有多少人当时就看出它是一场代价巨大的错误，是和把它带到世间的"文化大革命"一样属于"全局性的'左'的错误"，是国家人民的灾难。有人把"文化大革命"包括上山下乡运动，说成是中国共产党人探索社会主义道路的一次实践。如果这是难以避免的，那么我们这一代新中国的同龄人，就必然和祖国一同承受巨大的代价，走过艰难曲折的青春岁月。

如果将当年知青上山下乡的大潮，和近30多年的农民工进城务工大潮对比来看，当年上山下乡的逆历史发展的一面就更清楚，中国农民对中国发展的历史功绩也更加清楚。如果知青当年不是早几年集体返城了，他们定会成为民工潮的先驱和中坚。

但是另一方面，即便到了今天，农村依然需要知识青年。这几年，不是又在动员号召大学毕业生去农村当"村官"吗？知识青年在农村不是依然可以"大有作为"吗！

所以，在回顾知识青年上山下乡运动的历史时，既要看到它违反规律、耽误一代人、造成许多损失的一面；也要看到它形成的必然性和包含在其中的积极的思想内容的一面。

1978 年年底，云南知青发起返城运动，我父亲时任农林部副部长兼国家农垦总局局长，还兼国务院知青办副主任。他受命带领国务院调查组赴云南处理问题。最后的结果是，凡愿意返城的知青全

1978 年年底，云南垦区发生了大规模的知青群体罢工、绝食。赵凡率国务院调查组前去做工作。图为赵凡在孟定向罢工、绝食的知青讲话

部返城，绝大部分都走了，并且从 1980 年不再实行知青上山下乡插队的政策，结束了这场运动。后来有人称他是"为知识青年上山下乡运动画句号的人"。

当年北京赴云南知识青年李再延等人于 2006 年访问了我父亲，他记录整理了老人对知青运动的四点看法，摘要如下：

一、知识青年与工农相结合，是毛主席的一贯主张，这是从中国革命经验中总结出来的，是革命青年的必由之路，也是从中国经济的实际情况出发，扩展就业，发展经济的重要途径。是毛主席的重要战略决策，有其重要的现实意义和深远的历史意义。在"文革"中，由于不停的政治运动，把知青上山下乡接受贫下中农再教育的运动推到了极致，有不少教训。十几年间，全国有 1700 万青年学生，走向农村，走向边疆。这在全世界都是绝无仅有的，使整整一代人的命运与国家和民族紧紧地联系在了一起。

二、知青返城是在粉碎"四人帮"后，党的十一届三中全会前后，党中央、国务院，拨乱反正，实事求是地做出的正确决定。……各级党和政府为安置好回城的知青，做了大量深入细致的工作，使回城知青得以安居乐业，各得其所。

三、知青在农村受苦受难是有的，但是得想想当时全国的情况，整个国家都在受动荡之苦。年轻人吃些苦，受些难不完全是坏事，而经风雨，见世面，得到锻炼是主要的，对农村的发展和进步做出贡献是主要的。不管是物质还是精神上，知青都创造了宝贵的财富，留下了永久的纪念。

四、上山下乡知识青年是继往开来的一代人，回城后，在改革开放的新形势下，各行各业人才辈出，成为国家发展不可或缺的力量。这方面应该大书特书，有很多经验可以总结。

2006 年夏，父亲（左三）与前来访问的李再延（左一）等知青合影

当年在云南戍边的成都知青与我父亲结下了很深的友情。我父亲 2010 年去世后，他们的代表专程赶到北京八宝山跪拜送行老人。2012 年我到成都拜访他们时，交换了彼此对知青问题的看法。我们得出了这样的共识："我们不要用自己的经历去否定别人的经历，也不要用自己的感受去否定别人的感受。"以这样的心态面对知青生活多样化的现实，才是尊重历史，才有助于我们全面客观地认识那段逝去的岁月。

"歌唱动荡的青春"

历史自会有结论 /

心中的理想 /

"愿亲爱的家乡美好，愿祖国万年长"

　　我用一首歌的名字作为插队往事的最后一节的标题，不是要歌颂知青上山下乡插队运动。这场运动的是非功过，历史自会有结论。在插队知青动荡的青春中，值得我们追忆歌颂的是，不论遭遇多少磨难仍始终充满热情地为祖国、为人民奋斗的精神。闪光的是知青心中的这种理想。

　　我用歌声来结束本文，还因为康庄知青的插队生活，始终伴随着歌声。我很难用词汇描述康庄知青的歌声以及那歌声对于我们的意义。直到今天那歌声和唱歌的人依然常在脑海中回旋、闪耀。我们都爱唱歌，都喜欢沉醉在歌声里的那种特有的享受。我相信，每一个康庄知青和到过我们知青点的朋友都不会忘记康庄知青那独特的歌声。它使我们在暗淡中能涂出灿烂的霞红，在磨难里能播撒生活的欢声。

　　康庄知青的歌声，丰富多彩，极有个性。各人有各人的拿手戏。"老竿子"别具一格的《十字街头》影片主题歌《春天里》一开场

"春天里那个百花香，冷喱格儿冷喱格儿冷喱格冷，和暖的阳光在天空照，照到了我的破衣裳……"，经常会引来一片笑声。他似乎有点五音不全，时常会小小地跑调，但他神气活现、从不怯场、一气呵成的独特节奏弥补了弱点。他甚至还能把不知什么人填词的施特劳斯的《春天来了》从头唱到尾。

赵归的代表作歌曲就多了，《以革命的名义》电影中的《热带的地方》，《宋景诗》电影中的《黑旗回家到哪年》、《黑旗小子穷光棍》，南斯拉夫电影《桥》中的《啊朋友再见》……他简直能开个人独唱音乐会。

曹小惠的《红梅赞》、《小曲好唱口难开》……

杨颐明的《深深的海洋》、《田野静悄悄》……

我的《拉兹之歌》、《怀念战友》、《航标兵之歌》、《土拨鼠》……

杜长庚的《我的太阳》、《三套车》……他几乎所有的歌都唱得好，他扮演的是指挥、导演、组织者的角色。当我们的男声小合唱《猎人之歌》，经他排练后，轻重缓急、抑扬顿挫，都处置得恰到好处，每一出手就是满堂彩。

我们劳动时唱，休息时也唱；高兴时唱，不高兴时也唱；来朋友时唱，不来朋友时也唱。对着初升的太阳、对着满天的星斗，我们都曾放声高唱。快乐的歌、忧伤的歌，宣泄抒发了我们的喜怒哀乐。记得有一首丰镇知青编的歌，调子凄凉委婉，也在我们中间流传："条条锁链锁住了我，锁不住我唱给你心里的歌。歌儿有血又有泪，伴随着你和车轮飞……"渐渐的，我们唱歌的队伍也扩大了，合盛堡村的王玉中，大虫堡村的王斯成、左小武、童华南也参加进来，互相交换、传抄歌曲。可以说，如果没有歌声，我们的日子要难过得多。

我们有自己创作的康庄知青的歌：《把青春献给人民》。但我们的一号保留节目却是一首苏联影片《在那一边》的插曲《歌唱动荡的青春》。这是一个外县知青带来的歌，杜长庚对原谱副歌的低声部和声做了改动，并指挥大家排练。当那美妙的和声出现时，我们都为之陶醉。康庄知青的这首混声小合唱（有时是男声小合唱）曾倾倒过多少人！这首歌经我们传播、扩散到全县的知青。

我们没有人看过那部苏联电影，不知道其中的故事，但插曲的五段歌词强烈地碰撞着我们的心。它的曲调抒情自然而又激昂澎湃，那鼓舞着年轻的我们为祖国、为理想奋勇向前的旋律，直到今天仍在我们心中回荡：

时刻挂在我们心上，
是一个平凡的愿望：
愿亲爱的家乡美好，
愿祖国万年长。
……
你别以为到了终点，
别以为风暴已不响；
快走向那伟大目标，
去为祖国争荣光！

听，风雪喧嚷，
看，流星在飞翔；
我的心向我呼唤：
去动荡的远方！

康庄往事 ｜一位北京知青的记忆 ｜

歌唱动荡的青春

影片《在那一边》插曲

列·奥沙宁词
阿·巴赫慕托娃曲
薛　范译配

说明：原谱副歌有两个声部，这里简谱部分只记其第一个声部（五线谱部分照原谱制谱）。

康庄往事

续篇

"编外知青"郭凡:康庄人物七

就像是我们知青中的一员 /

称职的会计,懒散的农民 /

神奇的计算尺 / 就想混个"铁饭碗" /

对康庄人民有贡献 /

把最好的地盖了学校 /

走南闯北 /

"如果你也变了……" /

公权不得私用 / 平生三慰

　　在康庄的所有村民中,与知识青年交往最密切、在知青宿舍消磨时间最多的,如果不算大娘,那首推郭凡。全村的老乡只有四个人进出我们院子时,欧立克不咬,他是其中之一。郭凡与几乎所有的知青建立了友谊,而且和许多知青的交往保持了几十年。我们说起他,就好像是我们知青中的一员。所以,我称他为"编外知青"。

　　我们之间的故事从插队至今45年了,直到今天还在继续着。他就像一个纽带,连接我们和康庄。姜斯栋2005年回康庄、我1985、2006年及后来回康庄、张小彭多次回康庄、方虹2012年带女儿回康庄、王利君回康庄……都把郭凡家作为落脚点。由于有他和我们的这种不间断的联系,对康庄的思念之情一直伴随着我们。

我们刚到村时,他是大队会计。这可是全村"知识含量"最高的岗位,也是权力最大的岗位之一。我们第一次见面是在马文忠家吃到康庄的第一顿饭时。在上文"初到康庄"中已有讲述。记得那时康庄大队还成立了一个"知识青年领导小组",由支书武文应、副支书兼贫下中农委员会主任李申金和会计郭凡等组成,武文应当组长,李、郭当副组长,负责管理知识青年的有关事务。

没用多久,郭凡就和我们混熟了。他和我们很谈得来,我想可能是彼此都有较浓的学生味道,所以"气味相投"吧。这甚至造成了我对他年龄的错觉:多年来,我一直以为他同我年龄相当、甚至小我一岁。很晚我才知道他是1944年出生,比我大了四岁。

他虽只是个小学毕业生,但他的实际水平远高于此。能在康庄村一人独揽全大队的财务总账加上8个生产队的8套账目,就工作量与工作难度来说,能应付下来真是不简单。我曾很认真地向他请教过不少财务、会计方面的知识。他逐一给我讲了农村会计的四套基本账目以及它们之间的关系,从现金账、分类账、实物账、往来账各自的特点、功能,到与社员的关系,到各账之间相互关系,他都讲得清楚明白,对我帮助极大。大队会计除了记账理财,还承担着大队的几乎全部文书、秘书类的工作。从给上级写报告,到写各类对外的信函,开介绍信,包括到公社登记结婚的介绍信,各家户口的变动……都离不开他。实在是因为他聪明绝顶,才能小小年纪便担此重任。可以说,他是康庄社员中最有文化的农民。

他身材矮小,1米60多一点的个子,腿略有点罗圈,单薄瘦弱的身体加上相当懒散的习惯,使得他不是个好劳力,算不上好农民。这可能与他的家庭有关。他家土改定成份时定为上中农,是康庄村的殷实人家。他父亲郭秉知极为勤劳,平日少言寡语,除了吃饭睡觉时间,几乎全在劳动。老人家过世时,郭凡曾写了一副挽联悼念他:

2013 年 7 月，郭凡看了《康庄往事》初稿后，提出许多中肯的修改意见。我写作的最重要原则就是，乡亲们看得懂并且认可和喜欢

"举世勤劳为子孙；毕生节俭过光景。"平实的词句确是对老人家一生的写照。郭凡的母亲和爱人也都勤劳能干，家里家外的活儿计都操持得井井有条，惯得郭凡衣来伸手，饭来张口，游手好闲，乐得自在。村里不少人说他命好，有个好大大，小小年纪便娶妻生子，又娶了个能干的媳妇，由着他整天溜达着耍。的确，在康庄几年间，我没见过他下地锄过几次田、割过几次庄稼。大队会计的工分已是村里挣得最多的了。

郭凡的聪明不仅全村公认，我们也感到惊讶。他对新鲜的事物有着极其浓厚的兴趣。包括那些农村还不流行的扑克打法。比如拱猪、桥牌，他一学就会，而且兴致勃勃地和我们玩，再出去推广。他自认为山阴县的扑克牌游戏拱猪是他首先从我们这里学会并推广开来的。让我最为吃惊的是，有一次在我们知青点，他发现了一把计算尺。这是我们中学代数课程中的学习内容。他对这把轻轻一拉，就能准确地进行加减乘除四则运算的尺子产生了浓厚兴趣,刨根问底地缠着我们把其中的奥秘讲给他。他领悟力极强,很快就弄通了道理并操作熟练。而且马上就用到给社员预分配的实践中。

记得 1969 年秋收后,在场面要将新粮先"预分"一部分给社员。因为此时全年的最终结算还出不来,但有的家庭已经断粮,所以要先分一部分救急。全体社员对此都极重视。这时的场面中挤满了人,各队队长、大队会计、保管一齐到场,各家各户依次根据人口和所挣工分按照预分的标准将应分的粮食过秤后扛回家。只见郭凡拿着我们那把计算尺,轻轻一拉,就将各家的数字报出,令在场的社员们目瞪口呆。有的将信将疑地非让在场的几位村中的算盘高手再重新算一遍,复核的结果纹丝不差,大家都佩服得五体投地。我们心里清楚,他的智商、聪明劲不在我们之下,差别只是他受教育程度低仅仅上了小学。

康庄村民中,姓武的最多,几乎占了一半,武姓家族是第一大姓。排第二的是姓丰的,约占两到三成。姓郭的估计可排第三,占一成多。再有就是周、姚、马、李等姓氏合起来约占一二成。郭凡因是大队会计,管着大队和生产队与社员间的往来账,也就是说,每一家社员和集体间的金钱、实物的各项往来支付,都要经过他手办理并且记录在账。因此他与村民的接触面是所有村干部中最广的,可以说是一户不漏。他知道每一家的情况。那时在农村很重视出身成份,地富及其子女们很受歧视。但他似乎并不在乎,能一视同仁地对待大家。

当时村里的地主武斗山的小儿子武日友,聪明能干,各项农活都拿得起来,很勤劳且待人接物很得体。郭凡看出他是个有出息、能干成事的后生,便将一队队长郭吉的宝贝女儿存女介绍给武日友,当了一回媒人。改革开放后,武日友果然在山阴县一展身手,从建筑工地的小工起步,办了几个企业,成了有上千万资产的企业家,算得上康庄最成功的几个人之一。尽管后来他操劳过度、50多岁便因病去世，但郭凡保媒在当时确是一段佳话。

郭凡是康庄村数得着的聪明人、"明白人"，是康庄有头有脸的"上层人士"。但这都非他所愿。他不安心当农民，一生都想混个铁饭碗，脱离"农民"身份，但终究未达目的。从这个意义说，他是一个失败者。

他曾就自己早年当过一段工人，后来"丢失"工人身份的事给我写过信，希望我能帮他"落实政策"，可我实在爱莫能助。他说：

那是1960年2月"大跃进"后的困难时期，我曾在内蒙古"参加送变电工程公司当正式工人。同年九月份被集体调到赤峰三万六电厂"。"六一年元月份又由赤峰集体调回呼市送变电工程处……安排到变电站当工人。不知什么原因，赤峰没有给我转户口和工资关系。所以，送变电工程处对我的路途补助和旅费不予报销。并且还不给发工资，每月只借给我一个人的生活费，单位通知我说'等你户口转来再说'。结果是一等四个月过去了，还不见户口和工资关系转来，当时送变电工程处是和赤峰联系过，我不知道。因我当时只有十七岁，年幼无知，只好再向领导乞求。领导韩同志对我答复很粗暴：'你自己去赤峰找吧！'这样又交涉了一个余月，丝毫得不到领导关心。我本人十分痛苦，最后在孤苦无告的情况下，想到回家。回家后，父亲是个老实农民，就让我在家种田了。经过和本村队长、支书多次请求，才把我这个丢了户口的'黑人'收留了下来。整整一年没供应口粮，生活之艰辛不言而喻。

至今，在呼市送变电工程处工作五个月的工资和由赤峰返回的旅费一直未曾结算和报销（当时我是一级工，每月36.00元）。

鉴于上述情况，这些年来，曾不断向上级信访过，但从未得到认真答复。"

我对他信中所述从赤峰调呼市没转户口和工资的原因心存疑问。因为当时正处在"三年困难时期"，曾经在"大跃进"期间当了工人的农民有1200多万人被遣返回农村务农。我估计郭凡大概就属于这个行列。而在"文化大革命"结束后的平反冤假错案及解决历史遗留问题中，都不包括给这批人"落实政策"。就这样，他的申诉石沉大海、不了了之，只好继续在康庄当农民。

我常想，以他的聪明，应当是干什么都能干成的一类人。只要他能有他父亲那种坚持不懈、始终如一的韧性和吃苦精神，不离康庄也能成大事。可惜他天性中兴趣广泛、目标漂移不定以及"好吃懒做"（恕我不恭）、散漫成习，使他只能是高不成、低不就地停留在"康庄名人"的位置。

客观地说，郭凡对康庄人民是有贡献的。他担任大队干部20多年，会计、副书记、书记都干过。他心地善良、办事公道，不欺负弱者，也不攀附权贵，在康庄复杂的宗族、人事关系中保持自己的独立性和公正地位。在廉洁方面，他虽难免有时也"多吃多占"点，但不出大格。马锡栋和我对他能识大体、不贪便宜的品性都有好感。他掌管全村大小账目，多年没出大错，很是不易。我对他意见最大的一件事是：他当大队书记期间，竟然把全村最打粮食的几百亩宝地"墙南"地建成了学校！再有一件令我反感的事就是他的打牌赌博。好在他还没用公款去赌，而且赌注不大。尽管因此被抓过赌、受到家人的多方限制和我们的反复劝诫，但终没彻底改过，一有机会，便忍不住再摸上几把。

他爱走南闯北，是康庄见世面最多的人之一。还在我们插队时，他就借给村里办事之机，和我们来过北京。到北京后，办事之余骑上自行车，靠着一张地图，可说是逛尽了京城，什么王府井、故宫、颐和园、前门……把北京的路摸了个烂熟，成了康庄的北京通。人们来北京办事，都想约他同行。说到骑车，是他第一个在康庄用我的自行车学会的。这引得其他年轻人也一拥而上，结果我那辆车子很快就面目全非、惨不忍睹。

我们有很多共同语言，既谈村里的事，也谈论国家的事。他对党和国家干部作风的逐渐蜕变很有忧虑。1979年我离开雁北后，我们之间的联系少了，一两年通上一封信，知道他过得不顺心。我保存了他的几封来信，从中可以看到康庄村以及他的家庭在农村实行联产承包责任制后的一些情况。

他1982年1月18日的来信中说：

……我想和你说说村里的事。今年康庄打了30多万斤粮食，370吨糖菜，秋收分配还没有彻底定下来，大队的支出完全摊到小队，那其中的十个队就得每个工倒赔一角左右，如果部分摊到小队，那每个工最多二角钱大多数也只有一角左右。

现在土地牲畜完全放到社员户里，明年包产是54万斤，社员由于对政策或说是村策的不信任，生产形势不好，土地除机耕的一半外，其余一半还是白茬地，牛犋一犁也没耕，土地一半没汇，肥料还没送出一车。今年不是自留地好一点，社员的口粮成问题。社员比较困，部分会跑点买卖的人还好点。

大队更是穷得一光二净，原来大队的财产都卖了，畜圈和猪厂也卖了，现在还欠国家贷款10万多，其他单位大概二万左右，欠社员手里的现款条子5000多，你说这些外债怎么打呀？可就在这难过的时候，村里工作非常困难的情况下，……让我做村里的支书，我困难很大，不过也认下了，如果是像那几年我是没有能力搞好的。

很想让你正月来一趟，看看这几年后干群思想变化。秋天大队把电视机都叫偷走了，公安局来过人，也没有一点线索……

他的信和其他渠道的信息，令我心疼了很久。

农村承包责任制不应是对集体经济的大破坏！中国农村走集体化发展的路，从合作化运动算起，到中共十一届三中全会仅仅二十五年左右的时间。其中又有"大跃进"、人民公社化运动、三年困难、"文化大革命"，风风雨雨，一路坎坷。静下心办集体的只有1962—1965年的恢复时期，当时整顿人民公社的"队为基础，三级所有"体制发挥了很好的作用。在实行了几千年封建土地私有制的中国广大农村，要建设发展集体经济，太不容易了！康庄村的集体家当来得多么不易我们深有体会。郭凡写此信时，正是全国都在大搞联产承包责任制，在分责任田。坚持办集体、发展集体经济被认为是坚持"左"的一套。所以，在这种"一窝蜂"式的改革声浪中，中国农村的集体经济损失太大了。回过头来看，当时坚持住发展集体经济不动摇的极少数农村党支部，如河南刘庄、江苏华西村……在30年后大放异彩，独领风骚。那是因为有史来贺、吴仁宝这样的农民英雄。郭凡（包括我）不具有这么远大而坚定的见识和开拓进取的能力，除了几句牢骚、叹息，挡不住席卷而来的浪潮。

郭凡当支书的那段时间，我想他是处于一种矛盾且疲惫的心态中：办集体的事已很难成功，办自己家的个体经济也打不起精神。家里老人老了，四个孩子一天天长大也要谋个出路。为人子、为人夫、为人父，他感到家庭的负担越来越重。村支书的担子也格外重。家里人看到别人当支书，要么本人当了国家干部（如长辛村的李宏贵、北郭庄的白明堂等等），要么孩子当工人、参军，就你啥也没捞着。郭凡和各方关系都能处得不错，但要办私事，那是要硬关系，硬关系则要花大本钱。偏偏郭凡脑子里的是非观念又把这样办事列为不光彩的丑事一类，自己不愿出这种见不得人的黑钱，也搞不清使多少钱才够。总之是不入此道。所以，他终究没"办成事"。但他"农转非"的心思不死，尤其是想给孩子谋个"铁饭碗"。为此，他碰到一个机会，便买了火车票，一个猛子扎到了湖南省娄底市。

我那时（1987年夏）刚到娄底地区当专员不久，每天忙得不亦乐乎。一天我从乡下回来，办公室的同志告诉我，有位从山西雁北来的叫郭凡农民要见你，说是你曾在他们村插过队。我赶紧说快请。

他乡遇故知，格外高兴。想不到他居然跑来娄底。我问他有什么事情，他说应县一个单位和娄底的冷水江市的一个单位有个买卖，货交了但货款一直拖欠，他是帮助讨账来了。再有"就是想来'眊眊'（雁北方言，看看，音同猫）你"。我随即将冷水江的市长找来，问题顺利地解决了。

他在我家住了三四天。每天除了开会、处理文件的时间，几乎都和他聊天。我们一起端着饭盆，拿着饭票在机关大食堂就餐。晚上直聊到深夜。内容多是我们分手后的康庄的变化、当年插队的事情、国家这些年的变化、党和干部队伍的状况、我们各自的事情和打算……还和过去那样无拘无束地海聊。他对我的工作情况和打算相当关注，我们都对日益严重的腐败现象很忧虑。第三天晚上，讨账的事办妥了，他说要回去了。我问："还有什么事你说。"

郭凡这才吞吞吐吐说他想让我给他儿子解决个"吃国家粮"的正式工作。

我告诉他，这事我办不了，也不能办。娄底是个煤矿区，条件比大同矿区差得多，下岗待业的人员安置都很难，给你儿子找工作不合政策。你还是回去就近想办法比较妥当。国家现在开放搞活，当农民也会有出路……

他见我这样说，也就只好回去了。此后一段时间没联系。再接到他的信已是 1992 年 4 月了：

> 自去年开始，我很不顺利，不管是官司还是经济都是失败，目前我很困难，借了亲朋不少的债，家中整天处于埋怨，吵嘴打架之中，过几天我想去你那里一趟，但不知你在不在大庸。
>
> 我想离开这个家，越远点越好，或搞点生意，或做点营生。咱们这里都学会做买卖，我也试着做点小买卖，但都是赔了钱。我现在仍想干几年，赚点钱还清别人的债我就心足了。南方有的东西，北方没有……如能在这方面搞点沟通，我从中稍取点利，合理合法。
>
> 再：听说张家界旅游业正在兴建，我能否在那里搞点服务行业。现在搞买卖企业，没有资金不行，我也向银行贷不出款来，我也不敢冒大风险……
>
> 大娘目前身体还好，就是心情老不痛快，……她让我代问你好。

此时我调到大庸市（现张家界市）已 4 年。他说来就来，又一个猛子跑来大庸。又是我下乡不在家。市委秘书长了解情况后安排他住进招待所。宾馆的同志听说是我插队时的老乡，很热情地安排他的吃住，有的市领导还专门来看他。郭凡有点"受宠若惊"，说自己是"狐假虎威"了一场。第二天我回来后，把郭凡在宾馆的房间退了，接他到家里住。吃饭就和我一道拿上饭碗、饭票到大食堂排队就餐。他后来说，我接他回家和他一边聊天一边洗衣服，就像插队时。他对此印象很深。从他来前的信中，我已知道他遇到了困难，想得到我的帮助，知道一场不轻松的谈话在所难免。

他说："我这次原本是拿定主意，求你帮我找份工作。世道变化这么大，难道你赵杰兵就不变？我就是想当面看看你赵杰兵现在变成啥样了。如果你也变了,那我这回说什么也要赖定你。你不给我办,我就不走了!"

"你看我变了多少?"

"据我观察,感觉你没有变,而且要求自己更严了。看来我这回又可能白跑一趟,办不成了。你当这么大官,办我这点小事,算不了什么吧?"郭凡仍不死心,继续试探。

"谢谢你对我的理解。我现在'官'当得不大,但也不小。你说的'办事',我现在的'官'正是能办事的官,手里有点权。有些更大的官办事反倒不如我们方便。但我们这点权都是'公权'而不是'私权'。我没有权力办你所说的这种事。你想,如果我们这些当官的都把自己的亲朋好友四处安插,国家就糟了。不拿公权办私事!这是我的原则。再说,你想在大庸和雁北做生意,我劝你还是别做。你要在这么远的距离倒腾买卖,你不是这方面的行家。在家里倒腾小买卖都亏钱,在这里有什么优势? 还不是要靠我的牌子找便宜。这样一来,赵杰兵就成了'官倒',你我之间也就成了'官商勾结'。所以,你说的两件事都不能办。我能帮你的也就是替你把来回的火车票和住招待所的钱出了,再给你点路上的零用钱。你也看到了,国家给我的工资一个月 200 元。这次给你 400,就干掉我两个月的工资,还帮不了什么大忙……"我可能还说了些鼓励的话,诸如国家现在对农民政策很宽,捆得不像过去那样死,建议他多想点办法,选个好项目,应该会有希望。

郭凡的大庸(张家界)之行一无所获。我也只能如此。

他走后不久,我就调回了北京。想不到很快又见到了他。他是陪马锡栋来北京看病的——锡栋得了癌症。在京看病,主要是方虹帮助联系张罗。这期间和郭凡聊了聊,知道他过得不愉快,我既想不出办法帮他,又找不到合适的话宽慰他。

后来听说他找到在山西煤运公司工作的康庄知青王利君,王利君帮他在天津港、秦皇岛港和厦门港联系了协助登记装卸煤炭的工作。就是负责把从山西用火车运来的煤在港口装船南运，或将南方到港的船卸煤的登记。活不算重，收入相对还可以。从1997年到2003年干了6年，对他还债和养家糊口是很大的帮助。但这种工作终究不能长久，老了他还是得落叶归根，回到康庄。

我调回北京后，工作一直很紧张。又加上大娘于1994年过世，而且我的工作性质使得我不愿多拉扯工作范围以外的关系，我与康庄的联系渐渐少了。直到2005年我突发心肌梗塞后，我才意识到如不抓紧回村看看，很可能就没机会了。于是有了2006年我、黄梅、张小彭的康庄之行。那次我就在郭凡家落脚，吃了顿中饭——手擀面条，并在他家的热炕上睡了午觉。郭凡的女人和黄梅拉起了家常，让我一定说说郭凡不能再打麻将赌博了。她以为郭凡会听我的。其实我哪里管得了他!? 这次回村，距1985年我和黄梅带着儿子赵雁培回村又过了21年。可能是人老了，变得脆弱了，这次在康庄我竟然两次落泪。

此后的几年，我又回过几次康庄。有和刘源一同回的，也有和小彭一道回的。其中2011年郭凡到北京治疗肺结核后，方虹和我送郭凡回村，引出了一段打井的故事。在县委书记侯元的帮助下，康庄终于打出了一眼真正的甜水井，圆了我40年前的一个梦。没有这次送他回村的机缘，可能就没有了这口井。后来他参与了这口名为"同心井"的管理，心情也变得好起来。

郭凡的故事，到此已是"今事"了，而且还没有完。年近70岁了，在康庄磕磕绊绊地挣扎了一辈子，虽然未能如愿跳出"农"门，似有遗憾。其实这算得了什么呢!? 他对我说过自己的一生：做了一些好事，亏心事做得不多；一辈子走南闯北，见过大世面；芸芸众生间，交过真朋友! 有这三条，郭凡此生足矣!

刘氏兄弟：康庄人物八、九

哥哥是村支部书记，弟弟是康庄"大款" /
刘应国说他成功靠的是忍辱负重，诚信为人 /
刘应中说他当支书靠的是为民的良心 /
地位低下的外来户 /
母亲的影响 / 历史又前进了一步

　　1985 年我和爱人带儿子回康庄后，很长时间没再回去。直到 2006 年我才又一次回康庄。21 年的跨度对一个村来说，足以发生任何程度的变化。但那次我看到的变化并不大。可有一件事出乎我意料：刘应中从 2000 年 6 月上任已经当了 6 年村党支部书记。哥哥当支书，弟弟是康庄数一数二的"大款"，难免会招来各种议论。

　　2006 年以后，我回村次数多了，尤其是 2011 年为打井我回了 5 趟。与刘应中、刘应国兄弟的接触也越来越多。对他们兄弟对康庄村的贡献知道的也越来越多。我想，如果康庄写村史，刘应中、刘应国兄弟的位置将是很重要的内容之一，他们为康庄村百姓做出的贡献着实不小。

　　若说康庄从市场中闯出来的成功者，首推刘应国、武日友。武日友因病早逝。刘应国在山阴县的建筑业、服务业、房地产业、商业等领域均有作为。他的资产有多少我没详细了解过，但知道他是从当小工学徒起步，一砖一瓦地干出来的。

我让刘应国把为康庄百姓做的事情开个单子给我。他写了七页纸。从1984年郭凡当村支书时盖新学校，一直写到筹资建大棚。在近30年时间里，他为康庄公共事业出钱、出物、出工、出力之多，可以说无人能比。比较大的事情有张宁桂任村支书时修黄巍道，合盛堡"普九"建校，高速公路占用康庄村水浇地的核定，康庄到黄巍水泥路的修建，村舞台，大队部二层楼，学校二层楼，新农村建设中硬化街道、做围墙、建入村大门，重建大庙，超市、医疗所、村委会的建设，大棚的筹款，"同心井"、"国机井"的建设等等。他没有详细开列他在这些公共事业中所投入的资金和物力，但三十年来一定是相当可观的数额。

不少人和我谈到刘应国待人的厚道，有人甚至说"每一个"康庄人都沾过刘应国的光，从他那里得到过帮助，小到一袋水泥，大到数量可观的钱物，却从未听说过他沾过谁的光。村民中对不起他的人不少，他从不计较，而且从不和人说起。他尤其善待在他手下打工的工人。有些从他手下干起现已自立门户的人，每当刘应国的工程紧张时，便主动援手帮忙，从中折射出他待人的侠义厚道。

刘应中，担任康庄村党支部书记十几个年头，是历任支书中任职时间最长的一位。2012年我回村时，他给了我一份他任村支书以来的文字材料，使我得以了解这些年他对康庄村的贡献。这十几年是国家对农业投入最多的时期，较大的项目有农村电网的全面改造，村村通公路，普及九年制义务教育，新农村建设……特别是高速公路从康庄通过并建了一个服务区，给康庄带来了很多机遇。刘应中支书任内配合国家大政策，做了大量工作，较大的事有：

改造重挖12斗渠7500米。配合电业局全面改造村电网。争取水利局帮助，打100米深井一眼，解决当时吃水问题。争取乡党

2006 年回康庄，与刘应中（右二）、郭凡（右一）在高速公路康庄服务站会面。康庄服务站的建立，对康庄村经济拉动很大

委支持，从合盛堡水管站接自来水管，全村喝上淡水。填平大庙前后两个麻河（臭水坑），平整出广场，修通南北大道。建 130 平方米的舞台。建二层办公楼。实施国家村村通公路工程，修黄巍道 5.3 公里水泥路。村主要巷道硬化，广场硬化。建学校二层楼。集资 50 多万元组织重新翻修大庙。盖起村委会、党员活动室、文化室、便民超市、医疗卫生室共计 14 间。学校建教员、学生宿舍 10 间。砌围墙、装暖气。村内道路两旁植树绿化。疏通了木瓜河到康庄的爱民渠、建桥两座。在原插队知青、县委、乡党委帮助下打 200 米深井一眼。在省财政厅项目办及县财政支持下，建高标准农田 2000 亩等等。

刘应中和我谈起他当支书的十几年间，风风雨雨、坎坷曲折，有人反对，甚至向上级告状等等。但他认为"只要认真贯彻党的方针政策，紧紧依靠和团结广大群众，有一颗为民的良心，再难的事也能办成，再穷的家也能过好。"

由于刘氏兄弟是一队社员，我插队在九队，平时很少来往。对他们家的情况了解不多。

刘应中与知青中的杜长庚关系最好。我上文曾写道杜长庚和他一道赶大车拉煤的事。当时康庄仅有 4 辆橡胶轮胎的马车，20 岁的刘应中便能掌鞭其中之一，很说明他善于动脑掌握劳动技能和服从领导、坚忍吃苦的劳动态度。后来他和赵归在办砖窑的过程中也结下了深厚的友谊，而且，也再次显示出他能吃苦和善动脑的品质。这些在长期劳动中形成的素质，给他后来当村支书打下了基础。

那时，我对刘应国的印象，只是一个很精神、很干净的小伙子，他冬天常穿一件羊皮小坎肩，与众不同的是他这件外穿的坎肩相当

2006 年回康庄，刘应国（左四）、马一山（左六）、丰深义（左二）带着我和黄梅在康庄村转了转。王直厚（右二）、崔成章（左一）也来看我们。村里确实变化不小

白、相当干净，和他红润的面庞映衬在一起，很有青春的活力。我们刚到村时，刘应国还在北周庄读初中。至于后来，刘应国怎么一步步发展起来，我知道得很少，只是听说他从打小工干起，后组织包工队、运销煤炭、开餐馆、办商店……很辛苦、很不容易地一路走来。他和我讲起这些年的经历时，说就靠八个字："忍辱负重，诚信为人"。作为今日康庄"大款"，是艰难困苦玉成了他。

刘氏兄弟成为康庄的成功人物，是在极其困难的条件下长期奋斗的结果。和同龄人比较，他们的起点低、环境差。他们是外来户，在县里村里无亲无故。更困难的是，他们父亲的阶级成分的颜色是"黑"的，是"原国民党军官"。我曾问过应中、应国他们父亲的经历、祖籍、在国军什么部队任什么职务等等。他们告诉我，父亲很少向他们讲自己的事，所以他们也说不清。

我把自己道听途说的信息凑到一起，得出的是一幅模糊的图像。

刘秀山，曾在国民党傅作义部队担任过某骑兵团团长。北京和平解放后，在京津一带当商人，做起买卖来了。上世纪50年代初，按照共产党对一些在北京没有固定职业的人员的移民政策，被异地安置在山阴县康庄村当农民。当时一同被安置到山阴县的还有李秉文等八人(李秉文在县里当教员，"文革"中自杀了)。刘秀山携妻子(二姨太)及儿女到康庄后，又将在内蒙古太仆寺旗(宝昌县)的三姨太焦秀英和孩子刘应中、刘应国兄弟及女儿接来康庄。不久后，先来的二姨太和儿子离开康庄去了天津，此后再没回康庄，但与刘秀山的家人一直保持联系。刘秀山于1968年春因病去世。我们1968年冬到康庄插队，没见过刘秀山。

是什么原因使刘秀山没有选择回原籍而是选择了来到人生地不熟的康庄？后人不得而知。据刘应中讲，他父亲原来被安置在内蒙古某地，但到火车站上车时发现车票丢失。去不了内蒙古，在车站滞留了几天。正巧有安置到山西的人员登车，于是重新登记了安置手续。负责安置的部门就将他们改为安置到山西。尽管当时党对国军人员有"给出路"的政策，但是在那个"以阶级斗争为纲"的年代，头上戴着当过"国民党军官"的帽子，被列入地主富农的行列同样对待是免不了的。加上又是外来户，他们的困难可想而知。劳动中的苦活儿累活儿要多干，不仅要听大、小队领导的话，与街坊四邻交往也得处处小心。

康庄刘氏家中，很让我感慨的是应中、应国兄弟的母亲焦秀英。我不知道她以前是怎样嫁给刘秀山做了三姨太，又是怎样来康庄和丈夫团聚支撑起这个家。我见过她几面，留下的印象是端庄、宽容、精干、遇事有主见，很坚强的一位大婶。想想她的经历，年纪轻轻就嫁给一位比自己大二十多岁的军人当姨太太，丈夫落了难仍肯背井离乡来寻夫，丈夫过世后仍苦撑着家庭，特别是对二姨太留下的女儿视若己出，以爱心和忍让影响着后代。终于，老太太看到了孩子们扬眉吐气的一天。有孩子们的成功和孝顺，普天下哪位母亲不感到是最大的慰藉呢？老人家于2008年过世，享年90岁。刘应国曾多次和我谈起他的母亲，说没有他母亲的教养就没有他的今天。

客观地说，康庄的村民们即便是在那个讲阶级、论成份的岁月，对刘氏一家仍算是宽厚包容的。这也是刘氏兄弟能在康庄扎根立户，一个成为康庄村党支部书记，一个成为康庄富户的重要原因之一。一个原国民党军官的两个后裔在康庄的成功，似乎在告诉我们什么：那个国共之间、阶级之间你死我活、大杀大砍的时代已经过去了。谁能更好地为人民服务，人民就会拥护谁，不论你的家庭出身是共产党还是国民党。这，应该说是历史又前进了一步吧。

"同心井"纪实

——康庄打井记(一)

公元 2011 年 9 月 16 日,对山西省山阴县合盛堡乡康庄村来说,是一个不同寻常的日子。村西北 100 米处,一口深 210 米的水井成功出水了!虽然出水量只有一小时 20 几吨,但这点水对于极度缺水的地处雁北的康庄村的村民来说,犹如沙漠中的甘泉。作为曾在康庄度过一段青春岁月的北京插队知识青年,我心中的喜悦无以名状!40 年来的一桩心事终于了结了。

那是 1971 年的深秋,康庄沉浸在大丰收的喜悦中。村里的大队、生产队干部在做好年终结算分配的同时,都在谋划来年的工作。在村包点的公社副主任马锡栋也和大家一同谋划下一步的安排,大家劲头很足,准备来年更大的发展。在我们谋划的事情中,有一件是我提出来的,那就是打一口 100 米的深井,结束康庄人祖祖辈辈喝苦咸水的历史,让乡亲们喝上"甜水"。

从 1968 年 12 月我们到康庄插队的第一天起,最不适应的第一件事就是喝不到"淡水"。1000 多人的大村,村北、村中两口当家的大井,水是咸的,而且在我们看来是苦咸的。村东 300 米处有一口号称"甜水"的井。记得每年过大年前,村里家家户户做豆腐时,这口井都会被淘干。我们知青除了水被淘干时,几乎全是来这口井挑水。尽管在我们看来，这口井的水也是咸水，不过比其他井的水略淡一些罢了。

"什么时候才能喝上口淡水啊?!"从到村插队的第一天起，这个念头一直在我脑子里转。记得在北京上高中时，曾跟着父亲到过郊区的农村，知道不少村子是打 100 米的深井解决的用水问题。而要打这么深的井必须要请专门的打井队。康庄当时很穷，饭都吃不饱，哪里有钱请打井队？

1971 年康庄大丰收，有点经济实力了，我便提出打井建议。马锡栋、村支书武文应和其他的大、小队干部也都支持。于是我们请来了县里的打井队。为了安排好他们的生活，我特意从库房调出 800 斤小麦，从油坊取来一榨胡麻油（60 多斤），还有小米、黍子、玉米面，杀了口猪，用黑豆换了些豆腐，好好伺候打井队的师傅们。打井队在村西南选了个点开钻了。结果井虽打了 100 米，却不见有好水，和村里那两口老井的水同样是咸水，而且水量更少，几乎可算是口干井。村里有个爱编顺口溜的外号"三银鼠"的青年周玉金编了个段子："八百斤麦子一榨油，打了口井不够饮头牛。"我当时打了"败仗"，懊丧得很，也才懂得并不是打个 100 米深的窟窿就能有好水。

1972 年我离村上了大学，1975 年大学毕业后分配到中国科学院近代史研究所。1976 年我调回合盛堡公社当了国家干部，又回到康庄包点。在村里又干了两年多后被调到雁北地委秘书处。这期间心中虽有想法，却不敢轻言"打井"，知道此事不易，怕再劳民伤财。再往后，调回北京，又调到湖南，最后又回到北京……一晃几十年过去，打井的念头也渐渐淡了。

随着年龄的增长，这几年思乡之情渐渐浓了。2006 年曾和黄梅、张小彭回过一次康庄，2008 年和刘源、杨李等回过一次山阴，2009年路过一次山阴，2011 年 5 月又和刘源、杨李、张弘力、张小彭回过一趟。看到刘源、张弘力为插队村办的许多实事,我很受启发,也颇感惭愧。想为康庄办点实事的心又动了起来。过去虽有此心,但总觉鞭长莫及,自己精力有限,能力有限,对能做什么心里没底。这次动了念头,第一件浮上来的事就是"打井"。

我向到北京看病的郭凡详细地问了村里现在的用水情况。知道村里现在用的自来水是从合盛堡村的井水引过来的,花了钱却不够有保障,常停水。又知道,我走后,有几任大队班子张罗过打深井的事,也打到100米,都未成功。吃水的问题越来越成为关系全体村民切身利益的紧迫问题。我开始暗自筹划打井的准备工作,通过在水利部工作的妹妹洁群,了解有关找水勘探方面的专家情况。她通过山西省水利厅的关惠昭工程师找到了83岁的张英泉高工。黄梅也帮我联系上了原北京军区给水英雄团的团长李国安,李又帮我和给水团的总工程师姜焕忠联系上。

这期间,适逢郭凡到京看病初愈,我和方虹送他回村期间,6月12日遇到专程来康庄的县委书记侯元同志。谈话间提到当年"八百斤麦子一榨油,打了口井不够饮老牛"的往事,希望他能支持打一口深井。他表示,共同努力当个事认真来办。我虽高兴,但也没抱太大希望——敷衍上级的事见多了,何况我又不是他的上级。

想不到侯元一诺千金,说干就真干起来!

不到一个月,村里来了电话,变压器已架好,侯元书记已经召集县水利局领导、乡党委和村支部书记研究确定了井位选址,就要开钻打井了!

我急忙电话联系侯元,请他不要急着开钻,我已联系到太原的几位找水方面的地质勘探专家,近日到康庄,实地测量后再确定井位。7月12日,我和张小彭一行4人从北京出发,王利君陪同张英泉、关惠昭、梁述振等专家一行6人携测井机器从太原出发,中午到达山阴会合。下午与侯元书记陪同专家到康庄开始测井。次日继续

与中共山阴县委书记侯元（右三）、中国人保宣传部部长封建强（右一）等共同为"同心井"揭牌。邵玉玲摄

测井并实地看了北郭庄的井位。张英泉老专家不顾83岁高龄，还登上黄花梁察看地貌。在实地测量5个点后，14日晨在会上研究确定了井位，正好就是原先侯元书记带着县水利局和乡、村的同志确定的拟开钻的井位。此事使我对侯元同志的决策水平很是敬佩，不仅快，而且准，极大地增强了我打井的信心。

7月20日，县水利局调来打井队，在村支书刘应中和康庄村民共同配合下正式开钻。

从开钻的第一天起，县纪委副书记兼监察局局长马一山每天给我发短信或电话联系，告诉我打井的进展情况。他是康庄人，且是马锡栋的儿子，当年打井是锡栋和我们共同干的，他这次算是子承父志吧。从7月19日至9月20日共发来61封短信，还打过几次电话，记述了打井的全过程。见下：

7.19 初定明早开钻,方案由打井队技术员和张工在开钻之前作出决定。

7.20 上午八时半开钻。直径 45 公分,已打下 8 米深,进展正常。

7.21 打井进展正常,已打下二十三四米。

7.22 上午去工地看了看,运转正常。已下 40 米左右。出来的是白泥。

7.23 上午侯书记到工地察看,并对技术员的生活等事项作了安排,水利局马局长简要作了汇报。下接近 60 米,现打出的是黑胶泥。

7.25 下午到工地看,现打下 110 米,全是白泥。运转正常。

7.26 现在近 120 米,昨天开始出现红胶泥,今日上午变电站故障,线路停电,下午再钻。由于胶泥,进度减慢。

7.27 上午在村了解,说不出白泥黑泥之别,下午马局长到工地查看。现钻下 137 米,运转正常。

7.29 至此钻下 148 米,出现蓝胶泥,土质都只是颜色变化,运转正常。

7.29 今天上午张工、梁工到现场查看,需等到 180 米后,今下雨停工,预报明整天有雨,现处在 153 米位置。

7.30 今晚 8 时,154 米。据技术员讲,估计遇到石头,所以下得非常慢,现在出来有小石子和细小沙子。

8.1 今天上午张工、梁工到现场查看,说 180 米后是关键,现处 167 米位置,出来的都是红胶泥,还有个别小石子,下午他们又在别的地方用仪器选址。张工说 200 米后还没有水的话,继续打意义不大,所以他和梁工准备在其他地方继续找点,下午他们在村东南方向测。

8.2 至此 175 米,出来的都是红胶泥,专家在其他五个点测试结果不理想，只有一个点估计在 50 米左右有水，在村北偏东方向。专家今天要走，原准备打过 250 米以后。

8.3 现 177 米，土质开始变化，有少量沙子出现，有了好的兆头。（这是十几天来第一次传来好的消息，此前只见胶泥不见沙）

8.4 昨晚雷击，高压故障，经抢修刚供电，水泵压力不够需更换，故今日无进展，估计今晚安装后可正常运转。

8.5 昨晚钻到 180 米，又出现白泥，今钻机检修故无进度。

8.6 到下午三时钻 190 米，有少量沙，白泥多。情况通报了马局长。

8.7 上午钻机故障，下午遇到石头，换钻头无进展，现 190 多米，沙子稍多一点。

8.9 现 213 米。205 米后又出现红泥，硬无沙。因深进度减慢。继续钻，并每次都让注意安全。

8.10 因高速路施工，高压停电，基本无进展，还是红泥略带黄。

8.11 现 220 米，白泥无沙。

8.12 今钻到 233 米，黄泥，正常运转。

8.13 现 238 米，红白泥。

8.14 现已 259 米，多为白泥，略带蓝色。

8.15 现 280 米，估计明日下午接近 300 米，泥质未变。

从开钻起，每天都在等来自山阴的短信。绝大多数的消息都是伴随着胶泥而显示出的无水的迹象，只是 8 月 3 日在 177 米处"有少量沙子出现"，190 米处"沙子稍多一点"。打井人都知道，有沙就有水，沙层越厚水越多。而现在，虽有点沙子，也是和胶泥搅裹在一起，究竟有水无水，连张英泉、梁述振两位测井专家都担忧了。他们甚至怀疑上次测井数据是因康庄土质的高度盐碱对电流产生了影响而出现异常,造成了假象。为此,他们又选了5个点,结果均未测出有好水的数据,只是一个点显示在50米处有水。

怎么办?张工的意见是不宜再往深打了,要对已打出的井做全面的测井,根据测井情况决定是否下管成井。村支书刘应中则主张继续打,他心不甘,想只要钻机能打就一直打下去,直到见水。

怎么办?此事因我而起,又不能拖,我回避不了。我要通了张工电话,告诉他我明天赶到康庄,他说,他会带测井技术员先我赶到展开测井。

我又要通了北京军区给水团姜焕忠总工程师的电话,请他给予支持,最好能派技术人员于明天和我一同到康庄打井工地,帮助我们咨询出主意。他爽快地答应,并派出团技术室主任梁贵和,约定明天从呼和浩特乘火车在大同站和我碰头。

8月16日清晨,我离京赶往大同。12点30分,在火车站接到梁贵和同志后赶往山阴。在高速路出口接我的是马一山、新任县水利局长杨时育、新任合盛堡乡党委书记吴玉梅等。他们告诉我,张工和测井的王玉珉工程师已到工地开始测井。我们当即赶往康庄。梁工一到工地就立即与张工、王工共同投入测井工作中。

测井的效率很高,5点多即测完。分析测井数据的会议在村委会的办公室召开。首先是王玉珉工程师报告测井数据。他从笔记本电脑中逐一读着各个不同深度的数据,并不时说几句专业术语点评的话,我们当中除了张工、梁工外,全听得云山雾罩,不知所云。村民郭凡终于忍不住问起来:"你们讲的我一句也听不懂,我们只想知道,有水没水。"我拦住郭凡的话头,让专家们继续汇集数据,讨论分析。而张工和梁工一边做着记录、一边提着问题,还不时地商谈几句,我和大家耐心地等待着……

终于,下决心的时候到了。张工开始说话了:"从测井数据看,有水的可能性大（仍是可能性——我暗自想到），能出多少水还说不准。现在已打到 280 多米，我的意见不必再往深里打了。是不是下管成井，是今天要请领导定的关键问题。"张工抬眼看了看我和水利局长杨时育说。

"我想听听打井队长的意见。"我看着这位来自阳高的三十多岁的名叫孙国栋的结实汉子说。"从出沙的情况看，186 米上下应该可能有水。"话不多，而且也是"应该可能"。

"梁工的意见呢?"我注视着梁工，期待他能讲出明确的意见。

"我同意张工不再往深打的意见。至于是否下管成井，我想说的是，这口井如果是我们团的，我们肯定下管成井。不成井太可惜，等于前功尽弃。"明确干脆的开场白，表现了给水英雄团技术室主任的军人本色，让与会人为之一振。

他拿出了一张他们团的地质资料图，居然是山阴县一带的水资源图，指着标有康庄的点，上面清晰地标着"贫水区"字样，说："在这样的贫水地区，有这样的测井数据，很不容易，不能轻易放弃。根据我的经验，有水。至于水多少，只有下管成井后才能清楚。"我不由得对久闻大名的给水英雄团的资料积累和梁贵和主任来前所作的"功课"暗暗佩服。

我请水利局杨局长和乡党委的吴书记发表意见，他们都让我先说。我只好先说：

"首先感谢专家们不辞辛劳地测井，并发表了很好的意见。同时也感谢打井队的同志们的辛勤劳动。我原来也是想继续往深打，能打多深就打多深，看看究竟是怎么回事。刚才听了专家们的意见，我放弃原来的想法，可以停了。就在目前 280 多米的基础上考虑成井问题。虽然最后的结论由领导来做，但领导作结论的依据只能是专家的意见。既然梁工和张工、王工都发表了赞成成井的意见。那我们今天就可以定下来：开始下管成井。"此刻，大家不约而同地鼓起掌来。我知道，这是大家共同的想法。

接着，大家对如何做好下管成井的工作进行了讨论，提出了很多应注意的细节。杨局长最后叮嘱我要专家们留下具体的文字的成井方案，梁工满口答应。当晚我们回到了县城，张工、梁工、王工一直工作到深夜，拟出《康庄供水井成井工艺》。梁工清晨起来在电脑上打成文字。这份文件从井孔要求、井管要求、下管要求、砾料、投砾、封井、洗井到抽水试验的所有细节，都规定得明确具体。后来成井就是严格按此办理的。

早餐后，张工个别向我提出了一个要求：由他承担下管的费用。我吃了一惊，断然拒绝，并问他何出此念？他说是担心万一出水不好，可减轻乡亲们的损失。我被深深感动了，多么好的老人家！上次他减半收取测井费时就已令我感动。同时，刚刚放下一些的担心又一下子悬了起来，万一真的没水……

17日上午，梁工和我返京，他们在京郊西山有工程。我为此行能请到梁工而庆幸。张工私下和我谈到这位年轻的军人技术干部时，很是称赞。他在成井方面的经验丰富，专业知识扎实，而且作风很好。越到后来，我越感觉到他的到来，对这口井的成功实在至关重要。

又回了北京，又在天天盼山阴马一山的短信。

8.18　扩井难度小，进程快，一天半截即可完成。问题，梁主任作了解答。水利局在做用料准备工作。

8.19　井管已按规格订货，五天后供，扩井145米，速度有意减慢，村民在捏泥球，其他事都在联系。

8.20　扩井170米，正常无事。

8.21　扩180多米，还是备料，正常运作。

8.22　井扩到210米，泥球已够用，井管后天到，明天210米以下，可能要下石子，砾料已备好。

8.23 今天石子已填到 210 米处，明天水管到后，什么情况再通报。

8.24 井管今天未到，今天只对泥浆调稀，正常。

8.25 回填井，由于泥浆沉淀超过预定三十多米，现又准备再钻，有可能是堵塞，又可能是料填多了。

8.26 现在由于井下是石子，钻得非常慢。昨天用了新方法，效果也不理想，现在还在继续试，不知有没有其他好方法。杨局长也知道。井管到位。

8.27 现 280 米左右，下雨，高压故障停电，进展不大，只能慢慢往下钻。

8.28 今天 190 多米，估计三几天可完。

8.31 昨晚、今天从二百七八十米处返浆，浆清后继续下石子，慢下至 210 米处，下井管。

9.1 回填石子时，又堵塞，现又开始钻，原因估计还是泥浆稠。

9.2 现在继续往下钻，同时对已下的石子进行夯实，将近 240 米。

9.3 下雨，无进展。

9.4 今天回填又堵，再准备测试，估计泥浆稠，稀了又怕边卸。

9.5 因几次回填堵塞，现决定放弃，经专家同意，最下面也采取钢管，什么时候下再告。

9.6 拟定明天下管。

9.7 今下午下管，已下到 195 米处，继续再下。

9.8 今天下砾料，估计明天下完，之后洗井。下管顺利。

9.9 砾料基本下够，观察后下泥球封，状态不错。

9.11 已封井，开始浸泡。

9.12 中秋节好！井已安全，迟早一日无所谓。费用概算节后弄清后再呈。我认为井情况比预想的要好，再洗两次井后试水泵。

我给梁述振和张工发去中秋慰问短信。梁回信:赵书记好! 谢谢您的惦念! 我和张工 11 日去山阴,井队回家过中秋,我们没去康庄就回来了,有什么事我们再去。

9.13 今上午侯书记到现场查看,下午活塞洗井后,再浸泡 24 小时后再说。

9.14 费用表发过去了,多估一万元。只是到此打井费。就是电费、变压器费,以后配套的费用不在内。

最后的关头到了。我与张工联系,询问他们何时下泵试抽水,我要到现场。他劝我等试泵后再去(他后来告我,是怕万一出水不好,我受刺激,想让我看一个好的结果)。我告诉他,我 16 日中午前准到康庄,康庄见。想不到老人家是下了决心先我到达。很快马一山的短信来了:

9.15 估计张工今晚十点左右到,他们准备连夜下水泵抽水。

打井队的师傅们在提泵、洗井

　　9月16日清晨，我、张小彭、周彬、范贵生和如歌、阿咚一行6人，出发前往康庄。一夜没睡好，成败今日见分晓！黄梅对我说："人事你已尽到，就看天意如何了。"尽管我想打个盹，可睡意全无。我一遍遍重复思考着两套应对成功或失败的不同方案，看有没有不周到的地方。

　　如果成功，那是皆大欢喜的局面，所有出了力的人都要感谢到，特别是县委书记侯元，原水利局长马兴平，老专家张英泉、关惠昭和梁述振、梁贵和、王玉珉等技术人员，合盛堡乡党委的杨晓民、吴玉梅，打井队的孙国栋队长及工人，还有50多天一直坚守第一线的村党支部书记刘应中和村民姚天有、武玉孝、樊志成、武日军等，还有就是马一山起的作用，刘应国的作用……再有，要建立一个好的管水用水机制，制订好规则，科学用水，依法管水，使管水系统能健康长期自我循环，造福乡亲们。这是我要重点提出的问题。

　　如果不成功，首先是我要面对挫折，承担责任。同时要和成功一

为康庄找水测井位的三位专家。左起：张英泉、关惠昭、梁述振。邵玉玲摄

样地感谢各个方面出过力的同志。鼓励大家不灰心、不气馁,继续努力。我带了 4 万元,拟万一失败,即作为打张工他们测的那口 50 米的井的启动资金。我已不好意思再向县里乡里提要求,但又不甘心失败,钱不够就再想办法,有一线希望也要坚持到底,不撞南墙不回头。张工提出要自己出井管钱的情景总在眼前浮现,莫非真会没水吗?

终于到山阴了。马一山、杨时育、吴玉梅等在高速路出口,他们的笑容告诉我,是好消息。"昨晚下泵出了点故障,连夜抢修,凌晨 4 点多下泵,抽水 5 个多小时了,出水 1 小时 20 多方,张工在康庄工地。"马一山告诉我。"走,直接去康庄!"我迫不及待地想立刻看到这口牵肠挂肚的井,立刻看到千辛万苦从 200 米深处涌出的水!

离康庄越来越近了,激动的心情和帕金森病一起造成的身体的颤抖突然加剧。我下意识地深吸一口气,慢慢地长呼了出来,要放松,别激动。车子直接穿过村子开向打井工地。已经看到不远处的井架了,一条细砂新铺的路直通井口,路边甚至插了一些彩旗……我走下车,向迎上前来的乡亲们和张工走去,眼睛却盯着不远处那从水管源源喷涌出来的水流。

"辛苦了,谢谢你!"我颤抖着和每位握手人说着同样的话。张工一脸凝重地握着我的手,使劲地摇了几下,才说:水很好,我喝过了。6 个多小时了,每小时超过 20 吨,看来这次可以放心了。"支部书记刘应中也迎上来握住我的手沙哑着说:"总算扎成了('扎',雁北方言,'干'的意思)……"我望着这位比我大一岁的汉子憔悴、疲倦却又满是笑意的面容,心中充满了感激,50 多天来,他一直坚守在工地,昨天整整熬了一夜! 还有已调任县农委的原合盛堡乡党委书记杨晓民也赶来了,还有一些康庄村民……工地上人虽不多,都沉浸在一片喜悦之中。

一股热浪涌上心头,眼睛有点潮了。得忍住,不能在此时抹眼泪,当年插队时都没流过泪! 我抬眼看了一下出水口,欢快的井水

刚抽出的井水略含沙，我却觉得甘甜可口、沁人心脾

正滚滚涌出……我颤抖着迈开步子……不行，我得换个话题！

"带我去看看过去常挑水的那口甜水井吧。"我对马一山和刘应中说。"那口井已经没了，早塌了。""井塌了，地方还在吧？"我边说边走。

我们来到了村东学校教学楼后面，他们指着一片丛生的杂草说："就是这里。"我左看右看，也找不出一点当年水井的痕迹。看来，那一页历史已经永远翻过去了，而且也会和这口老井一样不留痕迹。

我又回到了出水口，用空矿泉水瓶接了一些刚从地下涌出的井水，站在土坡上扬起脖子就喝。一口，两口，清凉、可口、没有一点咸味，虽略带沙子、却沁人心脾。终于喝到康庄自己的甜水了！

一梦四十年啊！终于成为现实。我想给井起个名字，就叫"同心井"。它是千百年来康庄人的共同心愿，是今天建设者同心奋斗的结果，让它激励后人在康庄大道上同心创造更美好的未来吧。

再稿于 2011 年 11 月 11 日

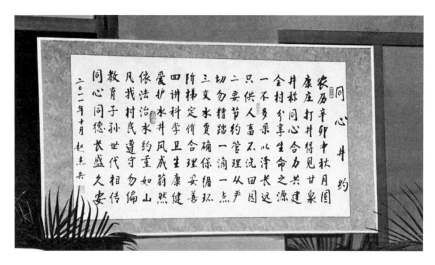

2011 年 10 月撰写的《同心井约》

附一：

中国人保集团慈善公益基金会的大贡献

井出水了，可水塔、水房、输水管道等配套设施的资金尚无着落。我不忍再向县里张口，便求助于人保集团总裁吴焰同志。他告诉我人保慈善公益基金会可办此事。从康庄报去预算报告，五天时间，人保的 56 万款便汇到。真是及时雨，我和康庄的乡亲们都很感动。

附二：

康庄知青为"同心井"捐资名单
（以到康庄插队时间先后为序）

杜长庚和曹小惠 2 万元，姜斯栋、方虹、姚文、南昌伟、张小彭、赵归、郑晓武、杨颐明各 1 万元,姜斯建、姚堃各 5 千元,王利君 1 万元,黄梅和赵杰兵 4 万元,共 15 人捐资 16 万元人民币。

附三:

山阴县疾病预防控制中心检测结果

检测报告单(略)结论是,各项检测数据表明,符合国家规定的饮用水标准。

附四:

同心井约

农历辛卯　中秋月圆　康庄打井　得见甘泉
井称同心　合力共建　全村分享　生命之源
一不多采　以泽长远　只供人畜　不浇田园
二要节约　管理从严　切勿糟踏　一滴一点
三交水费　确保循环　阶梯定价　合理妥善
四讲科学　卫生康健　爱护水井　风成蔚然
依法治水　约重如山　凡我村民　遵守勿偏
教育子孙　世代相传　同心同德　长盛久安

赵杰兵

二〇一一年十月

"国机井"纪实

——康庄打井记（二）

2011 年 11 月 2 日,在康庄"同心井"揭牌的庆祝会上,在一片喜庆的气氛中,我说了一句话:"为了康庄父老乡亲的用水安全,下一步要开始谋划打第二口井。"当时估计没有多少人注意到这句话,但我知道,这,又是一个承诺,说了,就要兑现。

"同心井"成功出水,标志着康庄摆脱了对外地水源的依赖,自力更生地解决了用水问题。但只有一口井供水,对脱离了县水利局及合盛堡乡供水系统的康庄,风险很大。一旦这口井出了问题,全村就将"断水",问题就严重了。因此,第二口井必打。

2012 年开春后,84 岁高龄的张英泉老工程师和测井专家梁述振工程师又一次应邀来到康庄。他们实地勘察了 5 个点,其中有一个勘测数据显示有水的可能性极大。当马一山告诉我这个情况后,这口井怎么打便摆在了面前。

是再次给县里领导打报告,请县水利局派队伍来打,还是买台钻机组建打井队自己干? 联想到解放军给水团的技术部主任梁贵和看到我们打井钻机时说的"你们就用这样的设备打井呀?!"一个念头冒了出来:干脆搞一台打井机自己来打! 这样不仅可解决第二口井,还可以有第三口、第四口⋯⋯而且,山阴县、整个雁北,甚至全国北方农村都严重缺水，打井的市场需求很大。这等于给村里的年轻人开一条就业的路子，比单纯给钱打井好得多。

于是，我就购买打井钻机一事向有关人员征求意见。正巧国机集团的董事长任洪斌同志看了我们在康庄打出了"同心井"的消息。他打电话问我是否还需要帮助。我就将拟买钻机打第二口井的事对他说了。没过几天他告诉我，他咨询了有关方面，买一部水井钻机约需 30 多万元，国机可以赞助，愿意为康庄的百姓做点实事。

但此时我的想法却有了变化。对买什么型号钻机一事，我又征求了解放军给水团梁贵和的意见。他力主买天津出的车载 600 型钻机。他说："买就买个好的，我们团的主力机型就是这种。"我问他价格，他告诉我 200 万元之内可以配套完备。想到国机集团现在的实力，我决定就 600 型钻机的事再征询任洪斌同志的意见。

这个口让我很难张。从 30 多万到近 200 万的差别太大了。但此时我已经和康庄的同志商量过，只好硬着头皮再找洪斌。我强调说，如果他感到为难，此事就当我没说，不办就是了。

洪斌听了我的想法，略沉吟了一会儿，回答我说，数额超过 100 万的投资项目按规定都要报集团董事会审核后报国资委同意，这需要时间，也可能批不准。让我等他们正式办手续。

实际上，没等多久，国机的手续就办好了。我从中感到的是作为世界 500 强企业的国机的信用和效率。我立即带上康庄的武日云、樊志诚和县水利局的马兴平来到国机，和国机工会主席兼宣传部长魏锋、党办处长满意联系后，双方共同赶往天津探矿机械总厂订货、签合同，约定 3 个月内交货。

春节前，我给一山等人写了封信：

一山、郭凡、应中、应国、日云：你们好！

春节将至，首先祝你们新春愉快、阖家安康。

自打井以来，和你们的联系越来越密切，心里对康庄的事情也总在牵挂。与此同时，我的身体也越来越差。我知道，今后的日子里，我能为康庄乡亲们做的事越来越少了。但有些事还在我心中放不下，和你们再唠叨几句。

第一是明春打第二口井的事。此事万望认真办理。这关系到康庄村民的用水安全。单井运营是有风险的，一旦同心井出故障，则全村断水！所以必须有备用的井。况且村东北的千亩方靠12斗渠桑干河的水，我总觉得靠不住，新整修的渠道那么漂亮，也需要有一口井来保障灌溉。所以此事要当大事来抓，并且抓成功。

第二是组建好"同心打井队"，切实掌握打井技术，不仅完成本村的打井任务，而且能开拓市场，创造效益，成为一个新的经济增长点。我之所以要帮你们争取到这么一台好的钻机，就是看到山阴乃至晋西北打井市场的巨大需求。这种十年九旱的严重缺水地区非常需要高水平的打井队。仅山阴县的打井任务就够你们干一辈子的。所以，你们，尤其是年轻些的日云、志诚等同志要下决心落实好厂方的培训，掌握打井技术，早日成为行家，并带出一支过硬的队伍，开拓出市场。这件事是可以大有作为的。要爱护机器，取得县乡领导的支持、帮助，使这支队伍成为建设山阴的重要力量。

第三是康庄要赶上国家的推进"城乡一体化建设"的战略步伐，在农村的"城镇化"建设中走在前列。十八大对全国农村下步发展的战略就是要朝着"城乡一体化"的目标前进，建设"城镇化"的新农村。而康庄在山阴县具有得天独厚的优势——高速公路的"康庄服务区"和目前的农业基础，使得康庄在"城镇化"建设中可以大有作为。2012年的农业大丰收，你们告诉我产量可达280万斤甚至300万斤真让我高兴。应国曾和我说过想在康庄建个示范"小区"的考虑很有先见之明，实际就是对上了国家关于农村城镇化建设的大战略。如果康庄凭借交通便利和农业基础，培植一些"大棚"、养牛、钻井、建筑……等等企业，一个城镇化的新康庄很可能焕发新的活力。江苏华西村、河南刘庄那样的富足文明的新农村是很好的榜样。那时，住在康庄比住在县城甚至比住北京还要幸福——北京今年的雾霾真是吓人。有志气的康庄人应向这个目标前进。这是我的下一个康庄"梦"，可惜的是我做不了多少事了，希望康庄的年轻人要有雄心壮志，把眼光放长远。

还有许多话想说，先说这几句，供你们参考。

希望看到你们的回信。

代问你们的家人和乡亲们好。请一山代我问候县里侯书记、乡里吴书记，转达我对他们的感谢。

此致

敬礼

杰兵

2013.2.4

3个月转瞬即过。厂家通知接车了。康庄的武日云因村里负责冬汇地离不开，村支书刘应中带上樊志诚赶往天津，我派周彬约上张小彭也赶到厂家协助办手续。我担心有差错，要求他们万无一失地将车接回康庄。

钻机从天津启程回村的当晚，我特意赶到北六环的一个加油站，等候他们从天津路过。我要亲眼看看这个只在说明书上见过的600型车载钻机。

暮色中一辆丰田越野车引导着一辆装载着打井架的重型卡车

驶进了加油站。我望着这个庞然大物,注视着车身上印的清晰醒目的 12 个大字——中国机械工业集团公司捐赠——心中充满了对国机、对任总、徐总的感激之情。和刘应中、樊志诚等一一握手后,又一再叮嘱注意安全后,目送他们消失在夜色中。

我知道,康庄已为接收这台设备做了充分的准备。刘应国的建筑队加班加点已盖好了车库和设备库,"同心井"的院子扩大了,水塔也包括进来了。路上不会出什么事吧? 我嘀咕着睡不着,直到后半夜 1 点多,他们顺利到达康庄的消息传来,我才放心地睡了。

机器到了,但康庄没人会用。必须请厂家兑现培训的承诺。5月 10 日我又写信给马一山:

一山你好:

因身体和精力现在大不如前,与你们的联系少了。但对康庄打第二口井的事仍放心不下。此事还望你督促各方,抓紧办起来。

打井车的牌照务必抓紧上,才能合法运行。

立即与厂家联系培训之事。把此事与打第二口井并为一件事来办。为此现在就排出打井日程安排,把前期准备做到位。井址的确定、料石的准备、柴油的购买、井管的预订、测井人员的预先联系、打井队员的选定等等抓紧办理。待与厂家确定培训日程及方法后,便开钻。

应中曾和我说过,在车上安装电动机,用电成本低于用柴油。此事如办起来方便可用这次培训机会办。如费时费力,则放在下步再办。

暂不考虑举行"捐赠仪式"。中央对搞形式主义的作风抓得很紧,我们要按照中央重实干、重实效的要求,用一口高质量的井来回报国机集团对我们的无私捐赠。井成之日,再请国机集团的领导来举行个简朴的仪式。以使他们放心，知道他们的捐赠结出了果实。

我初步打算7月中旬回村一趟。希望当时能看到事情的有效进展。我的这些想法供你们参考，你们的安排打算也请及时告我。

一山，这些本不是你的本职工作，让你多受累了。但我想来想去，托付你来协调各方最靠得住。你可将此信给县委侯书记，乡里吴书记，水利局杨、马局长，应中、应国、日云、樊鱼、郭凡等阅知。杰兵拜托并向大家鞠躬致谢了。

问你母亲及全家安好！

杰兵

2013.5.10

从马一山返回的短信看，工作开展得井然有序。天津厂培训的师傅到了，再请张英泉老工程师和梁述振工程师复核井位，购买柴油等。还有就是为这辆车载钻机上牌照，取得上路的资格。后来刘应中在朔州市跑了一整天，把牌照上了。

我们打算就以打第二口井的实战，作为培训。可是天津厂的师傅只懂钻机的操作，不具备打井所需的地质等方面的知识。他说，必须有个懂水文地质知识的机长才行。张英泉老也强调至少要聘请一个如打"同心井"的钻井队长孙国栋那样的人当机长。可到哪儿去找这么个人呢？

我给马一山打了个电话，请他们考虑，是否可采取请孙国栋以技术入股的方式参加我们打井队的管理和分红，比如占20%的股份。他们一听都同意。但和孙国栋一谈却没谈成。原因是他手头正打着一眼井，分不开身。天津厂的李师傅又介绍了一个河南的小伙子，他的条件不是要股份，而是每天要 300 元的工资。但也只干了几天说要回河南考试就走了。刘应中只好另找人，找到大同的一个勘探队。他们派了两个年轻的打井技术员，也是没干几天就推说有事也走了。看来只能靠自己了。

我和马一山又开始每天通报打井进度。下面是我们之间的短信：

2013.5.27

马：河南小伙失约。又从大同请人。想在明天试钻。侯书记过问打井事，我让他们做预算，之后送侯书记。

赵：你们按自己的思考来下决心，会比我更切合实际。我会支持你们。替我致谢侯书记，让他又费心了。

5.31

马：今天上午正式开始钻。现 10 米左右。基本正常。

赵：知。预祝成功并问大家好。

6.2

马：请来的技师今天也走了。人家单位有事。现一边联系一边咱们的人自己钻，已 30 米。

6.2

赵：厂家有人吗？重要的是测井和下管方案。是否和张工王工联系一下？还是要靠自己。大胆闯吧！

马：厂家没人。和张工联系过。测井下管也在联系，技师也在联系，进度不会快。

赵：好。稳扎稳打，不求快。质量第一。

6.3

马：咱们的人自己钻，近 50 米，正常。

赵：进度快呀！注意安全！

马：浅层时快，以后会越来越慢。

6.5

马：现在已钻 90 米。正常。都是咱们的人。以志成、应中为主。按张工测的结果准备钻 300 米。没有沙。只是在 10 米时有极少点细沙。

赵：多思考，多请教。相信你们能干好。

6.7

马：昨晚下雨，现已钻下 130 米。无沙。正常。

6.8

马：今天参与高考没回村。钻 150 多米，正常。

6.9

马：昨晚下雨。在 148 米处遇上石头，今下午换钻头，无进度。

6.10

马：遇上石头进度慢，150 多米。

赵（7—10）：知。

6.13

马：已打穿石层，基本全是胶泥。173 米。以村委会名我给侯书记写了报告。

6.13

赵：原测井不是说 100 米有水吗？你们打算怎么办？

马：根据观察在 150 多米处估计有些水。有些小石子。现准备打 300 米，之后测井，下井管。张工抽时过来确定。

赵：沉住气，坚持，照顾好张工。

6.14

马：钻下近 200 米。在 180 多米处又有沙和石，进度减慢。

赵：张工何时到？ 85 岁高龄了！代我问候老人家。

6.15

马：现已 215 米。在 200 米左右处有大量沙。沙质非常好，估有 3 米多。已和张工取得联系等张工答复再做决定。侯书记问情况，近日可能要到井地。

赵：可喜可贺。测井的王工是否联系过？这是关键！下管成井的根据。

6.16

马：张工、王工上午到。看后认为不宜再钻。已钻 230 米，此时正在测井，之后王工做出成井工艺报告我们再按报告成井。

6.16

马：测水因泥浆浓半途而废。需调整泥浆。结果估晚 10 点后。已安排张工等休息。

赵：代我向张工王工致敬！致谢！

6.17

赵：如何？

马：井二次测泥浆还稠。测近 150 米，张工说不用测了。老人家已走，回去做方案，以 230 米为准，应中、日云他们备料。

6.19

马：现在井正常，一边调浆，一边等张工方案，一边备料。方案出来其他都快。

赵：注意安全。张工王工的费用工资要付。如此井成功，可考虑命名国机井，以表示对国机集团赠打井机的感谢。你和他们商量一下。我是建议。

6.21

马：管已到。今下雨。备料，正常。

6.23

马：近日换钻头扩井，正常。

6.24

马：今天下午侯书记、杨时育、吴玉梅等到井地查看。扩井正常。

赵：21、23、24 知。真谢谢他们。

6.25

马：近日还是扩井，已 60 多米。另我把给侯书记的报告及明细发您邮箱。

赵：都收到。成井方案是要点。

6.27

马：张工报告已传过去。张工说下管时他争取过来。今天扩到 140 多米，正常进行。

赵：已见到且回复。精细操作，预祝成功。

6.30

马：井扩至 200 多米，明天扩完，之后调浆。和张工联系为下管准确想再次测井，张工和王工在联系中，近日内下管。

赵：按张老意见办。今后我们都称张老。

6.30

赵杰兵致任洪斌：您捐赠的打井机已在康庄开钻 20 多天。从目前看，前景相当好。康庄把这口井命名国机井。我拟在井管下好时去康庄一趟。不知您可否抽一两天同去看看。您这是真为群众办实事！真贯彻群众路线！具体时间可在 7 月 11 或 12 日。您如没空，可派代表如魏锋部长参加。感谢您，感谢国机！

7.1.00:08

任洪斌致赵杰兵：我在欧洲出差，刚下飞机，届时我还在国外，很遗憾不能参加。方便可请魏锋同志去。祝您一切都好。

7.1

赵：魏锋同志，康庄用新钻机打井已接近成功，现到 230 多米。迹象表明，前景甚好。此井命名国机井。我拟于 11 日去康庄。盼您能于百忙之中抽一两天同去。不知可否。如您忙，小满能去吗？

7.1

马：我现在康庄。张老、王工上午来康庄，下午准备再试测井，井已扩完。结果测后告。张老等已安排休息。

7.1

马：井已测完，张老王工返并。费用已付王工。张老不收费。明天稀浆，估 4 号下管，到时张老还要来。

赵：我初步定于 11 日去康庄。你先不必对县乡领导说。这次一定不搞形式。张老王工处你代我通告并问好。辛苦张老王工了！感谢他们。

7.2

马：今天上午试下管顺利。下午开始换浆。明天继续，一切正常。

赵：大家辛苦！

7.4

马：正在下管。已下 60 米，正常。下 135 米，滤管已下完，顺利。管已全部下完，井很正，非常顺利，明日下石料。下料洗井估计 3—4 天时间，之后抽水。

7.5

马：张老在太原，我没让过来，今下午准备清浆。

7.6

马：今天清理泥浆池，修泥浆机。没有下石料，正常。

赵：7.6 我这次去不要搞形式主义的接待。国机来一人，小彭、周彬和三位朋友，尽可能住村里。捐赠也不必搞仪式。只要井打成功就对得起国机。不会失败吧？张老如来，我托王利君接送。精细操作，不必赶在 11 日前抽水。

7.7

马：滤料下完，井已安全。明下泥球封。

7.8

赵致吴玉梅：又添麻烦了。形式要简明，表达出我们感谢即可，饭菜更要简单。拜托！你可告王副市长，不必特意赶来，我会住几天。

马：今排浆洗井，正常。

赵：出水才算胜利。

7.10

马：从昨天下午下雨到现在不停。活塞不能拉井，影响下泵抽水。预报连续几天有雨。

赵：没关系。井安全就好。

7月11日晨，我们一行5人从北京出发，10点半即到达康庄。原来天气预报有中到大雨，结果老天照顾，没有下雨。县委书记侯元、纪委副书记马一山、合盛堡乡书记吴玉梅等陪我从高速路出口直奔打井工地。尽管因接连下雨影响了下泵抽水，但我心里很踏实，测井数据和张老的经验让我相信这口井肯定是成功了。张英泉、关惠昭两位老工程师已经由王利君陪着先我到了工地。

天虽然阴着，但那辆车载钻机高高竖起的井架格外醒目，上面垂挂着红色的条幅写着"中国机械工业集团有限公司赠"。和井架连成一体的崭新的重型卡车神气十足地停在井口，在它侧面一条红色横标上写着"中国机械工业集团向康庄村捐赠钻井机暨国机井落成仪式"。横标下面清理出一小块平地做会场。相当简单的布置，我暗自说了一声"好"。

"今年的庄稼比去年怎么样？"我问。

"长势比去年好。"侯元书记回答道。看来又是一个丰收年。

捐赠仪式按计划11点准时开始了。县委书记侯元首先对国机集团捐赠钻井机表示感谢，对天津探矿机械总厂负责人参加捐赠活动表示欢迎，接着他再次强调要珍惜、爱护好这两眼井，爱惜、使用好钻井机，使钻机为造福山阴人民发挥更大的作用。国机集团党委办公室满意处长、天津探矿机械厂丁瑞厂长、合盛堡乡党委书记吴玉梅也发表了热情洋溢的讲话。又该我讲话了。

此时的我,正处在帕金森病颤抖最厉害的时段——上次药的末尾药力已失、本次药刚服药力还没发挥。我原已安排张小彭代表我们知青讲。但这时话筒已递到我手中,我只好挣扎着颤抖着身子,用颤抖的声音讲了起来。我着重感谢了国机集团董事长任洪斌、总经理徐健和所有支持捐赠钻机的其他同志。国机集团在 10 年间年销售额从 100 多亿元猛增至 2000 多亿元,成为世界 500 强企业之一。康庄人民不会忘记国机集团的无私贡献。

我特意代表全体康庄知青和康庄村民向张英泉老工程师鞠躬致谢。85 岁高龄的他为国机井六下康庄,亲自测井,亲自执笔写"成井报告",而且不收取应得的报酬。他对我讲:"我 85 岁了,仍出来工作就是为朋友们帮帮忙,为社会出点力,不是为了挣钱。我现在

在"国机井"落成仪式上,我翘起拇指称赞打井队的英雄好汉们干得漂亮,并代表康庄村民、知青向 85 岁的张英泉老工程师(右二)鞠躬致敬。中共山阴县委书记侯元(右三)感谢国机集团的捐赠,强调要珍惜爱护水井和钻机,更好地造福山阴人民及子孙后代

生活过得去，不缺这几个钱。我小时候就是个学徒工，是党和国家培养我有了今天。我不是对你们一家不收费，而是全都不收。能把知识和经验贡献给人民，是我的本份。"我们要学习张老的精神做好下步工作。

再有，我对康庄打井队自力更生地打出"国机井"给予高度评价，他们敢闯敢干、善于学习、勤于思考、吃大苦耐大劳的精神成就了这口井，而且会使打井队越战越强，取得更大成绩。最后我

为"国机井"题字

与中共山阴县委书记侯元（右一）、国机集团党委办公室处长满意（左二）、天津探矿机械厂厂长丁瑞（左一）共同为"国机井"揭牌

与两位老专家、打井队全体成员合影

祝愿康庄、合盛堡、山阴的明天更美好。

张小彭也发表了热情的讲话。我们人生中最美好的时光是在康庄度过的,我们对这片土地、对乡亲们有深深的眷恋。打出甜水井,使我们能回报乡亲们,回报这片洒过我们汗水的土地。相信大家会珍惜爱护水井,让它更好地造福乡亲们。

简短的揭牌、捐赠仪式结束后,我们来到合盛堡乡吃中饭。席间就合盛堡工业园区拟发展光伏产业一事,引出了原大虫堡村插队知青、我国光伏产业著名的专家王斯成的山阴之行。这是另一话题,此处不赘述。

下午,国机井开始下泵抽水,约两小时水就变得清亮了,比起"同心井"的水由浑变清快了许多,喝起来味道更纯净。我们赶快拍下出水的镜头,通过微信传给已在返程路上的满意、丁瑞同志。以弥补因天气造成的上午"国机井"落成仪式前未能抽水的遗憾。

我特意把张英泉、关惠昭两位老专家和打井队的全体队员刘应中、武日云、樊志诚、姚天有、姚永平、郭成山、丰林共7人召集在一起,以汩汩涌出的井水为背景合影留念。他们从5月31日开钻至今40多天夜以继日地奋战在工地。刘应中40多天没回家，经常在井台值夜班、看护机械和物资，表现了极强的责任心。其他同志也同样尽职尽责地完成任务。我们应记住这几位"国机井"打井功臣的名字。

接下来的几天，我对"同心井"两年来的工作进行了一些调研。"同心井"管委会主任刘应国主持召开了"同心井"管理委员会扩大会议。会议充分肯定了刘应国同志担任管委会主任期间所做的大量工作，分析了前段工作的成绩和缺点，提出了下步工作的要求。会议还调整了管委会的班子，刘应国不再担任管委会主任，刘应中担任主任；樊鱼不再担任管委会委员，樊志诚担任委员。马兴平、武日云、郭凡职务不变。这样调整后的管委会更年轻化了。我写了几幅

周彬参与了打"同心"、"国机"两口井的全过程。2013年"国机井"落成后，我们在井边留影

字分送给新任管委会主任的刘应中和管委会中最年轻的武日云、樊志诚两位同志。送给刘应中的是"同心国机并井运营 安全供水造福康庄百姓"。给武日云的是四个字"康庄大道"。给樊志诚的是七个字:"康庄明天会更好"。

就我个人来说,康庄打井可以画句号了。有这两口井,保康庄30年人畜饮水应该不成问题。他们年轻人再用钻机经营打井,路会越走越宽。我带着完成任务的心情离开了康庄。我知道,年老病重的我再回康庄的机会越来越少了,但我的心永远为你祝福——愿亲爱的家乡更美好,愿祖国更繁荣富强。

(注:7.27马一山传来邮件称,水质检验报告已出,水质好于同心井。符合饮用标准。)

写于 2013 年 8 月 1 日

康庄往事

|附 录|

康庄：一个北方村庄的变迁

姜斯栋

2005 年我回康庄住了 4 天。时隔 7 年，这次又回村里住了三天。两次回村，看到村里相比我们插队时（1970 年前后）发生了很大变化，尽管这种变化是缓慢的。这次回去也用了几天时间考察朔州市、山阴县的农村情况。

改革之后 30 年来，中国城市化和"三农"发展是不平衡的，如果说国内发达地区已经到了加快发展现代农业的时期，那么朔州地区的现代农业则处于起步阶段。朔州大体能代表西部、北部农业地区的"三农"发展水平。山阴县康庄村的情况在朔州地区又很有典型性。

1. 人口、劳动力情况

30 年来中国发生的一个重大变化是城市化的进展，数亿农民工进城，康庄也不例外。

本村户籍 341 户，户籍人口 1132 人。户籍人口与 40 多年前基本持平。一来是因有些人户口转入城市，多是通过上大学之后在城里就业。近些年康庄上了大学的大约有 30 多人。更重要的原因是农村实行计划生育后出生率显著下降。

现有常住户 280 多户，常住人口 800 多人。常住户 280 多户，就是说有五六十户已经全家搬出村了。搬出的绝大部分是到了县城。进县城的人既有刘应国这样自己创业成功的（他的工程上还经常用着康庄村二十多人，对村里是个不小的贡献），也有郭高升的养子郭春这样，1998 年去县城打工，开始是租房住，2006 年自己买了装载机给房地产工程包活，逐渐在城里站稳了脚跟。

常住户数中，还有一些只剩下老两口在村、年轻人都外出打工的，估计也有几十户。

在中国城市化过程中形成了一种典型的半农半工的家庭分工模式，青壮年外出打工，老人、妇女留村从事农业，或在从事农业同时兼做零工，农村成为以老人、妇女、儿童为主的留守村。康庄的情况也是这样，大多家庭只剩下一个农业劳动力，年龄多在五六十岁。

（朔州地区总人口 171 万，农村户籍 120 万，农村常住人口 90 万。全市外出务工人员 23 万，占劳动力总数的 38%。）

2. 耕地情况

在全国范围，随着城市化进程，耕地有减少趋势，每每引起人们对粮食安全的担心。但在朔州地区，在康庄，情况不是这样，耕地不仅没有减少，还有增加。

全村记税耕地面积 4400 多亩，实际耕种面积有六千多亩。所谓记税面积，是原来有农业税时的申报面积。这个数就成为基本耕地数。为什么和实际耕种面积有这么大的差距呢？主要是两个原因：

一是承包制分地时实际比 4400 亩要多，但上报偏少。问过几家，一般的承包数和实际耕种数相差 20% 左右。原来有农业税时曾经实行按亩记征，一般会少报些耕地。康庄大约少报一千多亩。

二是这些年地下水位降低，土地盐碱化程度随之降低，很多原来撂荒的盐碱地可以耕种了，谁家开荒谁家种。这几年全村开荒大约也有一千多亩。到现在全村至少还有两千多亩可开垦荒地。

原有耕地基本没有撂荒的。近些年农民的非农收入增长快，就全国平均来说，农户的非农收入已经超过农业收入。这是一个很重要的变化，进而引起农民行为的变化。现象之一是一些农业条件不好且外出打工多的地区发生土地撂荒，是耕地面积减少的一个次要原因。康庄土地极少撂荒，并有开荒增加耕地，说明农民对农业仍有较强的依赖。（朔州地区 2005 年农民人均收入为 3081 元，2011年提高到 7024 元。2011 年农民人均劳务收入 3300 元，比 2005 年增加了 2500 元，但非农收入占比仍低于全国水平。）

全国大部分农村的承包地在 30 年承包过程中根据人口变化有过调整，有的调整过几次。康庄村在 1983 年承包制后，始终没有调整过，原因还是土地收入少，人们不争地。1999 年"二轮承包"时还有农业税，人们不想多承包，所以也没有调整。

3. 农业情况

（1）耕作方式的变革

20 世纪 80 年代初推行承包制之后，经过缓慢的发展过程，中国农村逐步完成了一次耕作方式的转变。从 70 年代以人力、畜力为主，很少使用机械的耕作方式，转变为大量使用机械、良种、化肥、除草剂等工业性生产资料的耕作方式。这种变化不仅有效提高了产量，而且极大地解放了农村劳动力。

据村里几个人回忆，康庄村发生这个变化，转折点大约在 2000年前后。2005 年我回康庄那次，还有少数人家用牛具，现在畜力基本废弃，全村养耕牛的只剩下一户，养驴的有个十来户。耕地、播种使用机械，除草用除草剂（种玉米很少有人工锄田了），施肥用化肥（大田没有用农家肥的），每亩地一年只用六七个人工，耕作强度大大减轻，务农的留守农民每年有大量的闲暇时间，有机会时他们会在附近打零工，不去打工的整日搓麻、闲坐。

耕作方式的以上改变，以及灌溉、科学技术推广成为粮食产量提高的主要原因。良种不断更新；机械播种是很精准的，基本不需间苗；玉米、甜菜等下种早的作物都采用覆膜技术；2000 年以前浇地没有保障，2000 年以后浇地稳定了（2011 年水浇面积 2100 亩）。

我们插队时玉米亩产只有二三百斤，到 2000 年已经提高到亩产千斤，现在一般都能到 1200 斤，种得好的能到 1600 斤。山阴县北周庄乡有的高产田亩产高达 2000 斤。我记得 1970 年全村粮食产量是 50 几万斤，郑晓武当支书时（70 年代下半段）总产上到 100 万斤以上，那是人民公社时期康庄村能达到的最高水平。杰兵最近听村里人说 2012 年是个风调雨顺年，粮食总产估计达到 280 万到 300 万斤（2013 年达到 400 万斤，仅玉米就打了 300 多万斤。——杰兵注）。而和当年相比，粮食种植面积有所减少，甜菜面积有很大增加。

（2）农产品商品化率显著提高

20 世纪 70 年代农产品是自给为主，节余上交，现在农产品大部分是提供给市场，农民生活所需再从市场购买。康庄的大宗粮食作物（玉米）和经济作物（甜菜、向日葵），种植都是为了出售。农民家户饲养肉畜、禽类已经少见，主要食品（白面、蔬菜、肉蛋禽奶等）基本是靠购买。杂粮一般是留给自家吃。这样算下来种植业产品的商品化率达到八成以上。而从农民消费角度说，商品化率要超过八成。

（3）农业生产结构的变化

随着城市化率（城市人口占总人口比重）提高，人民收入水平提高，农业生产结构在逐步变化，菜、果、花、药、园艺等种植面积逐步提高，肉畜、奶畜、家禽、水产养殖业发展很快。康庄的种植结构和插队时比也发生很大变化，2011 年全村种植甜菜 1700 亩，向日葵 900 亩。经济作物（甜菜、向日葵）超过种植面积的 1/3。这种农产品结构的变化，是各国发展过程中普遍出现的现象，具有农业革命的意义。

（4）种植业的成本收益

丰深义提供的每亩玉米成本明细：化肥 170 元，机耕 75 元（耕、旋、播种），浇水 125 元（每年浇一次），地膜 30 元，种子 60 元，除草剂 15 元，合计 475 元。他用的底肥是复合化肥，如果用碳铵会再便宜点，一般人家每亩玉米的成本大约 450 元。

这样，每亩大田耕作成本 450 元左右，毛收入 1000—1200 元，纯收入大约 600—700 元。

上面的纯收入没有记入农民自己投入的劳动。每亩用工（自己）6—7 个，就是说如果全部作业改为雇工做（去年女工每工 70 元，男工 90 元，今年估计还要涨一点），净利润大体为 0，至多也不过每亩几十元、百把元，种几亩地不如外出打一个月工。

这是目前国内许多大田作物地区种植业通常的利润水平。国家仅对小麦、水稻、玉米、棉花四种作物给予价格补贴和进口限制（为维持较高的粮食自给率，以保证粮食安全），且补贴也只达到种粮不赔钱的水平。中国的农业生产条件在世界上缺乏竞争力，如果要维护种植业，使农业赚钱，需要进一步提高补贴水平。

那么，在这样的情况下，为什么农民还要坚持种植呢？在 20 世纪 80 年代以来城市化过程的初期，由于农民进城收入很低且就业不稳定，前面说到的半农半工的家庭分工模式就因此形成。农村的承包地是农民家庭的终极生存保障，农民不会轻易舍弃，老人进城也收入无多，在家务农即便收入不高至少衣食无忧。

今后随着进城农民工收入提高（近几年已出现这种趋势），农业收入在农民家庭收入中所占比重会继续下降，如果农业政策不调整，可能会有更多农民放弃种植业，甚至放弃作为终极保障的土地。

（5）种植业规模与土地流转

耕作方式的变革给种植业的规模化提供了基础，但至今朔州地区种植业的生产组织方式并没有出现明显变化，多数村庄仍保持着一家一户的组织方式，一个农户的种植规模基本停留在本家劳力所能承担的范围（十几亩到二三十亩）。

在我国东部地区和大城市周边，随着城市化的发展，迅速增长的新型经济作物（如大棚蔬菜、花卉）和家畜、家禽养殖具有明显的规模效益，较大规模的经营组织方式随之发展。这就是所谓"现代农业"（产品针对城市新兴需求，产品利润较高，规模效益明显，但需要较高的资金、技术、管理等投入）。而康庄以粮食、甜菜等大田作物为主，规模效益不明显，对规模化的要求就不迫切。在大田作物纯收入等于或略大于劳动报酬的条件下，如果依靠雇工扩大种植规模，经营风险极大。

与此相应，土地集中现象不显著。土地转租也有发生，大约能占土地的10%以上。全家外出的，或家里只有留守老人而没有劳动力的，就把土地转给别人种。原来有农业税时"转租"一般不收租金，只是把农业税转给种地的户；取消农业税以后，收租金的情况多了，政府给的种植补贴留给"地主"。租金水平很低，一般每亩三五十元，这当然还是因为种植业利润极低。

（6）养殖业的规模化、产业化

和种植业相比，养殖业的规模化、产业化程度要高。这自然是由于养殖业更具有规模效益。

现在家户养羊、猪、家禽的很少，数来数去，全村养羊、养鸡的各有十几户，养猪的更少。2004年我回康庄时，村里少说有几十户人家养奶牛，少的两三头，多的十几头，效益一般，抗疫情风险的能力很低。后来国内出了毒牛奶事件，奶加工企业不再收零散农户的奶，家户养的奶牛到产奶时就要集中到养殖场，用机器挤奶，保障牛奶质量。农户分散养牛的方式到 2009 年几乎绝迹。

现在养殖方式基本是产业化的。村里有几个养殖场，包括奶牛场、养猪场、养羊场。奶牛场最大的是武亮山经营的。

武亮山奶牛养殖场案例

武亮山是康庄村的创业成功人士。他 2003 年开始办养牛场，当时采用的方式是自己建场，自己买牛，雇工饲养。多的时候养过200 多头牛，由于他没有多少精力放在管理上，赚不到钱。

现在他的养牛场改变了组织方式。他投资买下村南一片荒地，盖成牛栏、牛舍、外来养牛户的住房，并投资购置挤奶设备、检测设备 (其中省、县各级政府为扶植产业化也给予一定资金支持)。养牛则分包给农民 (包括村外来的)，他们各自在武亮山建设的场地养牛。武亮山为养牛户垫付初始资金 (买牛、饲料饲草等)，他以蒙牛公司的对外收购价收购这些养牛户的奶，统一卖给蒙牛公司的收购机构，蒙牛公司另外给他一定加价。现在他的奶牛场下面有 19 户养牛户，共喂养 600 多头奶牛。

这种组织方式实质上是公司与农户纵向联合的模式。农户管生产，武亮山管设施投资、销售、质量保证等。在这种组织方式下养牛户和雇工不同，养牛户是自负盈亏的，本身有积极性，大大降低了管理难度，规模容易做大。

我访问了他那里的一个养牛户，应县人，30 多岁。他在武亮山的养殖场包一个牛栏，30 头奶牛。初始投资借了武亮山十几万，每年纯收入有十多万，一部分还款，一部分再投资。他对这种模式很满意，对他来说主要好处是武亮山垫付初始投资才使他能够开始创业过程。

在各地现代农业发展过程中出现了不同的组织方式，在学术界引起了应该以 "公司" 还是 "农合组织" 为主要形式的争论。公司的好处是有投资能力,可以使现代农业发展得快,坏处是资本一方获得较多利润。农合组织的明显好处是利润都归农民分享,但问题是农民没有投资能力。这个问题展开讨论比较复杂,就此打住。

4.农民生活

对大部分农户来说,种植业收入只是一部分,打工和个体经营收入越来越多,生活水平逐步提高,生活方式也在缓慢变化。

(1)食物的商品化。现在种植绝大部分是为了出售,加上家户不养殖了,吃的东西大多是买的。购买也很方便,不出村就能解决基本生活所需。村民在生活方面也大大减少了劳动投入(碾谷、磨面、挑水、割草等),有了大量闲暇。

(2)用电在我们插队后期已经解决;生活用水原来是从合盛堡接来的,家家通自来水,现在村里自己打了深井,吃水更有保障;取暖主要靠煤炭,做饭也还用一部分秸秆。

(3)电视机、手机的普及。2005年时村里电视很少,没有电脑。现在家家都有电视;手机几乎是做点事的人都有;一些家庭有了电脑,小孩子一回家就玩游戏;洗衣机大概有一半人家有;电冰箱很少,原因主要是北方天气冷,不是感觉那么需要。

(4)大部分人家有交通工具,最多是摩托车、电动车,也有的用小型拖拉机、农用车。

(5)畜力的弃用,加上家户养殖的淘汰,改善了农户的卫生状况。2005年我回村时,只要是养奶牛的户,院子就是牛圈,肮脏无比。只是厕所依旧。前几年曾经搞过家户上下水的试点,没有推广开。

(6)村庄面貌有些变化,还不大像样。几年前大庙经过重建,了了村民心愿,也成就了村里一景。大庙北面原来的麻河(水洼)水已排干,成为是公共区、戏台、商店、球场、村委会办公室、文化活动室都是这些年陆续建的。郭凡当支书搞新农村建设,在村子南头盖起几排砖房，至今还是村里最好的一片住房。村北的村民院落新旧夹杂，越往北越多荒芜的老院。

5. 社保及其他政府转移支付

近些年，政府对农村、农民的扶持力度明显加大。2006 年全国取消农业税是一个重要标志。在此之前优先发展城市，城乡差距日渐拉大，成为社会矛盾加深的一个重要方面。而随着政府财力增长，也有条件反哺农村，在 21 世纪 20 年代中期起政府逐步加大了惠农力度。政府对农村的转移支付涉及生产投入、生活补贴、扶持教育、建立农村社保等多个方面。

养老保险：如果自己不交钱，60 岁以后每月可领 55 元养老金。如果自己在 60 岁之前交一些钱，交够 15 年，可以再多领些（政府也相应多出）。

65 岁以上老年人每年可以领到 360 元生活补贴。

村里 88 户享受最低社会保障。

12 户五保户，每月领 130 元。

医疗保险：每人每年交 50 元，在乡里看病报销 85%，在县里看报销 70%，在省里看报销 50%，出省看报销 40%。每年最多可以报到 4 万元，现在又提高到 6 万元。

政府出钱每年冬天给每户农民送一车煤，价值几百元。这好像是山西全省的政策，开此先例的是朔州市平鲁区。

政府对农村危房还有免费给修缮的政策，康庄村还没有享受过。

6. 子女教育

2005 年回村那次有个感触，农民要翻身必须靠子女受教育，但是当时村民收入水平不高，大部分家庭还没有对子女教育给予足够重视。这次发现，这件事已经不用担心，康庄人还真的把子女都送到外面读书了。这是非常值得欣慰的。

进村后就听说康庄学校只剩下十几个孩子了，大吃一惊，就专门请校长来谈（现任康庄学校校长是郭秀的女婿），他说现在学前班有十来个孩子，正式学生只剩下一年级6个孩子了。康庄学校在我们插队时红红火火，是山阴县的先进校，还建有初中部。2005年我回村时，康庄学校至少还有上百学生。现在合盛堡乡还剩下两个学校，合大学校（建在合、大两村之间）学生多些。

康庄学校没人了有几个原因：一是计划生育实行后的孩子到了适学期，适龄儿童大减，这是近年全国农村学校逐渐集中的主要原因，很多地方都已是一乡一校。二是随着农民生活水平提高，和政府对教育投资的逐步增长（9年制义务教育，只收食宿费；好学校都是寄宿制，每两周车接车送，供暖气；合大学校食宿不要钱），农民都愿把子女送到条件好的学校上学，村里很多孩子从小学就进了县城学校。

郭凡的二儿子在村里务农，儿媳妇在高速公路服务站打工，两人一年有3万多元收入，供着三个孩子在县里念书，一年要花去一半的收入，其中一个上高中的一人就要1万元。我在奶牛场访问的那个应县来养牛的，也是三个孩子，都在应县城上学，学校离我村60里，也是两周来车接送一次。

近些年政府对校舍建设投资较多，校舍都有明显改善。乡村学校办学费用也主要来自政府，政府每年按学生数每人给500元办公费，对住校生每人每年补助学校750元。教师工资也都是政府出，中级职称的每月3000元左右，刚工作的也有2000元左右，对于北方县乡这绝对不算低了。

7. 公共事务

承包制之后，农村基层政权的组织能力衰弱，是全国普遍现象。

对于少有村级集体收入的中西部广大农村，村级公共事务缺乏资金来源一度成为难题。近年来随着政府对农村支持力度加大，许多村级公共建设是由政府出资，或政府出资加本村大户捐助建起来的。从康庄看，道路、学校、村集体设施（办公室、卫生站、球场、文化活动室）等基本是用这种方式建起来的，在本村集资这一块，刘应国出钱出力最多。

打深井的事例杰兵文中有介绍，这里不再重复。正在施工的9公里水泥防渗U形渠，省市县三级投资二百多万元，可以覆盖村东北面一两千亩地，是继深井之后村里又一个重要的惠民工程，也是杰兵张罗的。

村里大庙翻盖，投资40多万，这种项目难以得到政府出资，就靠农户各家捐款（包括已迁居外地的大户）。

2012 年 5 月 8 日初稿

2012 年 10 月 22 日修改

康庄往事

后 记

　　19 年前，我接到大娘过世的电报，抑制不住的哀思涌上心头，一气呵成写了三千多字的日记。此后，因忙于工作，十多年间对插队往事没再写一个字。2005 年我患病辞去职务，空闲时间多了，于是又写了两篇康庄人物和一篇名叫欧立克的狗。连同大娘那篇凑成一册，起名《康庄往事》。

　　原以为这些写作，能了却我心中的康庄情结，不会再写了。但家人和朋友们读过最初的文稿，动员我继续写下去。于是便又断断续续、信马由缰地写了起来。写着写着，成了今天的样子。

　　康庄是我从学校走上社会的起点，十年的青春岁月在这里度过。本书的第一部分写的是插队的往事。之所以有"续篇"，是因为后知青时期的故事一直延续到今天，是我们插队生活的延伸。郭凡和刘氏兄弟的两篇文字中，写的多是插队后的事情，故放在"续篇"中。再有，当年的插队伙伴姜斯栋 2012 年回村调研后写的一篇反映康庄变迁的综述，收进本书"附录"。这样，康庄村这些年的总体轮廓就比较清晰了。

　　记忆类的文字，最要紧的是真实。今天的语境与四十多年前变化极大，要真实地、原生态地再现当年的生活，就要尽可能地回到当年的语言环境中。本书有不少信件、笔记、诗歌、谈话的引文，以及一些老照片。这次引用旧文字时，我完全忠于原文，一字不改（仅略有删节）。文中的所有人物都用真实姓名；讲述的事情，尽可能找当事人核对。尽管如此，也很难做到完全准确。人的记忆是有误差的，包括那些刻骨铭心的记忆。

比如，欧立克的来历就有不同的三个版本；对它的死因、死去的时间也有三个说法。我只能根据我的记忆，参考其他说法写我认为最接近真实的故事。

本书写的是我的亲身经历，所述的往事在总体上不失真，容易做到，但一些细节的误差则在所难免。欢迎朋友们对书中不够准确之处给予指正。

还要特别说明一点的是，本书对康庄生活的记述，只是我的"一滴水"，还有很多的人和事远未涉及。比如，康庄学校是县里教育战线的先进典型，校长崔成章等一批基层教师尽职尽责教书育人的事我就没有写到，他们的贡献已经刻入了康庄的历史。

最后，感谢人民出版社的李春林同志和山阴朋友吕兴光同志，他们在本书的结构与文字方面都提出了不少好的意见。还要感谢所有读过原稿的朋友，你们的鼓励和指正，是疾病缠身的我坚持写下来的动力。

作者

2013 年 12 月 22 日

责任编辑：李春林
装帧设计：周涛勇
责任校对：王　惠

图书在版编目（CIP）数据

康庄往事：一位北京知青的记忆／赵杰兵 著．—北京：
　人民出版社，2014.3（2019.7重印）
ISBN 978－7－01－012688－3

I.①康…　II.①赵…　III.①回忆录－中国－当代　IV.① I251

中国版本图书馆 CIP 数据核字（2013）第 247257 号

康 庄 往 事

KANGZHUANG WANGSHI

一位北京知青的记忆

赵杰兵　著

人民出版社 出版发行
（100706　北京市东城区隆福寺街 99 号）

北京新华印刷有限公司印刷　新华书店经销

2014 年 3 月第 1 版　2019 年 7 月第 2 版
2019 年 7 月北京第 3 次印刷
开本：710 毫米 ×1000 毫米 1/16　印张：21
字数：263 千字　印数：8,001—13,000 册

ISBN 978－7－01－012688－3　定价：50.00 元

邮购地址 100706　北京市东城区隆福寺街 99 号
人民东方图书销售中心　电话（010）65250042　65289539